文物里的西南联大

陈立言 著

云南美术出版社

图书在版编目（CIP）数据
文物里的西南联大 / 陈立言著. -- 昆明 : 云南美术出版社, 2025. 6. -- ISBN 978-7-5489-5971-7
Ⅰ. G649.287.41
中国国家版本馆CIP数据核字第2025DJ0747号

出 版 人：赵文红

统　　筹：赵文红　张军云
责任编辑：王睿韬　王利平　赵关荣
责任校对：赵　婧　赵雪妮　张　蓉　闵　萍
装帧设计：王睿韬　刁正勇

文物里的西南联大

陈立言 著

出版发行：云南美术出版社
地　　址：昆明市环城西路 609 号
邮　　编：650034
印　　装：云南新华印刷二厂有限责任公司
开　　本：889mm × 1194mm　1/16
字　　数：210 千
印　　张：13.25
版　　次：2025 年 6 月第 1 版
印　　次：2025 年 6 月第 1 次印刷
书　　号：ISBN　978-7-5489-5971-7
定　　价：78.00 元

目 录

第一章

西南联大的人与事

靛花巷与北大文科研究所

位于昆明翠湖畔的青云街靛花巷，据说最初是因巷内住有一户人家，以制作染料而闻名三迤，人们便把此巷称之为“靛花巷”（现青云街俊园处）。随着昆明城市建设的发展，靛花巷于20世纪90年代被拆除。这条小巷，曾给昆明这座历史文化名城增添了诸多殊荣。

靛花巷3号在抗日战争时期曾是南迁昆明的中央研究院历史语言研究所（以下简称“史语所”）、北京大学文科研究所的所址，同时也是抗战时期寓昆名流学者驻足最多的地方之一。这些名流学者有傅斯年、赵元任、董作宾、李济、李方桂、梅贻琦、蒋梦麟、陈寅恪、冯友兰、汤用彤、朱自清、罗常培、闻一多、罗庸、唐兰、王力、沈从文、浦江清、游国恩、杨振声、郑天挺、钱穆、雷海宗、姚从吾、毛准、邵循正、刘崇鋐、向达、吴晗、吴宓、黄子卿、邓广铭、吴晓铃以及老舍等。就一座普通小院而言，能有这么多学术水平高、名气大的学者寓居于此，可以说在昆明乃至全

历史语言研究所

国都是少有的！

靛花巷3号的这段历史使海内外诸多学者至今未能忘怀，在他们的许多学术论著及回忆文章里都曾提到过这段历史。

七七事变后，史语所由南京迁至长沙，南京沦陷后又于1938年春由长沙再迁昆明。史语所的一、二、四室初设在拓东路，三室就设在青云街靛花巷3号内，随后又将靛花巷对面的竹安巷里的一座四合院租下，作为研究室及图书馆。

1938年9月28日，日本侵略者的飞机第一次轰炸昆明，云南省政府即通知驻昆学校、研究机关疏散至郊外。因史语所的石璋如先生考察龙泉镇瓦窑村的瓷器烧制情况，认识了棕皮营村的赵崇义村长，石璋如先生便将棕皮营村的情况告知时任史语所所长的傅斯年先生，经察看接洽，傅斯年先生便将史语所疏散到棕皮营村的响应寺。

北大、清华、南开三所大学作为中国的著名大学，原来各自设有自己的科研机构，七七事变后，三校奉命南迁，颠沛流离，至长沙“临时大学”时尚未恢复研究所和招收研究生的正常工作。

1938年4月间，三校再迁昆明，“国立西南联合大学”（后简称“西南联大”或“联大”）正式成立。5月4日学校上课，首先理顺了教学秩序。1939年在极其困难的情况下，三校又决定恢复设置研究机构，并着手招收研究生。在西南联大统一协调下，北大、清华、南开在昆明市区和郊区先后设立了研究所，制定了各具特色的招生章程。

西南联大三校恢复研究所和招收研究生工作是当时全国教育界、学术界十分关注的大事。1939年6月3日，上海《申报》特对北大文科研究所恢复招收研究生工作作了详细的报道。

北大文科研究所是在我国著名教育家蔡元培先生任北京大学校长时，在蔡先生所倡导的“兼容并包”思想的指导下于 1918 年创办的，为我国高校建立科研机构之始，当时的所长为胡适先生。到昆明后的所长由傅斯年先生兼任。

笔者藏有与北大文科研究所相关的两件珍贵历史物证。

其一是《国立北京大学文科研究所招考研究生办法》毛边纸刻印件，字迹清晰可辨。北大文科研究所于 1939 年 7 月和 8 月两次举行研究生考试和论文评审，招收科目为史学、语言学、中国文学、考古学、人类学、哲学。初审合格者被通知前往昆明青云街靛花巷 3 号报到。每月发放生活费 50 元。

其二是寄给殷焕先先生的《北京大学文科研究所录取通知书》，该书用“国立北京大学文科研究所用笺”以毛笔行楷写成，文曰：“迳启者：本所本届招生考试各卷，业经评定，执事业经录取，请至青云街靛花巷三号本所与郑毅生先生接洽入学手续为盼，此致，殷焕先先生。”落款为“国立北京大学文科研究所”。

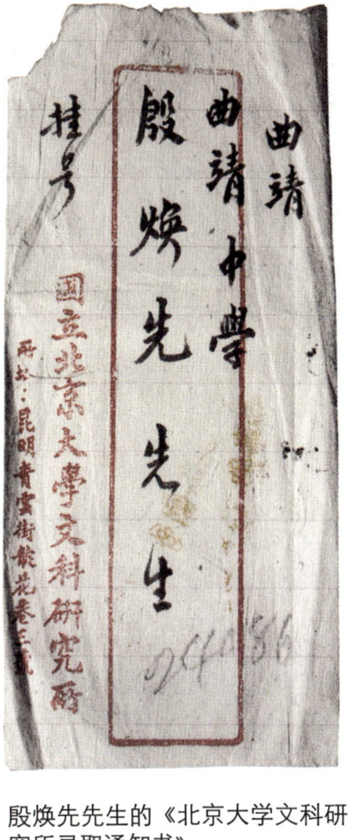

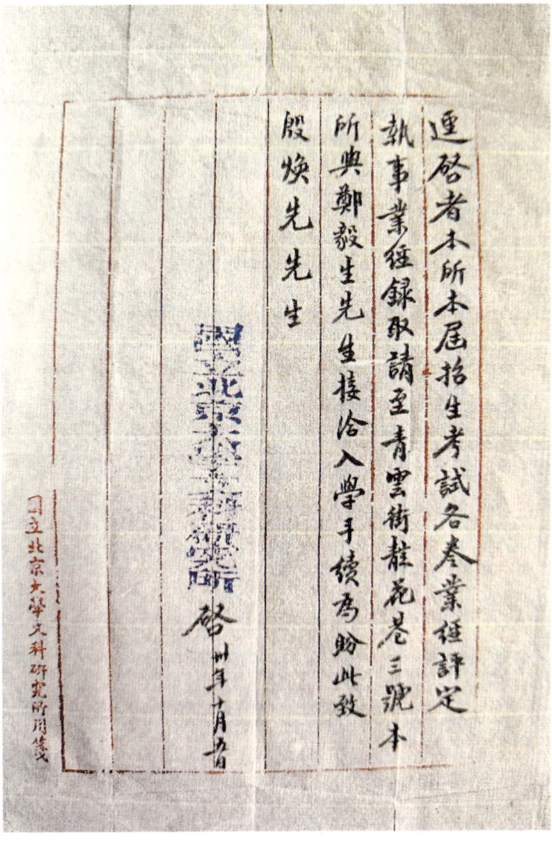
逕啓者本所本屆招生考試各卷業經評定
執事業經録取請至青雲街靛花巷三號本
所與鄭毅生先生接洽入學手續為盼此致
殷煥先先生
啓
國立北京大學文科研究所用箋

殷焕先先生的《北京大学文科研究所录取通知书》

通知书信封上为“曲靖　曲靖中学”，收信人为“殷焕先先生”，下为“国立北京大学文科研究所”，所址为“昆明青云街靛花巷三号”。

考通知书中所称“郑毅生先生”，即郑天挺，他时任西南联大总务长、文学院历史系教授、北大文科研究所副所长，中华人民共和国成立后历任南开大学历史系主任、副校长。通知书中的殷焕先先生为被录取的研究生，1942 年任教于西南联大，1944 年任教于云南大学，1947 年至中华人民共和国成立后任山东大学教授、语言教研室主任，《文史哲》刊物创办人之一。

据南开大学教授杨志玖先生对当时北大文科研究所招生的情况回忆说：“1939 年夏天，北大文科研究所恢复招生，傅斯年兼任所长，他劝我们报名。他对此次招生非常认真，亲自主持了一些口试，并检阅了每个人的英文试卷，文科研究所开学之日，傅先生又召集全体同学讲话。文科所在云南大学脚下的青云街靛花巷 3 号。这本是史语所的所址，文科研究所成立后，史语所搬到乡下，但傅先生还经常到靛花巷 3 号来了解同学们学习的情况。”

另一位南开大学教授王玉哲先生对当时的研究生学习情况回忆说：“我们的读书和研究很自由，导师只是宏观地指导，没有严格的作息时间，同学们学习起来都很努力。有的同学喜欢“开夜车”，在夜间学习，用毛笔抄写成蝇头小楷，制成一沓沓的学习卡片，就是夜间的产品，一干起来就连着几个通宵。但我们也不是天天干巴巴地死读书。有时也聚在一起开玩笑取乐。比如有一次，因为当时正所长虽然是傅斯年先生，但安排我们生活学习的是副所长郑天挺先生，于是有人戏编一副对联，上联是‘傅所长是正所长，郑所长是副所长，正副所长掌研所’，下联是‘贾宝玉乃真宝玉，甄宝玉乃假宝玉，真假宝玉共红楼’。作者是谁我不知道，后来听周法高说是刘念和同学，可见我们当时也够调皮了。”

1940 年底，因滇越铁路被日军切断，加之滇西战事紧张，史语所又迁往四川南溪李庄。北大改聘著名教授汤用彤为北大文科研究所所长。北大文科研究所在联大期间先后招收了 40 多名研究生。在敌机轰炸、生活极其困难的条件下，研究生和导师们甘于淡泊，坚持著书立说，以学问报国。导师们的许多论文在当时都是我国最具影响的学术论著。如著名学者柳存仁先生 1940 年在《宇宙风乙刊》上发表《北京大学的教授》一文中所说道：

沈兼士先生的文字学，唐兰先生的甲骨金石，罗常培、魏建功先生的语声韵，余嘉锡、赵万里先生的目录版本学，胡适、罗莫、罗庸先生的文学史，孙楷弟先生的小说史，顾随先生的戏曲，如果不能代表中国全国最高权威，那么，你可以告诉我谁是比他们更好的？史学系还有陈援庵、钱穆、毛准、郑天挺、蒙文通、姚士鳌。哲学系呢？汤用彤、熊十力、周叔迦……

柳存仁先生所论，就在今天而言也不为过，而上述学者大多都在北大文科研究所任导师。北大文科研究所在昆明期间设立了文籍校订、中国文学史、中国语言、英国语言、宋史、明史、中国哲学史7个工作室及编辑委员会。各个工作室把有些论文提出来由编辑委员会印行所印行，论文都为油印。这些论文共有如下20篇：

《唐代俗讲考》（向达）

《言意之辨》（汤用彤）

《贡山俅语初探》（罗常培）

《唐代行用的一种韵书的目次》（魏建功）

《〈隋书·西域传〉附国之地望与对音》（郑天挺）

《王命传考》（唐兰）

《〈隋书·西域传〉薄缘夷之地望与对音》（郑天挺）

《宋故四川安抚制置副使知重庆府彭忠烈公事辑》（张政烺）

《〈文选序〉“事出于沉思义归乎翰藻”说》（朱自清）

《汉崖墓题识内字之一解》（高去寻）

《张江陵书牍诗文解题举例》（陶元珍）

《释衅》（许维遹）

《唐贞元册南诏使袁滋题明拓本跋》（容肇祖）

《元曲作家生卒新考》（吴晓铃）

《院本考》（叶玉华）

《现代英诗》（英文）（谢文通）

《国语中的语音分配》（马大猷）

《周末的“音名”与“乐调”》（张清常）

《跋谷应泰〈明史纪事本末〉》（王崇武）

《论柏拉图的〈巴曼尼得斯篇〉》（德文）（陈忠寰）

北大文科研究所在昆明期间，除室内研究工作外，还有两种外出调查工作：

一是考察西北史地；二是调查西南少数民族的语言。

考察西北史地始于1942年。当时的国民政府中央研究院组织“西北史地考察团”的时候，北大文科研究所参加合作，8月向达先生由昆明起身，9月到兰州，10月抵达敦煌，在敦煌停留9个月，先后考察阳关、玉门关遗址，敦煌近郊的古城、古墓和千佛洞、莫高窟、榆林窟等古迹。1944年，西北史地考察团开始发掘敦煌、民勤、张掖、武威等处古墓，北大文科研究所派研究生阎文儒前往参加，一直工作到1945年10月才停止。这两次西北考察有很多新的发现，扩展了北大文科研究所的研究领域。

对于研究西南少数民族的语言，罗常培先生曾利用旅行讲学的机会做3次调查。第一次，1942年1月应华中大学中文系主任游国恩先生之邀到大理旅行，调查了傣族、傈僳族、纳西族、怒族、白族等几种少数民族语言，并且把所得材料整理成《贡山俅语初探》。第二次，1943年1月到大理讲学，除去把第一次所记的材料重加审订外，又找到两位能说“山头”“茶山”“浪速”语言的发音人。末了又把他们带到昆明住了两个半月，记录下很多少数民族的词汇和故事。第三次，1944年7月，与游国恩、徐嘉瑞、吴乾就等人受大理县政府之邀，重参修《大理县志》，而再次赴大理。总计调查的有兰坪、大理、宾川、邓川、洱源、鹤庆、剑川、云龙、泸水等地。此外，袁家骅先生也曾调查过峨山窝尼语、路南阿细语和剑川民家语，这些调查收获颇多，给中国语言学研究增添了新的内容。

抗战时期，北大文科研究所培养的研究生大多继续从事学术研究工作。1941学年到1945学年间先后毕业的研究生有21人，他们在导师的指导下写出了如下论文：

马学良：《撒尼倮语语法》

刘念和：《史记汉书文选旧音辑证》

周法高：《中古音三篇》

王明：《太平经合校导言》

杨志玖：《元世祖时代汉法与回回法之冲突》

任继愈：《理学探源》

阴法鲁：《词与唐宋大曲的关系》

逯钦立：《〈古诗纪〉补正》

董庶：《相和乐考》

王玉哲：《玁狁考》

高华年：《黑夷语研究》

王利器：《吕氏春秋比义》

王叔岷：《读庄论考》

李孝定：《甲骨文字集释》

魏明经：《唐宋间理学的先导》

王达津：《尚书中代名词之研究》

胡庆钧：《叙永苗族调查报告》

阎文儒：《唐代西京考》

李荣：《切韵音序中的几个问题》

殷焕先：《诗骚联绵字之研究》

方龄贵：《元朝建都及时巡制度考》

北大文科研究所培养出的研究生，在中华人民共和国成立后也多成为了我国文化教育界的中坚力量。如国家图书馆馆长任继愈先生，北京大学教授阴法鲁、王利器先生，南开大学教授杨志玖、王玉哲、王达津先生，中央民族学院教授程朔洛、马学良先生，山东大学教授殷焕先先生，中山大学教授高华年先生，内蒙古大学教授梁东汉先生，中国社会科学院语言研究所研究员、所长李荣先生，南京师范大学教授金启华先生，云南大学教授李埏先生，云南师范大学教授方龄贵先生，以及周法高先生等。如今，他们大多已年逾古稀，有的已逝去，但他们都为我国的文化教育事业作出过巨大的贡献。

中峰书画院与清华大学国情普查研究所

坐落于滇池东岸的呈贡，历史悠久，物产富庶，民风淳朴，从公元1275年设置呈贡县（现昆明市呈贡区），至2011年撤县置区至今，都因有尊文崇礼、诗书礼乐之盛的美名而享誉海内外。抗战时期，“西南联大清华大学国情普查研究所”选此驻址，也绝非偶然。

为继承弘扬中华民族优秀传统文化，纪念明末清初时期名震江南的一代诗僧中峰苍雪大师而创办的“中峰书画院”，以及后来恢复建立的“清华大学国情普查研究所纪念馆”。这两个院馆的创建，宋辞先生作出了艰辛的探索和无私的奉献，他现在仍不断地为充实馆藏文献的征集，挖掘呈贡历史文化名人的旧居、遗物以及开展多样性的公益文化活动而默默地忙碌着。

西南联大清华大学国情普查研究所
纪念特刊
明呈贡中峰书画院
学国情普查研究所纪念馆

宋辞先生，广西桂林人，自幼喜书画。2000年7月，宋辞从桂林来到大理、丽江等地写生，在大理一古玩店看到一幅落款为“中峰和尚”的中堂书法作品，字体为草书，写得潇洒自如，极有韵味，堪称妙品。只听店主说是明末时期鸡足山上一僧人所书，却一时无法查询到中峰和尚的有关资料。

2005年，宋辞从丽江来昆明发展，除创作书画，搜集文献、书画外，他将精力用在研究中峰和尚的工作上。他查阅了大量的文献资料，最后初步确定中峰和尚就是苍雪大师，俗姓赵，名读彻，号南来，呈贡古城人，自幼聪颖，童年即随父在昆明妙湛寺削发为僧。后来终以诗、书、画名扬天下。宋辞将研究中峰和尚所得撰写成《中峰大师之谜》一文发表，随后又集结成《中峰》一书，让人们更加了解这位从呈贡走出而享誉海内的名僧。

2018 年初，宋辞多次到呈贡实地考察，在呈贡有关部门的支持下，经充分准备后，宋辞在呈贡创办了“中峰书画院”。中峰书画院先后举办了书画院收藏的古今书画展。除创作书画作品外，他还倾力挖掘与呈贡有关的人文、历史资料及名人旧居，并从省内外征购了一些文献、书信、书画、老照片、碑刻等实物，不断丰富了书画院的藏品，大大充实了研究呈贡历史文化的佐证资料。通过研究整理之后，印刷成《呈贡往事》期刊，赠送给学校和市民。

宋辞先生为进一步挖掘抗战时期呈贡在历史文化上所作出的贡献，对一些内迁院校、科研院所的人文遗址也进行了多次考察。根据中峰书画院现有藏品的实际，书画院认为，应将呈贡文庙尽快恢复、新建“清华大学国情普查研究所纪念馆”。

联大在昆明恢复了基本的教学秩序后，当时的我国社会科学研究者都感觉关于本国政治、经济及社会各方面，尚缺乏对基本事实的认识，以致各种建设、各种讨论及研究难以得到系统地发展，于是决定，在战时物资条件非常艰难的条件下，恢复三校各自原有的科研院所。

清华大学根据自己的实际特长，除原有的科研院所外，又成立了金属、无线电、航空、农业和国情普查 5 个特种研究所，而国情普查研究所旨在“收集关于本国人口、农业、工商业及天然资源等各种基本事实，并研究各种相关问题，以期对于国情有适当认识”，并将研究结果贡献国家。

清华大学国情普查研究所于 1938 年 8 月成立，当即选定云南呈贡县为实验区。所址最初设在昆明市青云街 169 号。所长由西南联大社会学系主任陈达教授兼任，李景汉教授兼任调查组主任，戴世光教授兼任统计组主任。教员倪因心、戴振东、苏汝江、周荣德，助教罗振庵、何其拔、廖宝昀、郑尧、史国衡、陈旭人、萧学渊、谷苞、黎宗献、袁方、农志俨、沈如瑜、李舜等 18 人先后在所内参与工作。

为避日机轰炸，清华大学国情普查研究所于 1939 年 6 月从昆明迁入呈贡县文庙。直至 1946 年 6 月随着西南联大复员才宣告结束。

清华大学国情普查研究所先后进行了呈贡县人口普查、人事登记、农业普查、公路的研究等；并选定昆明市、呈贡县、昆阳县及晋宁县等环湖市、县为户籍示

陈达先生（左）和研究所的同事在工作

范区。另外，还出版了《云南个旧锡业调查》《中国人口问题文献索引》《呈贡县农业普查》《云南呈贡县人口普查初步报告》《云南省户籍示范工作报告》《现代中国人口》《昆阳农村经济》等。这为现代中国的国情普查工作，留下了大量珍贵的研究资料、调查基础理论和方法。

为弘扬呈贡的抗战历史文化，中峰书画院策划起草了关于在文庙建立原清华大学国情普查研究所纪念馆的多个建议方案，并呈送呈贡区文化和旅游局。经有关部门研究同意后，2020 年 9 月，宋辞带着一些自藏的珍贵史料前往清华大学、中国人民大学校史馆查询了当年国情普查研究所的诸多史料，并参观两校博物馆，了解展馆设计风格。之后向两校有关领导汇报了昆明呈贡区将在文庙筹建“清华大学国情普查研究纪念馆”的决定，得到了两校领导的支持。大家认为：恢复呈贡原清华大学国情普查研究所，是一件极有历史和现实意义的大事，今后可将呈贡文庙设为两校的教育基地。

宋辞从北京回来后，又亲赴建水文庙、西南联大蒙自分校纪念馆、昆明西南联大博物馆、闻一多纪念馆参观调研。呈贡区文化和旅游局又聘请吴宝璋、杨亚东、韦坚、宋辞和笔者为纪念馆专家组成员，进行了多次论证。

在有关部门的鼎力支持下，经中峰书画院的艰辛努力，“清华大学国情普查研究所纪念馆”及“呈贡文庙儒学博物馆”已于 2020 年 12 月 31 日正式成立开馆。

各级新闻媒体对此都作了报道，呈贡区昆明大学城校区的师生相约而至，清华大学附中教师 30 余人，在清华附中党委书记方妍的带领下亲赴呈贡参观纪念馆，使呈贡的历史文化又得到了进一步的宣传。正如中国人民大学副校长袁卫先生在纪念馆的《序言》中所说：

西南联大清华大学国情普查研究所……在抗日战争最为艰苦的条件下，西南联大一批著名社会学家、专家学者以呈贡文庙为驻地，最初以呈贡地区人口为对象，对其开展科学、严谨的现代人口学普查，继而进一步把滇池环湖地区的一市（昆明市）四县（昆明县、呈贡县、晋宁县、昆阳县）60多万人口作为户籍管理示范区进行探索研究，建立起现代中国人口普查的基本理论和方法。

联大清华大学国情普查研究所，在中国社会学、人口学的奠基人，西南联大社会学系系主任陈达先生的主持下，取得了非常丰硕和重要的研究成果。这段艰苦卓绝、不同凡响的“呈贡岁月”，值得我们永远铭记。清华大学国情普查研究所纪念馆的建立，也为昆明及呈贡区的抗日战争历史文化，为西南联大历史研究增添了一个新的亮点。

呈贡中峰书画院，在昌景光故居内

傅斯年在昆明

九一八事变后，日本帝国主义侵略中国的野心更加猖狂。当时由傅斯年先生任所长的中央研究院历史语言研究所设在北平。研究所的一部分人就从北平搬到上海，后来又从上海迁到南京。1937 年，七七事变爆发，史语所再迁湖南长沙。南京沦陷后，史语所决定搬离长沙。傅斯年先生先让张政烺先生负责保管、押运 13 万多册中外图书先到重庆。1938 年，又分期分批从重庆运往昆明。

1938 年初春，史语所历经艰辛到达昆明。第一、二、四组住拓东路的迤西会馆。第三组因为带有一批标本，另设在青云街靛花巷 3 号。傅斯年先生与随后到达昆明的陈寅恪、罗常培、郑天挺等都住在靛花巷。由于有诸多学贯中西的大师级学者下榻，靛花巷一时声名鹊起。遗憾的是，它在 20 世纪 90 年代的旧城改造中消失了，但它在我国近现代文化、教育、学术领域的历史中却永存不灭。

1938 年 9 月 28 日，日本侵略军的飞机首次轰炸昆明，云南省省政府即通知驻昆学校、研究机关疏散至郊外。之前，史语所的石璋如先生因考察龙泉镇瓦窑村的陶瓷烧制情况，认识了棕皮营村的赵崇义村长。看到他家附近有座佛寺（响应寺），寺内有相当大的一个空院，背靠着宝台山，面对着金汁河，环境非常幽雅。后经傅斯年先生实地察看，又得赵崇义村长同意，史语所便全部由城内迁到响应寺，成为最早到达龙泉镇的机构。

史语所在棕皮营安定下来后，赵崇义见史语所办公与研究的场所实在过于拥挤，便告知宝台山上还有两座佛寺，幽雅安静，且更为宽敞，不仅可将图书迁往，连第一、二、四组也可容纳有余，与响应寺可连成一片，遂即立约租用。史语所在这里生活相对安定。虽有飞机从头上飞过，但不必躲警报了。傅斯年先生常在宝台山上弥陀寺的“观音殿”（善本图书室）内校勘《明实录》、研究《诵丘聚之玮书》，并撰写学术论著。

1939 年秋至 1940 年秋，是傅斯年先生与同人们在龙泉镇工作最安定的时期，他们预计在这里长住下去，等抗战取得胜利，许多人便在棕皮营建盖了自己的住宅。现棕皮营 36 号就是傅斯年先生租用赵崇义村长家地皮盖的房子。

史语所研究员、著名语言学家李方桂先生当时也自建了瓦房（棕皮营村69号），现在还完好。李方桂先生的女儿李林德博士于2004年第二次专程从美国加州来昆，有幸寻访到她幼时居住过的旧居，了结了她多年来想探访昆明旧居的心愿。

1939年，北大、清华、南开三校在极其困难的情况下不忘学术研究，又决定恢复设置研究机构，并着手招收研究生。

其中，北京大学文科研究所，是我国著名教育家蔡元培先生于1918年创办的，为我国高校建立科研机构之始，所长为胡适先生。此时的北大文科研究所所长由傅斯年先生兼任，副所长是郑天挺先生。文科研究所设在青云街靛花巷3号。招收科目为史学、语学、中国文学、考古人类学、哲学。1939年7月和8月曾两次举行研究生考试和论文评审。傅斯年先生对此次招生非常认真，亲自检阅了每个人的英文试卷，主持了一些口试、论文评审工作。

著名史学家、云南大学教授李埏先生于1940年从联大毕业，旋即报考北大文科研究所。李埏先生是当时云南唯一考入北大文科研究所的人。李埏先生的论文就是傅斯年先生亲审的。李埏先生回忆当时报考提交评审论文的情形时对笔者说："他的论文评审在靛花巷3号的二楼，傅先生坐桌子正中，围桌而坐的有郑天挺、罗常培、姚从吾、雷海宗、向达、唐兰等先生。邓广铭先生坐在那些大师的背后做记录。"

当傅斯年先生谈到李埏先生论文中宋代货币有关铜的冶炼问题时，对李埏先生说："你引用资料为什么不注明出处？"因傅先生知道李埏先生引用的资料是从他的藏书中所获（傅先生的个人资料及藏书存史语所观音殿善本图书室，管理员未经傅先生允许是从不外借的，这次是其背着傅先生借的）。李埏先生先不敢回答傅先生；随后又鼓起勇气说："资料是你那里偷借的。"傅先生听李埏先生一说，仰靠着椅子背哈哈大笑个不停，说："做学问就要有你这种精神！"

傅先生住史语所虽在乡下，但还是经常到靛花巷3号了解研究生的学习生活情况。后来，为避日机轰炸，给研究生创造一个好的学习环境，傅先生便将北大文科研究所迁到与史语所为邻的宝台山。

研究生的学习非常刻苦，生活也较清苦，但大家也不时取乐开玩笑。有一次，有人戏编一副对联贴在史语所，上联是"傅所长是正所长，郑所长是副所长，正副所长掌研所"；下联是"贾宝玉乃真宝玉，甄宝玉乃假宝玉，真假宝玉共红楼"。

石璋如在傅斯年家（据严晓星《在昆明寻找查阜西》一文）

李埏先生生前与笔者回忆起此副联时说，上联是他出的，若哪个对出下联，愿以一条“红大运”香烟赠予。不料真就有人对出了。

1940年秋，因日军占领越南，滇越铁路通道堵塞，加之滇缅战事，云南危急。为了史语所的研究及图书资料的安全，傅斯年先生与史语所便离昆迁往四川南溪李庄板栗坳。

1945年，昆明爆发了震惊中外的“一二·一”爱国民主运动。时兼北京大学代校长和联大常委的傅斯年先生于12月4日又到达昆明。在20多天的日子里，傅先生经多方努力做了许多工作，避免了事态进一步扩大和流血事件的再次发生。在处理事件的过程中，体现了傅先生的组织领导才能。傅先生与诸多历史名人一样，为昆明这座历史文化名城留下了许多值得称道的轶事。

唐兰在昆明

西南联大179位教授中有不少是学通中外的人。其中有97位留美，38位留欧陆，18位留英，3位留日，但是也有23位未留过学。3位常委，2位留美，1位未留学；5位院长均为留美博士；26位系主任，除3位留学欧陆，3位留英外，皆为留美。

在23位未留过学的著名教授中，唐兰先生便是其中之一。

近日整理故纸旧藏，重读《联大八年》一书，该书为西南联大《除夕副刊》主编，西南联大学生出版社1946年7月出版。书中载有学生们对梅贻琦等100多位教授作出的文字评论；其中对唐兰先生评价说："中文系教授，《说文解字》教学者，唐先生的课以前很叫座，现在却不行了。但无可否认的是，唐先生是古文字学的权威。唐先生自己常说只有容庚先生可以和他较量，郭沫若、董作宾等人的功夫都不太够……"此评价在当时也是不为过的。

早在1940年8月、9月、10月的《宇宙风乙刊》第27、29、30期上，著名学者柳存仁先生就在《记北京大学的教授》一文中对诸多教授的学术专长作评论说："北京大学的教授们的生活，也不庄严，也不枯燥，只是一种合理的修养和不断地增加学问的总成绩。近年以来，虽然刘半农、黄侃、钱玄同先生都相继去世了……可是胡适、郑奠、罗庸先生的文学史，罗常培、魏建功先生的语言声韵，唐兰先生的甲骨金石……如果不能够被认为是代表全国的最高的权威，那么，你应该可以告诉我谁是比他们更好的？这单是指的中国文学系。史学系呢？哲学系呢……"由此可见，唐兰先生那时已奠定了学术地位。

唐兰（1901—1979），号立庵，浙江嘉兴市秀水人。当代著名文字学家、金石学家和历史学家。1918年始习医学，1920年弃医就学于江苏无锡国学专修馆，直至1923年。1924年在无锡任中学国文教员。1925年到1931年在天津做家庭老师，其间曾主编《商报》文学旬刊。曾向近代国学大师王国维先生问学。唐兰先生与商承祚、何昌济、容庚三人深得王国维赏识，被称为"古文字学四少年"。

1931年5月，唐兰先生任辽宁省教育厅编辑、东北大学讲师。九一八事变后，在北京大学、燕京大学讲授《尚书》，1932年起在北京大学、清华大学、北京师范大学、辅仁大学、中国大学任讲师，讲授《诗经》、《尚书》、“三礼”及古文字学。1936年任故宫博物院专门委员。

1939年，唐兰先生在昆明任西南联合大学副教授，1940年，任教授及昆明北大文科研究所导师。1947年起，代理北京大学中文系主任。1952年全国高等院校院系调整后，调故宫博物院工作，直至逝世；其间先后任设计委员、研究员、学术委员会主任、陈列部主任、美术史部主任、副院长等职。唐兰先生于1954年应聘为中国科学院历史研究所学部委员，他还是全国政协委员。1956年曾赴芬兰、瑞典讲学。

唐兰先生从事教学和科学研究50余年，涉及的学术领域十分广阔，写成多种专著及一百六七十篇论文。在语言学范围内，他在中国文字学理论、古文字研究考释和青铜器断代等方面都有很深造诣，并作出了重大贡献。

20世纪20年代至30年代期间，古文字学是一个“时髦”学科。唐兰先生在无锡求学期间，兴趣广泛，对古文字产生了浓厚的兴趣，他“发愤治小学”，

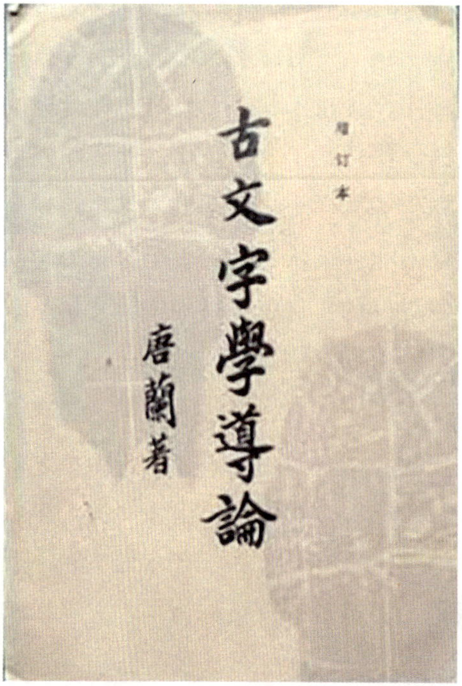

精研《说文解字》《尔雅》等典籍，为以后的研究工作打下坚实的基础。那时许多学者考释甲骨文、金文的文章发表得很多，不过其中很大一部分是没有多少根据的猜测。在甲骨文方面发表不少论著的叶玉森自己就承认考释甲骨文字犹如“射覆”。唐兰先生有关文字学的理论比较集中地反映在《古文字学导论》（北京大学讲义，北京大学出版组1935年12月印行）和《中国文字学》（1949年）两部专著中。

唐兰先生在昆明西南联大任教期间，讲授甲骨文字、六国铜器、古文字学、《说文解字》、《尔雅》、《战国策》、

宋词选等课。

西南联大非常重视学术研究，即使在战时物资极其匮乏的条件下，仍决定恢复北大、清华、南开原设置的科研机构。三校先后在昆明恢复研究所，制定了各具特色的招生章程。北大文科研究所设在青云街靛花巷3号。唐兰先生与罗常培、罗庸、汤用彤、向达、姚从吾、毛子水、魏建功等兼任导师。

文科研究所于1939年7月和8月两次举行研究生考试和论文初审，初审合格后分别在昆明、重庆应试，招收科目为史学、语学、中国文学、考古学、人类学。初审合格者每月发放生活费50元。

北大文科研究所在昆明期间，前后招收了任继愈、杨志玖、周法高、阴法鲁、王玉哲、李埏、殷焕先、王达津、高华年等40多名研究生。研究生们学习非常刻苦，他们和导师们甘于淡泊，坚持著书立说，以学问报国，成绩斐然，这些研究生大多成为我国文化、教育、科研的中坚力量。

唐兰与罗常培、汤用彤先生曾先后指导研究生殷焕先的《诗骚联绵字之研究》，李荣的《古声韵学》，梁东汉、黄匡一的《古文字学》，王达津的《尚书与甲金文比较研究》及王利器的《吕氏春秋校注》等高质量的学术论文和专著。与此同时，北大文科研究所的导师们自己也积极从事著述，以身垂范。1939年至1945年，各研究工作室都将论文提出来，由研究所编辑委员会印行的油印论文就有20多种。

北大文科研究所的所有学术论文一律为人工手刻油印发行。笔者藏有唐兰先生的《王命传考》，此为论文的第五种。今天重新展读这制作非常简朴的稿本，我们读到的不仅是一篇高水平的学术论文，也读到了西南联大"刚毅坚卓"的伟大精神。

1940年，西南联大历史系的王玉哲、李埏以优异成绩毕业，并报考北大文科研究所。王玉哲因在蒙自就读时选了刘文典先生的《庄子》一课，还作了一篇读书报告，题为《评傅斯年先生"谁是齐物论之作者"》，当时颇得刘文典先生赏识。文法学院迁昆后，这篇文章在联大老师间有所传阅，冯友兰、闻一多等先生极为称赞。罗常培先生正主编《读书周刊》，故需要稿件，他把王玉哲的文章拿去请傅斯年先生作个答辩，与王玉哲的文章同时刊出。可是傅先生看到王玉哲那篇文章后很生气，对王玉哲意见很大，这个事件在联大师友之间颇有流传。师友认为王玉哲成绩虽好，只要不是傅先生看考试卷就一定会考上。王玉哲就是在这种气氛中报考北大文科研究所的。

当傅先生审查到王玉哲的论文时，就把报告论文提出来，对别的导师说，这类学生不能录取，他的“城市气味”太浓，不安心刻苦读书，专写批驳别人的文章，而审核论文的唐兰先生等导师不断给王玉哲说公道话，并大力推荐，于是论文、笔试一关算通过，而口试的导师，正是王玉哲最怕的傅斯年先生。傅先生问：《秦公簋》铭文中“十有二公”是哪十二公，是从非子算起，还是从秦仲算起？还是从襄公算起？该器是什么时代做的？一连串问题，问得王玉哲张口结舌，汗流浃背。王玉哲完全没料到会问这些金文上的问题。王玉哲便决心向唐兰先生学习甲骨文和金文。

后来听说在会议上，傅先生为了照顾其他先生的意见，最后把王玉哲录为“备取生”；如果招不到更好的，再把王玉哲由“备取生”转为正式生。这件事对王玉哲的打击很大。同班好友李埏，这次已经金榜题名，李埏对王玉哲的处境很是同情，除给予安慰外，还邀其到家乡路南度假，顺路去游览全国闻名的石林名胜。

暑假一过，北大文科研究所开学了。幸运得很，开学不久，李埏即告诉王玉哲：他已被正式递补了！

为避日机轰炸，让研究生安静地读书，北大文科研究所从城里迁到北郊龙泉镇宝台山，与中研院史语所为邻，傅斯年先生家就住在山下。王玉哲在两位老同学的带领下去拜见傅先生，见面后傅先生非常客气，问长问短，旧事一句未提，于是，王玉哲正式成了傅先生的学生。

王玉哲的专业是先秦史，傅先生本是王玉哲的导师，由于史语所迁四川李庄，傅先生的专职是该所所长，便随所离昆。王玉哲的导师便改由唐兰先生担任。唐兰先生第一次谈话，即告诫王玉哲说：“可研究的题目很多，今后还是少写批评别人的文章为好。”这个善意的教导给王玉哲留下了很深的印象。

唐兰先生当时已是古文字学的权威，甲骨文、金文专家，正好指导文科研究所的各部研究生学习古文字。

为“躲警报”，文科研究所的导师大都疏散居住在龙泉镇一带。唐兰先生当时只身一人在昆，却被疏散居住在大观楼以西的滇池草海边的明波村。一个星期日，王玉哲邀李埏到唐兰先生家求教，打早从篆塘乘船至大观楼，再顺陆路步行到唐兰先生家。当时，先生、学生生活都贫苦，唐先生省口待客，先准备饭菜招待他们，特亲手做了一道拿手菜——红烧狮子头三个，每人吃一个。唐兰先生为人厚道，天性乐观，与师生相处极具凝聚力，就像他讲课一样最能叫座。

唐兰先生除培养了北大文科研究所诸多研究生学而有成外，还培养了西南联大的一位著名的现代语言学家——朱德熙先生。朱德熙先生从西南联大物理系转入中文系，从唐兰先生学习古文字学。1945 年毕业后在清华大学中文系任教，1952 年去保加利亚索非亚大学任教，1955 年回国后一直在北京大学任教。朱德熙先生在多年的教学中培养了许多学生，他对我国现代语言学的教学与研究作出了重要贡献。

唐兰先生上课从不带讲稿，其实他根本就没有讲稿。因为没有讲稿，完全是即兴讲解，就像平常聊天，所以听课的人倍感亲切。听唐兰先生的课不但可以了解学术见解，而且可以看出唐兰先生治学的方法、态度和风格，所以同学们爱听唐兰先生的课。爱听唐先生课的不仅是中文系的，还有其他系的，如物理系的王竹溪先生、哲学系的沈有鼎先生。在当时艰苦的环境里，王竹溪、沈有鼎两位先生居然有“闲情逸致”跑到中文系来听唐兰先生讲古文字学，这事很能说明当时西南联大学术气氛的自由和浓厚。

1944 年，由于抗战日久，情况复杂，通货膨胀日益严重，昆明的物价飞涨到惊人的程度，就算是高收入的大学教授都难以支撑。此时支持闻一多先生治印，在《润例启事》上签名的就有唐兰先生。

唐兰先生天赋高，精力过于常人，兴趣十分广泛，是一个非常乐观的人，尽管生活艰苦，但在治学授课之余，他还与师生们一起唱昆曲，逛昆明的旧书店、古玩店、制笔店，而且还将与书画家切磋等视为乐趣。

唐兰先生酷爱书法，但不以书家自居，所书的字却很为人推崇。由古籍出版社出版的《民国时期名人书法》一书，第 194 页为唐兰先生于 1944 年给文学史家王伯祥先生的一帧书法作品。民国时期的书法界，名家辈出，唐兰先生的书法作品能与诸名家聚集一册，可见唐先生书法艺术之一斑。

抗战时期，昆明成为大后方，全国许多名流学者、艺术家相继来昆。这些艺术家的到来丰富了战时昆明的文化生活。像徐悲鸿、潘天寿、张善仔、张聿光等都曾来昆举办过书画展。1943 年，在昆明举办全省书法、绘画、篆刻、摄影首次展览。除云南省的萧士英、周霖等艺术家外，还有西南联大的唐兰先生等诸多教授参加。

2005 年，为纪念抗日战争胜利 60 周年及昆明“一二・一”爱国民主运动 60 周年，云南《青年与社会》杂志社约笔者一道策划，采访了与唐兰先生有深厚师生情的云南大学著名教授李埏先生。

李埏先生就读西南联大、北大文科研究所时都是唐兰先生的学生。李埏先生现尚存一件 1945 年唐兰先生为其结婚所亲书的“李赵婚礼嘉宾题名”横幅，他拿出来给记者采拍。李埏先生与赵毓兰女士的婚礼设在金碧路冠生园，参加婚礼并在嘉宾题名上签名的有汤用彤、闻一多、唐兰、吴晗、郑天挺、刘崇鋐、罗庸、姚从吾、雷海宗、徐嘉瑞、楚图南、姜亮夫、任继愈、殷焕先、石峻等 30 多人。西南联大学者的文墨遗物现已很难寻觅到，唐兰先生与诸多大师留下的这份墨迹极其珍贵。

唐兰书《李赵婚礼嘉宾题名》横幅

1945 年抗战胜利后，唐兰先生创作了许多书法作品，并在昆明举办了一次个人书法展览。展品从甲骨文、金文到篆书、隶书、行书、楷书，各种书体，大幅、对联、直幅、册页都有。唐兰先生的字不拘一格，兴之所至，挥洒自若，虽不以功力见胜，却自有意趣和强烈的个人风格，因而受到人们的称道。唐兰先生的字，可谓学者型的字，其深邃的学养融于书作中，是一般书家所不能达到的。

1946年5月4日，西南联大结束办学，三校复员北迁，联大师生纷纷离昆。

唐兰先生离开昆明前，留下了一张与中文系全体师生合影的纪念照片。特别值得一提的是，如今被列为全国爱国主义教育基地的原联大旧址上的《国立西南联合大学纪念碑》，此碑是西南联大留给昆明最具代表性的纪念物之一，而碑阴是《国立西南联合大学抗战以来从军学生题名》，其碑额就是唐兰先生撰书的。唐兰先生与冯友兰、闻一多、罗庸、刘晋年先生的这块纪念碑杰作，为昆明这座历史文化名城增添了殊荣。

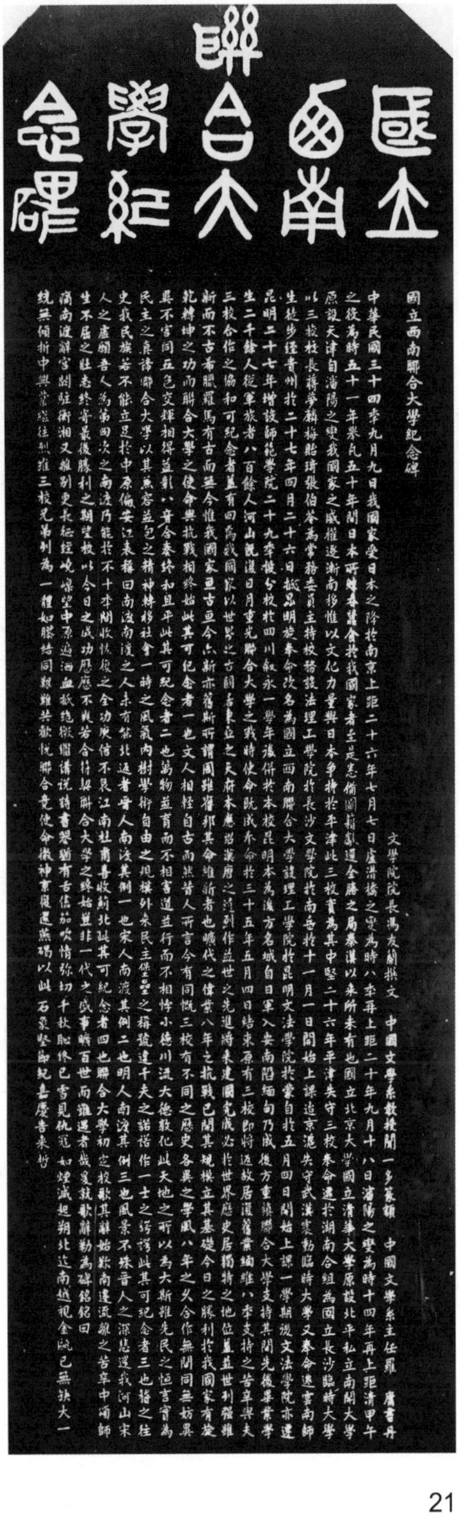

潘光旦在昆明

一

潘光旦（1899—1967），江苏宝山人，字仲昂，原名光亶，我国著名教育家、社会学家。他 1922 年毕业于清华大学，后赴美国留学，先后在达特茅斯学院、哥伦比亚大学攻读生物学、动物学、古生物学、遗传学，获博士学位。1926 年回国后，先在上海执教，任大夏大学教授、光华大学文学院院长。1934 年后担任清华大学教授兼社会学系主任，1949 年后兼任清华大学图书馆馆长。

全面抗战爆发后，潘光旦先生任西南联大教授。1941 年加入中国民主政团同盟，任中央委员、中央常务委员、文化委员会主席。中华人民共和国成立后，任政务院文化教育委员会委员、中央民族学院教授兼历史系副主任。1967 年 6 月 10 日病逝于北京。著有《优生学原理》《民族特性与民族性》等著作，译著有《性心理学》《自由教育论》等。

潘光旦先生于 1938 年携家到昆明。当时的西南联大为单身教师租有单身宿舍，带家眷的则自行租房住。潘光旦先生与赵世昌、沈履、庄前鼎先生就租住在翠湖边的青莲街学士巷 1 号（卢公馆后面，今已为翠湖宾馆的一部分）。此院为中式楼房。二楼正中上面还有一楼阁，潘光旦先生用作书房。楼阁四面都开有窗户，可看远近的景色。潘先生对此写道："云影湖光，所揽独多，避地得此，诧为佳遇。偶忆《华严经》有'光云四照常圆满'之语，因即名之曰'四照阁'。而'光'与'云'二字，又适为余与室人之名各之各半（潘先生的夫人名叫赵瑞云），颇亦巧合。"从上述所记中不难看出，潘光旦先生对此居住地是很满意的。

潘光旦先生在学士巷住了约一年，为教学、教务的方便，又迁到大西门西仓坡的清华办事处居住。潘光旦先生与梅贻琦先生家同住楼上，楼下为联大办事处。两家都在办事处包饭，潘夫人、梅夫人也不需主厨而辛劳了。

1940 年，日军飞机空袭昆明更频繁，为免遭"躲警报"之苦，潘光旦先生于是年 6 月就迁到西北郊的大河埂村一农户的大院内居住（此院现存，但大门已无）。

对居住在该农户大院的诸多往事，潘光旦先生的女儿回忆说：

我家和舅父家一起搬到西郊大河埂居住，距城七八公里。这是一个适中的地点，往北五里是大普吉，清华大学的几个研究所设在那里；往西一里是西山坡脚下的龙院村（梨园村），住有清华不少教职员家属；顺河往南走到大石桥，就上了通往昆明大门的公路。当时葛敬忠先生（其夫人胡咏絮是我母亲的同学）在我家住处路对面的小院里拨了一间新盖的屋子给父亲作书房。因为向西可以望见螺峰山，东面有铁峰坳，所以父亲把它叫作“铁螺山房”……记得那时候父亲常常步行或乘马车奔波于学校和大河埂之间。白天去联大讲课或到清华办事处公干，晚上在家写作或备课至深夜。乡居简陋，没有电灯。他曾自制了一个8片玻璃条的灯罩以防夜风，在烛光下写作。一篇文章，一夜一气呵成，第二天早上，平放在他那结实的老黄皮包中，高兴地拎着走了。这只老黄皮包伴随着他大半生，其中总放着他的手头作业，一有空隙，坐下来便读便写，日机轰炸也难影响他的效率……假期里，书房里总是孩子们的乐园。小院的东面和南面以昆明常见的带刺的白木香花作围篱，花儿盛开时清香四溢。书房四面，透过小院西面和南面的竹篱可以看到开阔的田野和远处西山的山峰，还有山下的树林和房屋。竹篱内种了点美人蕉、凤仙花、鸡冠花之类，而最能引起孩子们兴趣的还是那一大丛蒲利子，可以摘下来穿成长串，穿个不停。总而言之，这间书房的环境是田园风光，即使是在战争时期，生活艰苦，仍不免使人产生“采菊东篱下”的感想。

潘光旦先生在大河埂因景而取“铁螺山房”书斋名，在其《铁螺山房记》中写道：

鳞介中西方有“隐士蟹”者，初与常蟹不异，及长，必觅一螺壳为寄居之所，既尔其尾部亦拳曲如螺，从此因缘固结，久假不归……夫人生天地间，一大寄居之局面耳。军兴以还，避地南徼，去乡万里，是第二等之寄居也。居人之屋而付与代价，是第三等之寄居也。居人之屋而不酬值，鸠占鹊巢而恬不自怪，是第四等之寄居，而近寄生现象者也！余之寄生若隐士蟹者，事实也。名我斋曰“铁螺山房”而又为记者，自文之词也；知其非是，又从而为之词，是圣门所深疾者也。姑书以示运成兄，以博一粲，并聊以求余心之所安。

战时避居昆明的艰辛岁月中，潘光旦先生在友人的帮助下，对能有一个如蟹之螺的居室及书房而感到满足。这也让我们看到潘光旦先生及诸多教授，在战时极端艰难的情况下，仍不忘以学问报国的拳拳之心。

潘光旦先生在“铁螺山房”还撰有“螺大能容甄士蟹，庭虚待植美人蕉”的楹联。关于这副楹联，西南联大教师李树青先生在《悼念业师潘光旦先生》一文中写道：

1939 年夏再往昆明，接受了西南联大教职。此后 5 年间，得与潘先生共事一堂，朝夕相处，相知益深。日军占领越南后，敌机不时自河内来袭昆明，潘先生因行动不便，遂移居西郊大河埂，赁居一个农家的楼上。这时，在天气晴朗的日子，晨起常看到五华山上挂起预备警报的红色警球，知道敌机已自河内出动北来。我有时携带一点肉类食品，动身前往潘家去午餐。餐后在下午警报解除后，再行缓步返城。记得有一次，潘先生很有兴致地告诉我说：“最近一位商人朋友在前面所建的新房舍中无偿给一间书房，可用以从事写作。”遂邀我前往观赏。果然在院落尽头，一间新式洋房，明窗净几，环境幽闲雅致。先生说正在筹拟一副楹联，用隐士蟹寄住蚌壳譬喻，以表达这个意外的礼品。联曰：“螺大能容甄士蟹，庭虚待植美人蕉。”先生强我表示意见。记得当时我曾问：“此联是否征得潘太太首肯？否则我建议用‘寿仙桃’代替‘美人蕉’。”先生照例开颜欢笑说：“原意只在属对，并无金屋藏娇含意在内。”师生间情谊，常常如此。

从潘光旦先生撰写的这副书房联，足见其学问深邃，人品道德高尚，又充满了诙谐浪漫的情趣。

大普吉与龙头村、岗头村一带，在抗战时期为避日机轰炸，成为当时西南联大最集中的疏散地。联大主持校务的梅贻琦先生一家也住在梨园村（龙院村）的惠家大院。梅贻琦先生往返城里大多是坐洋车（人力车），有时步行到昆沙公路边乘汽车，有时也会到大河埂潘光旦先生家休息一下，喝杯茶、喝杯咖啡，或吃早点、便饭，顺便谈谈工作等。潘光旦先生也会到梅贻琦先生家走走。平时两家的夫人、孩子们都会相互走动，足见两家关系之融洽。

此前在北平，梅贻琦和潘光旦两位先生就是挚友。在梅贻琦先生 1941 年至 1946 年的《日记》中，就有两位先生从工作到生活方面的记载：

1 月 13 日，早八点起后，颇念诸孩在家，不知有警报否。九点至光旦处。

早餐食春卷颇好，惟太咸耳。下午四点乘洋车返内。

4月13日，早八点余起，天方阴雨。约光旦且来食早点，以“大学一解”要略交烦代拟文稿，日来太忙，恐终难完卷也。十点余，光旦返乡，余初拟同去，因恐雨势更大，归来更困难，遂不往。

4月15日，早九点起，闻有预行警报。午前乘人力车往梨园村，郁文（梅贻琦夫人）已自潘家返寓，似已愈大半。午后两点半，起行返城。……八点半返家，始进晚餐。

5月10日，早八点至张西林家用早餐，九点同车往大普吉。十一点约张厅长、黄日光及某君来研究所与潘、愈、汤、刘商谈厅方最近之增产计划。中午在建厅便饭，三点返城。（注：潘光旦兼任清华农业研究所教授）

5月11日，上午八点半与彤、彦、芬往梨园村，余乘洋车先去，三孩子步行，十点一刻始到。因郁文在潘家，遂同往，留午饭。饭后至惠老师院看新房，尚须三数日始修好……（注：惠老师即惠我春，院即龙院村的惠家大院，大院现存）

1942年1月15日，……下午在家茶叙，约倪葆春……潘光旦、沈履两家、徐行敏、郑天挺及金龙章。

1943年2月21日，阴。午前黄杰军长来访。晚饭后，光旦自乡来，详谈大理、鸡足之游。

8月29日，中午偕杜尹及夫妇至梨园村，访光旦家，便饭。

11月20日，中午约卫立煌及黄琪翔夫妇、马晋三、萧君、光旦、杨武之、张印堂、陈惠君女士午饭。晚，陈、卫两长官在军政部办事处请客，食炮牛肉，究不知外客欣赏如何耳。

1944年3月17日，早，一樵来接往大河埂访光旦家，稍坐游筇竹寺，观罗汉像，不若初次之感觉兴味矣……

6月25日，天微阴无雨。中午赴美领馆餐会，系为与华副总统会谈，座中有光旦、努生、奚若、岱孙、伯伦、寿民、叔伟、泮芹、佩松、贡予、子坚，美国者总领事及华尹之外……饭时谈话不多，饭后不久因华须休息，众客遂散……（注：梅贻琦所列中文名字均为联大教授）

9月8日，光旦夫妇赴渝，托其探询关于庚款机关取消情形。

9月13日，阴雨一日，下午开联大教授会……后举行选举，结果书记为闻一多，校务会议代表为闻一多、叶企孙、陈岱孙、张奚若、钱端升、燕召亭、潘光旦、刘仙洲、陈雪屏。

1945年11月5日，上午未往联大，来客颇多。下午在寓批阅公事。晚六点余应闻一多、闻家驷昆仲及曾昭抡、吴晗之邀，饭约于昆南宿舍潘光旦家，他客只傅斯年、杨振声，饮酒据报有九斤之多。至十二点始散……

12月30日，晴。晚，庄前鼎夫妇饭约，系为其结婚十周年者，共为梅、潘、赵、雷、张五家……

1946年1月16日，阴。中午今甫（杨振声）在厚德福，晤xx太太、张太太、龙荪、端升、光旦夫妇。晚赴刘淑清太太饭约大厂村，客皆熟人。饭后听张太太讲论吴雨僧，今甫在旁搭腔，极有趣。散时已十一点矣。

2月12日……晚，约缪云台夫妇、杨耿光夫妇、朱健飞夫妇及光旦夫妇便饭，藉商印刷机售与经委会事。

从梅贻琦先生日记中所记与潘光旦先生有关的事例中，可知潘先生与梅先生有真挚的友情。两位先生的夫人，最为当时人们所津津乐道的就是到金碧路上的冠生园卖“定胜糕”一事了。据梅贻琦夫人回忆说：

教授们的月薪，在1938年、1939年还能够维持三个星期的生活，到后来就只够半个月用的了。不足之处，只好由夫人们去想办法，有的绣围巾，有的做帽子，也有的做一些食品，拿出去卖。我年岁比别人大些，视力也很不好，只能帮助做围巾穗子。以后庶务赵世昌先生介绍我做糕点去卖。赵是上海人，教我做上海式的米粉碗糕，由潘光旦太太在乡下磨好七成大米、三成糯米的米粉，加上白糖和好面，用一个银锭形的木模子做成糕，两三分钟蒸一块，取名“定胜糕”（即抗战一定胜利之意）。由我挎着篮子，步行四十五分钟到“冠生园”寄卖。月涵还不同意我们在办事处操作，只好到住在外面的地质系教授袁复礼太太家去做（袁教授家住小屯村）。袁家有六个孩子，比我们的孩子小，有时糕卖不掉时，就给他们的孩子吃。有人建议我们把炉子支在“冠生园”门前现做现卖，我碍于月涵的面子，没肯这样做。卖糕时我穿着蓝布褂子，自称姓韩而不说姓梅。尽管如此，还是谁都知道了梅校长夫人挎篮卖“定胜糕”的事。

多年来，研究西南联大者谈及梅贻琦夫人卖“定胜糕”一事，很少有提及潘光旦夫人的参与。那时，要把米、豆一类磨成面，大多用的都是“石磨”。这种磨在农村尤多，而潘光旦先生居住的大河埂农家才可能有磨。故由潘光旦太太来承担磨米粉的工作，参与经营“定胜糕”，也为家庭减轻点生活负担。

潘光旦先生除教学、写作外，以他渊博的学识和声望，还受邀到一些大学、中学演讲，兼职授课。1942 年 5 月，私立五华中学在昆明成立，该校由西南联大历史系毕业生李希泌（李根源先生之子）发起创立。6 月，该校召开第一届董事会，推举联大教授潘光旦任董事长，李希泌任校长。9 月，招收高、初中男生各一班，借青云街圆通小学校址开学上课。1946 年，该校有高、初中 9 个班，学生 400 人。潘光旦先生又为该校的师资、教材、教学、校风等操心，这使五华中学成为当时昆明著名的中学之一。

潘光旦先生不时也会受邀参加一些婚礼，并为新郎、新娘撰文祝贺。1942 年，联大历史系的丁则民和许令德结为夫妻，婚宴上，展出了老师们为他俩写的贺婚条幅。据云南师范大学教授方龄贵先生回忆说，其中有两条给他印象最深，至今铭记不忘。一条是邵循正先生写的“同灯观史”；一条是潘光旦先生写的立轴“令我同心同德，则能福国福民”，很是别致！令德、则民同受业于邵师。邵师以“同灯观史”相赠，寄托对两位新人百年好合的深切祝愿和不废旧业的谆谆勖勉，立意深远。潘光旦先生的贺幅，巧妙地把新婚夫妇的名字分别嵌入上、下联，语重心长，期许殷殷，在同学中也传诵一时。而今邵循正先生和潘光旦先生早已作古，不知此两条幅，令德、则民今尚珍藏于世否?

二

2001 年的一个星期天上午，笔者到昆明马街旧书市淘书，在一书摊购得两册西南联大的学术刊物《国学季刊》。此时一位长者叫笔者把书给他看看，他翻看了书刊后说：“西南联大的梅贻琦、潘光旦、黄钰生、查良钊、沈从文等他都见过，特别对潘光旦教授印象更深刻。”一听此说，笔者便向这位长者求教，了解一些鲜为人知的联大轶事。

这位长者与笔者当即就坐在街边的石坎上闲谈起来。他说他叫瞿子荣，现年

75 岁，玉溪人，父亲瞿绍忠于 20 世纪 30 年代初在文林街昆华中学大门口东侧的 211—212 号开设“同盛园”滇味餐馆，他家的炒菜及各种米线、卷粉、饵块、烧麦、包子等小吃最受昆华中学及联大师生的喜爱。当时联大的梅贻琦、黄钰生、查良钊就住在昆中北院，潘光旦教授也在昆中北院授课，潘先生就在他家包饭。

据他说：“有一天，潘光旦先生身穿皮上衣、皮裤子，从口袋里掏出两个称之为自种的鲜红番茄，交给我父亲说：‘你用开水烫一下，把皮撕掉，再把里面的籽拿掉，用鸡蛋炒给我吃。’我父亲一看，这种鲜红的果不知叫什么，而昆明人是不兴吃的。但是一想，像潘先生这种有学问的人，如果不能吃或不好吃，他会吃吗？我父亲便照潘先生所述炒出来，好奇地看潘先生吃得有滋有味！

“随后，潘先生经常带着番茄来教我父亲用板豆腐、水豆腐炒或烧汤给他吃。我们有时也跟着尝尝，觉得味道的确不错。我父亲还用青辣子与番茄炒，吃后觉得既辣又带酸味，别有风味。我父亲还将番茄籽晒干后拿给昆华中学搞园艺的一位彭老师，彭老师在昆华中学的园地里种出了许多番茄。随后昆明人便慢慢地兴吃番茄了。”

对于昆明人何时兴吃番茄之说，笔者又去求教云南省文史馆馆员李瑞先生。在李瑞先生的记忆中，昆明人吃番茄应该就始于抗日战争时期。那时在官渡、呈贡一带才种番茄。

有一次在云南大学著名教授李埏先生家，谈起联大师生的艰苦生活时，李瑞先生回忆说：“我去西仓坡闻一多先生家时，见闻先生也曾在空地上种番茄。20 世纪 30 年代，我就读昆华中学，从路南来昆明时，在宜良狗街火车站内也见种有番茄，可能是法国人种的，当时昆明人称番茄为‘洋辣子’‘酸汤果’。”

番茄营养丰富，含有多种维生素及胡萝卜素、钾、钙、磷、铁等物质。番茄性味甘、酸、微寒，经常吃能生津止渴，帮助消化，有降血压和消炎等作用。故 20 世纪我国留学欧美的人士都喜食番茄。番茄的原产地在南美洲秘鲁，当地人称为“狼桃”，16 世纪传入英国。我国的番茄，传统的说法是 18 世纪末由西方传教士经“丝绸之路”传入的，故名“西红柿”。最初的昆明人也确实称它为“洋辣子”。

王力在昆明

一个大学教授，而且是享誉海内外的西南联大著名教授，兼任中小学校的校长，这在中国教育史上是少有的。他就是著名语言学家王力先生。

抗战时期，西南联大在昆明八年，为了应对日益飞涨的物价，很多师生因生计，不得不卖文卖物、兼差打杂，或到大学、中学、小学兼任教职。1943 年，王力应两广同乡会之邀，兼任昆明私立粤秀中小学校校长。王力先生的到来，深受师生及家长的欢迎，一时成为云南教育史上的美谈。

20 世纪初，滇越铁路通车，不少中外人士云集昆明，其中以两广人士居多，他们大多聚集在金碧路、同仁街、巡津街、后新街、书林街和拓东路，乃至有的老昆明把金碧路叫作“广聚街”。两广人士多从事商业、金融业务，使这一区域日益繁荣。随后“两广同乡会”设置在后新街（现粤秀中学内），时有石刻楹联曰：“五华瑞霭金碧交辉；百粤联欢冠商集盛。”可见当年商业的兴盛。

为解决两广同乡子女的上学问题，同乡会在苏剑泉、劳锡禧等的支持赞助下，于 1924 年，利用同乡会会址，开办了小学和幼稚园，取名“粤侨公学”，并聘请陈醒魂担任学监。之后改名“两广公学”，初步解决了两广同乡子女的入学问题。随着教育变革，公学改称学校，按国家统一学制和教材进行教学，学校规模也有所扩大。

1937 年，七七事变后，全面抗战爆发，昆明成为抗日大后方，人口一时猛增，来昆人士子女入学的问题也日趋凸显。时任两广同乡会理事长的旅越、缅甸归侨苏剑泉先生本就热心公益事业，在两广同乡会理事及工商界人士的支持赞助下，又创办了粤秀初级中学，1944 年，增办了高中部。至此，粤秀学校便成为一所 12 年一贯制的学校。

学校董事长苏剑泉尊师重教，于 1943 年，特聘请了广西同乡、时任西南联大文学院教授的王力先生来兼任粤秀中小学校校长。王力先生受聘后，举家从龙泉镇的棕皮营村搬到学校居住。王力先生到任后，带来了西南联大爱国、民主与科学的校训及“刚毅坚卓”的精神。他首先为粤秀学校写出了校歌：

越秀之麓，学海菊波，当年庠序先河。旅滇同乡，不废弦歌，昆明设校分科。滇粤一家无偏颇，四海兄弟同切磋。师求其良，友求其多，处群其道惟和。

校歌精辟地阐明了办学宗旨、对学生的培养和招生范围、两广与云南的情谊。粤秀中小学校正是沿着这样的宗旨办学，不但培养了两广子弟，也为云南和全国造就了许多人才。这首校歌一直铭刻在粤秀人的记忆中。

学贯古今，融会中西的王力先生有丰富的教学、办学经验，凡事身体力行。他对学校教师的甄选、学校教学质量的提升、学生学习兴趣的启发，以及校风的转变，都起到了决定性作用，深受校内外好评，使“粤秀”成为当时的名校之一。

抗战胜利后，西南联大北返。王力先生随校离昆，先后任教于中山大学、岭南大学。中华人民共和国成立后，他任教于北京大学。

1983 年 8 月，云南省语言学会召开年会，王力先生应邀出席。他与夫人夏蔚霞第二次来到昆明，下榻圆通街连云宾馆。原粤秀中小学校在昆的学生知道老校长到来，便奔走相告，邀约看望先生，学生们围着他与夫人，共叙那段艰苦的沧桑岁月。久别的王力先生看到这些学而有成、为祖国作出贡献的学生，高兴地说：“我的心血没有白费！”欣然题诗，以表喜悦之情。

四十年前着意栽，如今都是栋梁材。
重游旧地劳追忆，喜见诸君过访来。

笔者生晚，对王力先生的大名，最早是因藏有其著《诗词格律十讲》等书而知道的。他兼任昆明粤秀中小学校校长之事，也是在阅读 1982 年 6 月中国社会科学出版社出版的，由先生所著《龙虫并雕斋琐语》一书“新序”而得知。1988 年，西南联大校友会、云南师范大学编辑《西南联合大学纪念册》，其中有一张“1946 年 5 月 3 日，国立西南联合大学中国文学系全体师生合影”的图片，笔者才从中看到王力先生的容貌。

多年的淘藏中，举凡与西南联大相关的资料，只要有机会笔者都倾心集藏。20 世纪 90 年代初，昆明人民西路与西昌路十字路口的人行天桥还未拆除，每逢周末，周边人行道上有不少旧书摊。一个偶然机会，笔者在一书摊见有一张 8 寸的老照片用塑料袋装着，蹲下一看，照片上的文字为“昆明市私立粤秀中小学校小学部师生摄影，卅二、六、卅”。征得摊主同意，拿出照片仔细观看，后排左第 6 人穿西服戴眼镜者，有点眼熟，意识到可能是王力先生。

笔者当时为之一惊，压住内心的激动向摊主问价，摊主以高出一般老照片的市场价答之。笔者心想：如果摊主知道照片上的长者是西南联大教授，且又是著名的语言学家，那开出的价远不止这个数，便要摊主让点价，决定买下这张照片。摊主因笔者是购书熟客，略减了点价即成交。回到家后，拿出《西南联大纪念册》，进行对比辨认，最终确认照片上的长者确是王力先生无疑！

笔者淘藏的这张老照片，又经云南师范大学退休的苏佩颜老师（苏剑泉先生女儿）品鉴。苏老师激动地对笔者说："我父亲是粤秀中小学校的创办人之一，王力先生就是我父亲请来任校长的。几十年了我都没见过这张照片，真是太珍贵了！"随后，苏佩颜老师又将这张照片拿去给在云南省委党校任教的一位女老师看。这位女老师是原粤秀中小学校学生，她看后动情地表示，从未知道有这张照片的存在。那次王力先生重来昆明时，若是见到这张照片，会更加高兴吧。

苏佩颜老师将笔者珍藏这张照片的消息，告诉正向海内外征集有关西南联大史料的云南师范大学纪念馆，同时建议将这张照片翻拍一张赠给纪念馆，以填补王力兼任昆明粤秀中小学校校长这段史实。笔者高兴应允，很快将翻拍的照片交给苏老师代转纪念馆。

作为收藏爱好者，每件心仪的藏品不论价值高低，只要能留得住一段历史往事，对社会有益，收藏之路就算是艰辛也充满了乐趣。

私立粤秀中小学校部分师生合影（后排左 6 为兼任校长的王力先生）

殷焕先寓滇事迹

抗战时期，云南作为大后方，一时云集了众多蜚声海内外的文化名人。这些名人的到来，对带动云南边疆文化、教育和科技的发展作出了巨大的贡献。他们当中的许多人或事已为我们所熟知，但也有不少著名学人之寓滇事迹至今还鲜为人知。其中我国当代著名语言学家、教育家，原山东大学中文系教授殷焕先先生就值得一谈。

笔者有幸收藏殷焕先先生在昆明时的一些书信、诗词文稿以及他与冯友兰、罗常培、唐兰、游国恩、徐嘉瑞、熊庆来、蒋维崧等学人的书信、诗词、文稿墨迹。本文希望通过这些珍贵的历史物证对殷先生寓滇的学行风范、师友交游以及当时的西南联大诸多史实略加考述。

殷焕先，1913 年生，字孟非，笔名齐中、徐兹，江苏六合人。1936 年入重庆中央大学，受业于赵少咸，毕业后获学士学位，执教于云南省立曲靖中学，任国文教员。1941 年考入暂迁昆明的北京大学文科研究所语言学部，受业于罗常培、唐兰等，毕业后获硕士学位。1942 年任西南联大中国文学系助教。1944 年任云南大学文史系讲师。1946 年任四川大学中文系讲师。1947 年至山东大学任中文系副教授，1952 年任中文系教授兼语言教研室主任，他还是山东大学学术刊物《文史哲》的创办人之一。1951 年兼任山东大学学术评议会委员，《山东大学学报》编委。1952 年任《中国语文》杂志编委。1955 年兼任中国科学院语言研究所研究员，1956 年任语言研究所《语言研究》杂志编委，上海《学术月刊》杂志编委。同年兼任山东省方言普查会副主任委员。

殷焕先先生在音韵、语言文字方面造诣很深，颇多独到见解。中华人民共和国成立以来，他积极从事学术活动，在文字改革、方言调查、推广普通话和语言教学等方面作出了很大成绩。其主要著作有《曹宪音研究》《释〈古今通塞〉》《上古去声质疑》《破读的语言性质及其审音》《反切释要》《音韵学讲义》《方言与音韵》《六合方韵》《字调和语调》等。

曲靖中学考来的北大研究生

抗战时期，北方沦陷，内地许多大学都迁往西南各省。这些大学的西迁使西南各省的文化教育得到很大发展。那时云南省中学的教师多为大学毕业生担任，省立曲靖中学（今曲靖一中）便延聘了一些大学毕业生到校任教。

殷焕先先生于 1939 年从重庆中央大学毕业后即到曲靖中学受聘任国文教员。由于殷先生致力于教学的敬业精神及人品，不到一年的时间就受到校长谢显琳先生及广大师生的欢迎。他一边教书，一边准备报考研究生。

1941 年，殷焕先先生考取暂迁昆明的北大文科研究所语学部的研究生。殷先生离开曲靖时，许多学生举行茶点欢送会，邀殷先生参加共叙离别之情。殷先生在昆应试期间，谢显琳校长还亲赴昆明与殷先生一晤。谢显琳校长离昆返曲靖时曾留信给殷先生。信中有云：

先生应试完毕，即祈回曲（靖）帮忙招收新生……先生能得晋修机会，琳于先生决不留难。否则，愿再与先生续订一年之约，所任学科、钟数一如前学年……（见 128 页图）

由信得知，谢显琳校长对殷焕先先生在曲靖中学的教学工作是充分肯定的，很希望他能继续执教于曲靖中学。

殷焕先先生在西南联大著名教授罗常培、唐兰等先生指导下学习语言文字、音韵学。就读期间曾写出高质量的论文《诗骚联绵字之研究》。毕业后曾执教于西南联大、云南大学、四川大学、山东大学。殷先生在音韵、语言文字方面造诣很深，多年来写出了不少专著和论文，颇多独到见解，并兼擅古典诗词和书法。

此前，殷焕先先生在曲靖中学任教两年左右，为云南基础教育作出了自己的贡献。殷先生是从曲靖中学考入北大文科研究所，靠努力步入学术殿堂的一位中学教师。

罗常培与殷焕先

罗常培（1899—1958），北京人，字莘田，号恬庵，当代著名语言学家，曾任中山大学、西北大学、厦门大学、北京大学、西南联大教授，1929 年任中央研究院语言研究所研究员，1934 年到北京大学后任中文系主任、西南联大中文系主任，1944 年赴美国朴茂纳大学、耶鲁大学、加利福尼亚大学、密歇根大学讲学。1948 年回国任北京大学教授兼北大文科研究所所长。1949 年，出席中国人民政治协商会议第一届全体会议。后任《中国语文》总编辑、中国科学院语言研究所所长、中国科学院哲学社会科学部委员。1958 年在北京逝世。著有《汉语音韵学导论》《普通语言学纲要》《汉魏南北朝韵部演变研究》等。

殷焕先于 1941 年从云南曲靖省立中学考入北大文科研究所语学部，直接在罗常培、唐兰先生指导下学习语言文字、音韵学。殷焕先与罗常培等导师们朝夕相处，师生情谊亲切随和。殷焕先先生在当时的中央大学就读时曾受业于著名语言学家赵少咸先生，语言文字学、音韵学也因此奠定了扎实的基础。现在又在罗常培、唐兰等大师们的精心培育下，加之自己的刻苦努力，学习日益长进，一年后便被罗常培先生推荐到联大中文系任助教。

笔者藏有 1942 年 9 月 12 日罗常培先生写给殷焕先先生的一封信，信中所叙“半时助教事已写信致梅主席（梅贻琦）但尚未提出常委会，想该无问题也”（见 125 页图）。那时的西南联大人才济济，能在联大任教绝非易事，即使在联大就读也必须按成绩录取，学分成绩达不到的，则必须留级或退学。由于联大师生读书治学极其认真，所以为国家培养出众多的栋梁之材。由信中可知，罗常培先生对自己的学生殷焕先的学问及能力是充分肯定的。

信中又叙，“俅语文已成，印成拟寄国外”。信中还提到李荣，当时为北大文科研究所语学部研究生，中华人民共和国成立后任中国社会科学院语言研究所研究员、所长，《方言》季刊主编。当时北大文科研究所师生中大多书法功力不凡，殷焕先先生的书法更为出众，故罗常培先生请殷先生代其刻写。当时殷先生正在患病，称“待病愈后入，将蜡纸、钢板送乡如何？”乡下，指北大文科研究所疏散地龙泉镇宝台山。

罗常培先生在教课和主持系务之外，充分利用昆明接近少数民族地区的有利条件，开创新的研究领域，并设选修课“汉藏语调查”，积极培养从事实际调查的语言学人才。1942 年罗常培先生到大理旅行讲学时，调查了傣族、傈僳族等几种语言，并把调查到的材料整理成《贡山俅语初探（中英文）》一文，由北大文科研究所论文编辑委员会印行，此文为北大文科研究所论文第三种。当时北大文科研究所的所有论文均为油印。罗常培先生的论文《贡山俅语初探》

就是信中所叙，请殷焕先先生所刻。

1944年秋，罗常培先生应美国朴茂纳等大学之聘出国讲学；同时，殷焕先先生也应云南大学之聘到中文系任教，师生俩就此暂别。

中华人民共和国成立后，殷焕先先生在山东大学任教，并在罗常培任总编辑的《中国语文》杂志兼任编委。1955年，殷焕先在罗常培主持的中国科学院语言研究所任研究员。殷焕先还为罗常培的专著《语言与文化》一书整理资料，罗常培在该书的“后记”中，对殷焕先等人为其整理资料有致谢之语。罗常培、殷焕先师生俩都为我国的文化教育事业作出了贡献。

徐嘉瑞与殷焕先

抗战时期，在著名数学家熊庆来任云南大学校长时，为把云大办成一所高质量的名牌大学，熊庆来先生多方奔走，广延人才，聘请了很多高素质、有名气的教师到云大任教，把云大原来的文法、理工两个学院扩大为5个学院、18个系和3个专修科，把原属省立的云大升格为国立云南大学。

徐嘉瑞先生（1895—1977），号梦麟，云南邓川人，1928年任昆明《民众日报》社长，1936年任云南大学教授兼文史系主任，致力于楚辞研究，主编过《战歌》杂志，并任中国抗敌协会云南分会主席。中华人民共和国成立后，任云南省教育厅厅长，省文联主席，《文字研究》编委，全国人大代表。1977年病逝于昆明。

笔者藏有徐嘉瑞先生于1944年6月11日写给联大中国文学系助教殷焕先先生的一封信。用“云南大学西南文化研究室”宣纸印信笺，毛笔，行楷，功力深厚。其文曰：

焕先先生左右；承允留昆，感荷奚拟？当由熊公致函汤锡予先生，请其谅解。祈将汤公最近通讯处示知为荷。下年文史系课程如文字学及语言学均将劳吾兄担任。谨先致感谢之意。此请，仁安。弟敬启，六月十一日。（见122页图）

信中提到的“熊公”即熊庆来校长，“汤锡予”即联大著名教授、时任北大文科研究所所长汤用彤先生。由信得知，殷焕先先生原有他就，后为云大留聘。故由云大熊校长亲自函商联大汤先生。作为系主任的徐嘉瑞先生不但率先专函致谢，而且已将下年课程排定，虚位以待。当年云大对人才的汲汲渴求和联大师生对云南教育的支持也由此可见一斑。

熊庆来与云南大学

1937 年，熊庆来先生应云南省主席龙云诚聘，返滇出任云南大学校长。熊先生认为，办好高校首先要有优秀的师资队伍，要选任学术水平高、教学经验丰富的教师担任教学工作。这样，既有利于学生的培养，也有利于提高学校的学术地位。

抗战时期，西南联大及其他著名大学迁滇办学，昆明乃至整个云南一时云集了众多文化界和科学界的大师，这为云南地方高校及整个教育事业的发展提供了一个难得的机遇。熊庆来先生抓住这一机会，以自己的学术声望，不断选聘众多学有专长的著名教师到云大任教。

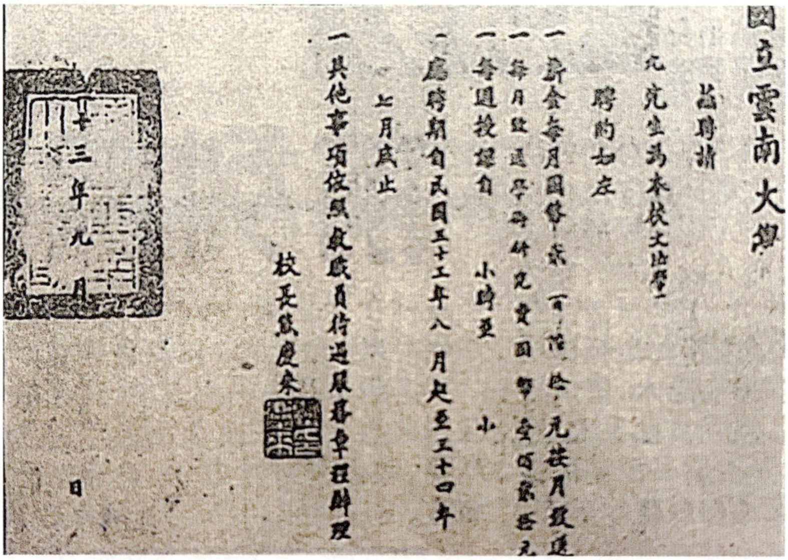
國立雲南大學
茲聘請
先生為本校文法學院
聘約如左
一 薪金每月國幣 元
一 每月致送學術研究費國幣 元
一 每週授課自 小時至 小時
一 應聘期自民國三十三年八月起至三十四年七月底止
一 其他事項依照本校教員待遇服務章程辦理
校長熊慶來
三十三年九月 日

熊庆来签发的聘书

笔者藏有由熊庆来先生签发的“国立云南大学教师任聘书”一份，受聘者为殷焕先先生。聘书用白毛边纸印刷，有云南大学校印和熊庆来校长私章两枚，皆篆书。聘书虽有多处破损，但所有条款都清晰可辨。据聘书所记，当时聘用教师之经费分为生活费和科研费两项，两项聘金相加为国币 380 元。据 1944 年有关资料考证，当时私营企业职员的最高月薪为 1000 元左右，而普通工人为 60 元左右。战时物价飞涨，米贵如金。为了稳定社会，国民政府不得不从 1943 年起，每月向公务员和教师配发平价米二市斗（市制容量单位，1 市斗 10 市升，通称斗），其他社会成员则不能享受这项待遇。聘书的最后一款所谓“教职员待遇”指的可能就是此项待遇。

每月 380 元不断贬值的“国币”，外加二斗政府配发的仓米，按说比起其他人收入不算太低，但和战前大学教授稳定的高收入相比，又不可同日而语。虽然如此，通过聘书也可看出，办校者和受聘者都以“勒紧裤带追胡马”的爱国热情为神圣的教育事业作出了巨大的努力和牺牲。

殷焕先与文风社

抗战时期，西南联大师生曾组织各种进步社团，出了不少刊物。许多刊物对于争取民主、激发抗日热情、抨击国民党政府的腐败、增进学术交流都起到了积极的作用。

据熊朝隽先生《西南联大的社团及其活动》一文中所述，“联大的社团是自发性的组织，前后出过几十个。按学校规定，只要在训导处登记，注明指导教师和社团负责人便可成立。若出刊物，稿件勿需送审”。

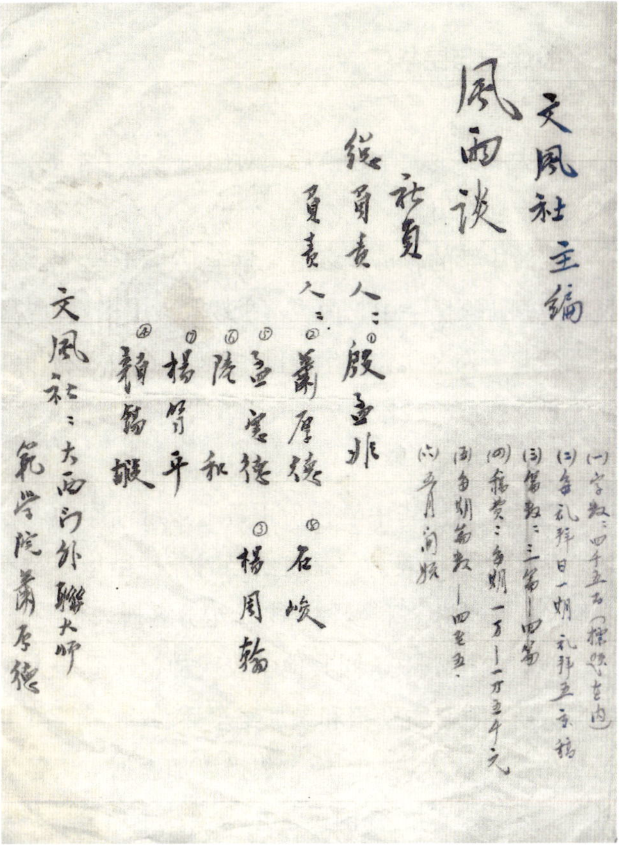

文风社主编的《风雨谈》

笔者收有殷焕先先生在一张道林纸上用毛笔书

写的“文风社”草拟稿，纸上所书内容为：

“天风社”主编《风雨谈》；社员：总负责人：（1）殷孟非；负责人：（2）萧厚德，（3）石峻，（4）孟宪德，（5）杨周翰，（6）陆和，（7）杨筲平，（8）颜锡嘏。（一）字数：四千五百（标题在内）；（二）每礼拜日一期，礼拜五交稿；（三）篇数：三～四篇；（四）稿费每期一万至一万伍仟元；（五）每期每篇三至五；（六）五月开始。地址：大西门外联大师范学院萧厚德。

考草拟稿中的社员“萧厚德”为联大师范学院教育系助教；“杨周翰”为联大外国语文学系教员；“颜锡嘏”为联大师范学院先修班助教；“孟宪德”为联大师范学院公民训育系助教；“石峻”为联大哲学心理系助教。

文风社《风雨谈》后来不曾被人们提及。它究竟在什么年月成立、出过多少期、什么内容、何人撰稿？尚无从得知，有待当事人或有关专家订正。

殷焕先与昆华中学

联大和其他大学迁滇后，对昆明各大中学的教育、教学水平的提高也起到了极大的推动作用。

那时中学的教员大多由大学毕业生担任。由于当时联大的部分教师曾住宿在昆华中学（今昆一中）内，不少联大教工子女也曾就读于这所中学。为此，昆华中学延聘了许多联大师生到昆华中学担任专职或兼职教师，如朱自清、闻一多、潘光旦、钱穆等教授都曾到昆华中学兼职授课，殷焕先也曾受昆华中学校长李伯远之聘到校授课。

笔者藏有昆华中学一份用黄毛边纸油印的《云南省立昆华中学卅五年夏季毕业生考试日程表》，是发给当时兼任昆华中学国文教员殷焕先的。殷先生还自制了一份学生各科及综合考试记分名册表。

战时的昆华中学同其他学校一样，深受联大民主学风的影响，不少师生常去联大听演讲、看壁报和参加纪念活动。在著名的“一二·一”爱国民主运动中，昆华中学的师生热烈响应，积极参加。据重庆各界反内战联合会编印的《昆明“一二·一”学生爱国民主运动》一书所载，1945 年 12 月 1 日国民党反动当局屠杀教师、学生后，昆明市各界大学、中学师生举行联合罢课、罢教等抗议

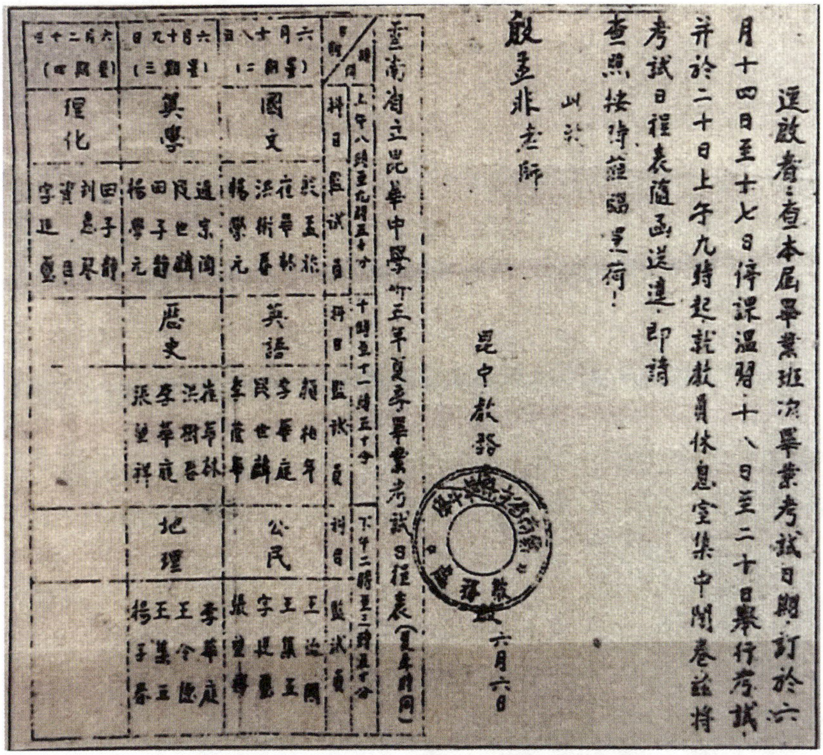

逕啟者：查本屆畢業班次畢業考試日期，訂於六月十四日至十七日停課溫習，十八日至二十日舉行考試，並於二十日上午九時起就教員休息室集中閱卷。茲將考試日程表隨函送達，即請查照，按時蒞臨是荷！

此致

殷孟非老師

昆中教務處

六月六日

雲南省立昆華中學卅五年夏季畢業考試日程表（夏季時間）

時間	日期	六月十八日（星期二）	六月十九日（星期三）	六月二十日（星期四）
上午八時至九時五十分	科目	國文	算學	理化
	監試員	[illegible]	[illegible]	[illegible]
十時至十一時五十分	科目	英語	歷史	
	監試員	[illegible]	[illegible]	
下午二時至三時五十分	科目	公民	地理	
	監試員	[illegible]	[illegible]	

省立昆华中学三十五年夏季毕业考试日程

活动。在《罢教宣言》上有西南联大、云南大学、中法大学、昆华中学等 30 所学校的教师如闻一多、潘光旦、楚图南、费孝通等近 300 人签字。当时任教于云南大学的国文教员殷焕先先生也在《罢教宣言》上签了字。

昆华中学的这段革命历史是值得人们珍念的。同时，联大和昆华中学共同携手耕耘桑梓，为云南基础教育作出了不可磨灭的贡献，其中也有殷焕先先生的一份辛劳。

殷焕先与昆明中医药店

抗战时期的昆明中西医都很发达，但对于老百姓而言，一般疾病还是喜欢看中医，为的不光是经济实惠，也许还夹有几分对传统文化的依赖。

那时的中医既是私人“老板”，也是治病救人的医师。他们大多医德高洁，

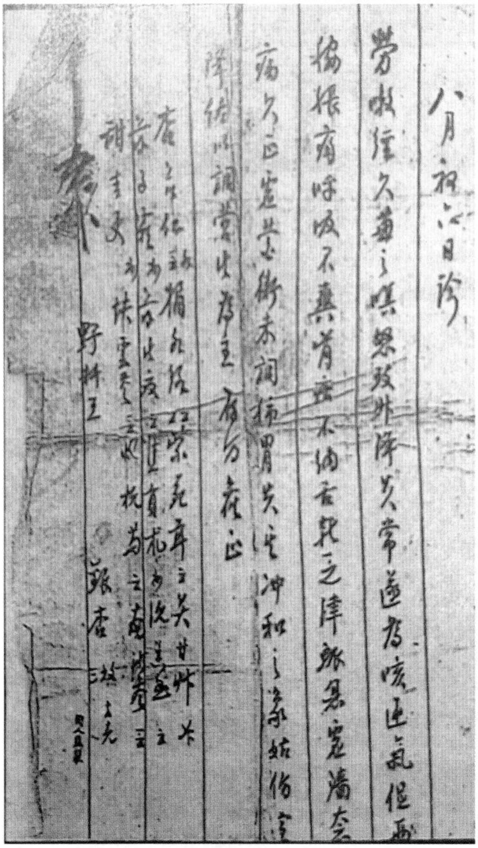

昆明“天生堂”药方

医术精良，且很有文化修养。例如，昆明四大名医之一的姚贞白医师给人治病，于“望、闻、问、切”中的“问诊”一项就很有讲究。他不但要问及你的病史病状，而且还要详尽地问及你的生活和工作环境，倘若病人是有学问的人，“问诊”的范围很可能还会涉及你的专业知识，变成一次文化交流，使你有如坐春风杏林之感。

那时中医诊所也分为两种：一种是只看病开处方，病人拿处方可到任何药店抓药。一种是药店附设“坐诊”医生，看完病即可就地抓药。药店的服务也很周到，哪怕你半夜拍门，也不能以“关门了”拒绝病人。

笔者藏有三张抗战时期殷焕先先生在昆明就医的处方，他当时得的是呼吸道方面的疾病。三张处方分别为毛边纸、土纸和宣纸。书法功力不凡，与今天的中医处方不同，三张处方都写出了患者的症状，然后才是汤头剂量。三张处方上都钤有“天生堂”药店之印。据考证，“天生堂”药店并不如昆明“福林堂”“杨大安堂”“姚记大药房”那样知名，估计是靠近联大住地附近的药店或兼开药店的诊所。

殷焕先寓滇诗作

殷焕先先生兼擅古体诗词，早在就读中央大学时，他在同学中便有擅诗词之誉。到云南曲靖省立中学任教时，他常与谢显琳校长及当地文化名人互有唱和诗作。后来到昆明北大文科研究所就读及在西南联大、云南大学任教时，也常有诗词创作，笔者的收藏品中便有殷先生诗词墨迹 10 余首。兹录一二，以飨同好。

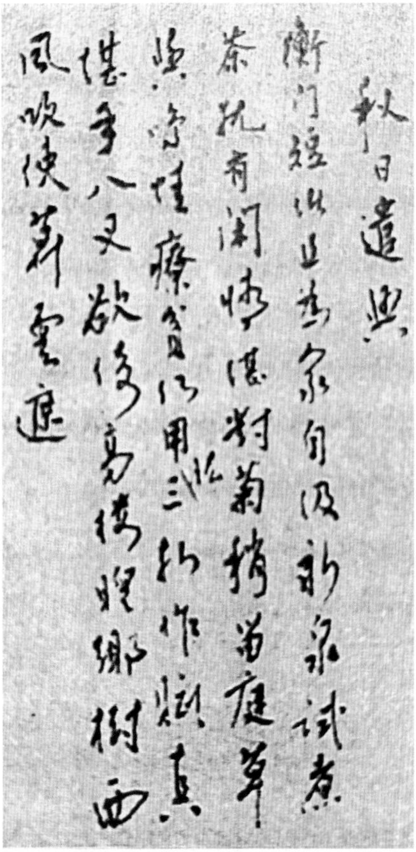

殷焕先诗稿《秋日遣兴》

中秋望月

一寸乡心对汝悲，年年天外照分离。
玄黄杀气腾霄汉，淡荡秋光上鬓丝。
明月前身疑是我，今宵此景可无诗?
却愁风露清寒甚，如此吟怀不可持。

侵晨趋赴大学口占

霜天惨淡晓星孤，西角凄其断欲无。
市未启门犹待旦，我初何事已长途。
茫茫忽忆趋庭日，井井惊成进学迂。
可有闲窗容晚节，三杆早宴不关渠。

笔者还藏有当时不少文化名人与殷焕先先生的唱和之作。如我国现代已故著名诗人、书法家潘伯鹰先生在抗战时期陪章士钊先生游四川时，曾写有许多诗词。潘先生将诗作油印成册以赠师友，在送给殷先生的一册上亲书“孟非先生诗宗教正”，落款为“伯鹰”，封面还钤有蒋维崧先生为潘先生篆刻题为“吹参差兮谁思”的闲章一方。

在殷焕先先生的师友中，西南联大著名教授游国恩先生也擅古典诗词。游先生在西南联大、大理华中大学任教时曾写下不少诗词，游先生曾将一些诗词之作亲书致“焕先等贤弟吟正”。在笔者的收藏品中就有游国恩先生的这类诗词。

殷焕先先生就读北大文科研究所的老同学周法高先生曾为其书《同门记》，称“孟非小词颇能尽意”。周法高先生后来还为殷先生作小传，称“焕先善诗词而多愁善感”，足见殷先生的诗作深入人心。

此篇同門記小楷書寫于一九三九年四月為時在四川重慶國立中央大學讀書的周法高先生為同學殷焕先先生所書文中敘述諸多同學在文學詩詞戲劇書法篆刻繪畫等諸多方面個人才藝之成就記中論及之人多為我國文化教

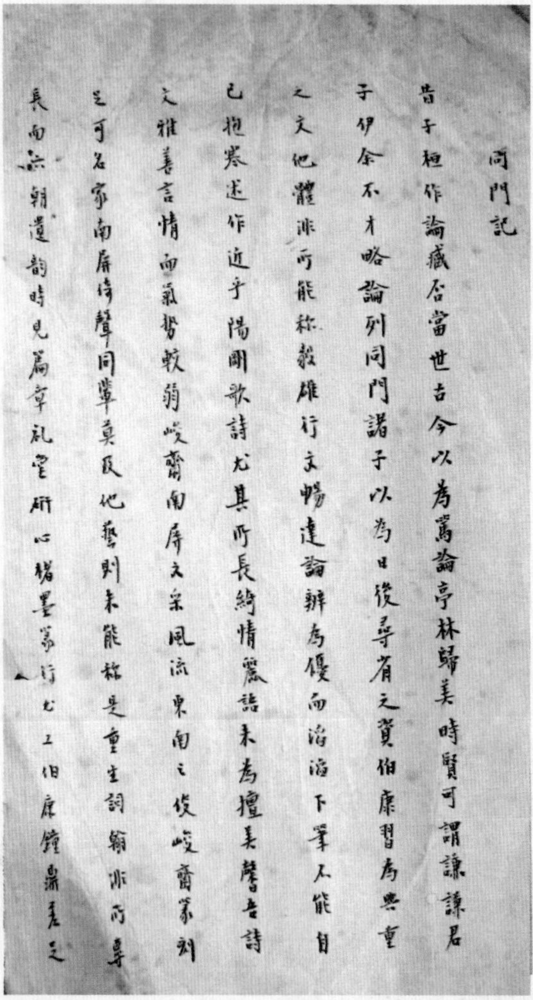
同門記

昔子桓作論藏否當世古今以為篤論亭林歸美時賢可謂謙謙君子伊余不才略論列同門諸子以為日後尋省之資伯康習為典重之文他體非所能称穀雄行文暢達論辯為優而滔滔下筆不能自已抱寒述作近乎陽剛歌詩尤其所長綺情麗語未為擅美馨吾詩文雅善言情而氣勢較弱峻齋南屏文采風流東南之俊峻齋篆刻足可名家南屏倚聲同輩莫及他藝則未能稱是重生詞翰非所專長而六朝遺韻時見篇章亂雲研心楷墨篆行尤工伯康鐘鼎差之

育藝術后來之中堅周法高先生殷焕先先生從中央大學畢業后先后于一九三九年一九四二年考入昆明北京大學文科研究所就學於羅常培唐蘭等先生門下而成為我國著名語言學家之一此篇同門記小楷共兩頁書法清新

雋永結字規範作為一大學生其書寫漢字之基礎是從小打下的其書讓人一看便知加重了文字讓人喜看的感染同時也是體現自我體貼他人不可忽視的小事這篇同門記書寫致今已七十多年了觀此使我對那時的學人肅

抗行惟皆守成而少變化佳詩雅好元明劇曲孟沭小詞頗能存意
渠歲二君中國之光廣生時有精到之語楷法獨工律篤研思刻鏤
稚有詩史之志而體氣猶未能勝淳齋論法專擬顧宗韓孟愛松湖
翩有述震之作之澂治體詩秀句時出若數子者嚮爲時流雖未及
古人設以時日抑亦千里材也
凡所論列但及文藝雖立議未見精當端其用心固匪構患之比
抑友直之諒猶于厄又蔚見之言倘言居士所不厭與君大自爲
知其之識者無許焉
己卯四月法高為孟沭兄書

然起敬而今學人也不乏優秀者且各方面發展少有企及前人者論及主克觀條件未能企及者其主要是少有那時的大師人物也隨着社會的進程今人應較前人優秀是不變之理

己丑大雪后記于紅山知不足齋 新興陳玄言

游国恩在云南

七七事变后，华北沦陷，为使中华民族文化、教育免受敌寇破坏，许多高等学府及科研院所迁滇。随校来滇的教授多为我国学有专长，享有极高声誉的名流学者。他们在国难家仇的艰苦岁月中，发扬以学问报国的爱国精神，对云南的文化、教育、科技、社会经济发展作出了应有的贡献。他们在滇八年与云南人民朝夕相处，足迹遍及许多地方。他们在教学之余曾写了许多赞美云南山川地理、历史文化的诗文。原华中大学、西南联大著名教授游国恩先生便是其中的一位。

游国恩（1899—1978），字泽承，江西临川人。1920 年考入北京大学学习古典文学，1929—1936 年先后在武汉大学、山东大学任讲师及教授，后又任华中大学教授。抗日战争时期随华中大学赴云南，1942 年任西南联大教授。中华人民共和国成立后，任北京大学中文系副主任等职。主要著作有《楚辞概论》《楚辞长编》《楚辞论文集》等。曾主编《中国文学史》。

随华中大学迁大理喜洲

抗战前，游国恩先生任教于青岛大学，因日本帝国主义加紧侵略华北，策划所谓的华北五省“自治”，游先生愤然离开青岛大学，到武汉华中大学中文系任教授兼系主任。七七事变后，华北、华中相继被日军侵占，华中大学于 1938 年迁至广西桂林。后因日机对桂林不断轰炸，华中大学又决定迁滇。校长韦卓民、理学院院长彭卞年教授到昆明与云南省当局联系迁校事宜。这时的昆明早已迁来联大、中法等大学及其他机关，房舍较为紧张，华中大学难以在昆明办学。经当时云南省主席龙云介绍，并与滇西大理喜洲的士绅严子珍先生等人洽商，华中大学决定迁到秀丽的苍山洱海之间办学。

1939 年初，在韦卓民校长的精心安排下，游国恩、包鹭宾（渔庄）等师生、员工、家属，连同设备，分期分批经越南河内转道昆明至喜洲，并借得镇上三座祠堂、庙宇作校舍。华中大学当时虽算不上名牌大学，但在物质条件和教学环境非常困难的情况下，仍设有文学院、理学院、教育学院。游国恩、包鹭宾、李何林、许焕光、桂质廷、张资珙、徐作和、傅懋勣及 10 多名外籍教师曾在此校讲学，办学档次不低。

游国恩先生在华中大学讲授中国文学史，楚辞，历代诗选、词选，《史记》等。特别值得称道的是，游先生借选课讲文，宣传爱国主义和民族气节。所选文章、诗词多是历史上一些爱国、有民族气节人物之作品，对当时激发人们抗击日本侵略者、誓死保卫国家的爱国热情起到了积极的鼓励作用。

大理喜洲虽地处边陲，但有不少方志及有关西南地区的文献。游国恩与包鹭宾先生建立了中文系研究室，充分利用这些文献资料，对西南地区的历史、民俗、语言、文化等进行研究。游先生撰写了许多高水平的论文，发表在华中大学的刊物上，并寄到美国哈佛燕京社进行学术交流，其中有些论文后来还在国内的学术刊物上公开发表。

游国恩与罗常培

1932 年，游国恩先生在山东大学任教时，通过老舍先生与罗常培先生认识，罗先生日后所撰《临川方音》一书就是依据当时记下的游先生的相关论述。

1942 年 2 月初，罗常培先生应游国恩先生之约到了喜洲，游先生为他的工作提供了便利。罗先生参观了华中大学，阅读了游先生所写的西南民族论文《说蛮》（上、下）和包鹭宾教授的论文《民家非白族后裔考》。罗先生在游记《苍洱之间》一书中记载了这件事（此书于 1947 年由独立出版社出版）。他们还一起去洱海边散步聊天。罗常培先生这次考察访问历时一个月。

1942 年秋，游国恩先生应时任西南联大中文系主任罗常培先生之邀，到昆明西南联大任教，讲授楚辞、中国文学史、古文选读与习作、唐宋诗词等课程。

1944 年，应大理县政府之邀，游国恩先生与罗常培、郑天挺及云大中文系主任徐嘉瑞等人，到大理修志。游先生因挚友包鹭宾先生逝世而悲痛，加之辛劳过度得了急性阑尾炎，被送往医院治疗。他做手术还是罗常培先生代亲属签的字。

1944 年秋，罗常培先生应美国朴茂纳等大学之聘出国讲学，游先生才与罗先生在昆明分手。

1941年8月初，西南联大常委梅贻琦先生与罗常培、郑天挺教授到四川视察联大叙永分校，在重庆偶遇老舍先生。得知老舍先生身体不适，梅贻琦先生便邀老舍先生到昆明作旅游休息。8月26日，老舍先生抵达昆明，住青云街靛花巷3号。因是雨季，无法出游，老舍先生随罗常培先生下乡到龙泉镇宝台山，住北大文科研究所。老舍先生写完剧本《大地龙蛇》的前二幕后，应老朋友游国恩先生之邀，又到大理喜洲旅行。他在龙泉镇认识的新朋友，著名古琴家查阜西先生也陪同他作大理之游。

老舍先生在《滇行短记》一文中对此次大理游作以下叙述：

由下关到大理是三十里，由大理到喜洲是四十五里。看苍山，以大理为宜！可是喜洲镇有我们的朋友，所以决定先到那里。我们雇了两乘滑竿。

华中大学却在文庙和一所祠堂里。屋不够用，有的课室只像卖香烟的小棚子。足以傲人的是学校有电灯。校车停驶，即利用车中的马达磨电。据说，当电灯初放光明的时节，乡人们不远千里而来“观光”。用不着细说，学校中的一切设备，都可以拿这样的电灯作象征，设尽方法，克服困难。

四年前，我离家南下，到武汉便往华中大学，隔别三载，朋友们却又在喜洲相见，是多么快活的事呀！住了四天，天天有人请吃鱼，洱海的鱼拿到市上还跳着。“留神破产呀”，客人发出警告。可是主人们说：“谁能想到你会来呢？破产也要痛快一下呀！”

我给学生们讲了三个晚上，查先生讲了一次，五台中学也约去讲演。

与游国恩先生后来成为挚友的查阜西先生也在华中大学受到游先生的热情款待，对此也有如下叙述：“老舍来滇讲学，亦欲一观苍山、洱海之胜，谓有故人游泽承、包鹭宾在喜洲华大教学，可作居停，遂结伴同行。抵喜洲，已近暮，宿老舍故人包鹭宾家，无何游君泽承亦至，皆热肠惊呼！余则借他人酒杯，自消块垒而已。29日午后，游泽承又邀同步行至苍山麓，临水眺游，一处处浅草如茵，合坐纵谈，辄感慨丛集，浪游非计，遭逢乱世，心境谓何？！”

从老舍、查阜西两位先生的叙述中，可见游国恩先生与同辈名流间的深情。

游国恩和包鹭宾的友谊

华中大学著名教授游国恩、包鹭宾先生曾先后担任中文系主任。多年来游先生与包先生在教学、科研及日常生活中建立起的深情厚谊是非常感人的。

游国恩先生的二女儿游宝谅在《喜闻包鹭宾先生遗著出版，兼忆包先生和游国恩先生的友谊》一文中说：

1936年夏，游国恩先生由山东大学转到武昌华中大学任教。游先生和包鹭宾先生家就住在一起。游先生与包先生既是中学同学、大学同学，又是同乡、同事和最要好的朋友。华中大学迁云南大理喜洲，游先生与包先生家仍同住一个大院，游先生同包先生经常在一起谈论工作、时局和聊天。

包先生是一位清高正直的学者。他“守贱安贫”，不慕荣利，而以研究学术和培育人才来实现他的人生价值。他毕生从教，在他四十五年短促的生命中，从教凡十八年，其中有十五年是在华中大学任教，并长期担任中文系主任。现任云南师范大学教授的朱炳淳先生在写给包氏姐妹的信中提到“包先生胸怀坦荡，不计名利，主动把中文系主任的职位让给游国恩先生”。这是很可能的。这不仅是游先生到华大任教是通过包先生的推荐，而且游先生兼任中文系主任完全可能是包先生提出来的。这不仅说明包先生的人品，他的贤者风范，而且从另一角度来看，也反映了游、包两人诚挚深厚的友谊。他们两人情同手足，实在是不分彼此的。所以当父亲的友人罗常培先生1942年春来喜洲作方言调查并参观华中大学时，游先生就向他介绍说，中文系研究室由他和包鹭宾教授共同领导。可以想象，他们二人在有关教学、科研和系务各方面都是互相商讨，通力合作的。在他们二人共同领导下，华中大学中文系发展成为该校一个重要的系，他们的学术论文与傅懋勣先生的论文，受到美国汉学家的高度重视，并得哈佛燕京社的资助。

1942年8月游国恩先生到昆明西南联大任教。当游先生向华大校长韦卓民先生提出辞职时，韦校长极力挽留，并说：“你走，我要向你下跪！”当时包鹭宾先生在感情上也是不愿意游先生离开喜洲的。那时正值国难家仇，避寇边陲，游先生走了，包先生不仅会感到孤单，而且也将失去一个可倾吐心曲的知心朋友。

1944年暑假，游国恩与罗常培、郑天挺、徐嘉瑞到大理修县志。包鹭宾先生也参加了修志工作，并为前来修志的同人提供了许多帮助。修志工作结束后，包先生染上疟疾，竟不幸猝然去世。

游国恩寓所昆明

1942年秋，时任华中大学中文系主任的游国恩先生，应联大之聘赴昆前，托其老友、云南大学中文系主任徐嘉瑞先生代为在昆赁房。徐嘉瑞先生“尽地主之谊”将他安排在自己为避空袭而疏散的滇池边福海村乡下的寓所，分了一个独立的住宅给游先生。其间游先生曾多次随徐先生夫妇到村中及老鸦营村一带听段老爹等人演唱花灯，徐先生则随手记录，以此写成了《云南农村戏曲史》一书，游先生并为该书写了序言，高度地评述了这部书的学术价值。

当时西南联大文学院的许多教授都疏散到龙泉镇一带居住，游国恩先生为工作方便又托老友闻一多先生代为租房，此时居住在棕皮营村（现为43号）的王力先生因兼昆明粤秀中学校长，已搬进学校住，闻一多先生便代游先生将其租下，游先生才辞别徐嘉瑞先生迁往新住所。

据游国恩先生的二女儿游宝谅给笔者来信中对此房的回忆：“那是一幢很窄的二层小楼，游先生一家居楼上，王力先生仍在楼下堆放家具什物。楼房对面（进门右边隔着窄长的小院）有一两间低矮昏暗的平房，当时住着一个村里的老妪，在屋里烧火煮饭，小院内的一角是我们的厨房，院里还有一眼井，游先生在这里曾写下《雨夜不寐有作》：‘积晦低天夏伏阴，平林漠漠水淫淫。风吹破壁来穷寇，雨漏中宵败苦吟。此意直从何说起，九州不信汝将沉。却看稚子真酣睡，凄绝难为此夜心。’”

游国恩先生便是在这“风吹破壁，雨漏中宵”的昏暗灯光下写出了《居学偶记》及许多讲稿。诗中可谓游先生及其他学人在如此艰辛环境中的真实写照。他们坚信：神圣九州绝不会沉沦！

游国恩先生在此住了半年多，因房子漏雨，故又应查阜西先生之邀，搬到棕皮营36号处与查先生同住一院。查先生分了一大一小两间房给游先生家住，两家共用一个厨房。查先生的住房环境幽雅、庭院宽敞，院内有一棵老梅树很粗大，据说是昆明梅树之首。查阜西先生的住房是中央研究院史语所前所长傅斯年先生用该村村长赵崇义家的地建盖的，1941 年底，傅斯年先生随史语所迁往四川李庄，该房由查阜西先生继住。游先生是在大理喜洲与查阜西先生认识的，后来就成为挚友，此时又居一起，两家情谊更加深厚。

西南联大为避空袭，对每位教授的课都集中安排在一两天内讲完，游国恩先生进城上课回不了乡下时，就住青云街靛花巷 3 号单身宿舍。游先生居此时，常有师生来与游先生论诗，联大化学系著名教授黄子卿先生特喜书法及诗词，他对游先生的诗很佩服，经常带自己的诗作来靛花巷给游先生看。抗战胜利后，游先生迁到城内北门街居住，直到联大复员离昆。

游国恩寓滇诗作

游国恩先生研究和创作的诗词，在当时学人中是出了名的，西南联大及外校都请他作《论写作旧诗》的演讲。游先生在昆明写了许多诗作，但也遗失了很多。笔者有幸珍藏有游先生亲书给在北大文科研究所就读的殷焕先、王达津、程朔洛、魏明经、金启华等的诗作墨迹数首及游宝谅来信中抄录先生的诗作数首。

1937 年七七事变后，华中大学迁至广西桂林。此后，为避日机轰炸，该校决定再迁云南。1939 年春，游国恩先生随学校来昆，当时内迁大学较多，华中大学决定西迁大理喜洲。在大理各界人士的帮助下，学校分别在大慈寺、张公祠和奇观堂办学。

1942 年秋，游国恩先生应罗常培之邀，到昆明的联大任教。他向华中大学校长韦卓民提出辞职，韦校长极力挽留未果。华中大学虽为教会大学，但在游先生和包鹭宾等人共同努力下，该校中文系已很有影响。作为与游先生从中学到大学的同学、同乡和同事好友，包先生从感情上也不愿他离开。为此，游先生写下《东征别渔庄用东坡粲字韵》一诗赠包先生，以叙殷殷离别之情。

在联大，他主讲《中国文学史概要》，并开设唐宋文、近体诗、韩愈文、黄山谷诗、文言文习作等课程，还兼任北大文科研究所导师。他先住在昆明福海村寓所，为工作方便，又携家租房住棕皮营原王力曾经租住的房子（现为棕皮营 43 号）。游国恩先生一家住楼上，楼下还堆放着王力的家具杂物，游先生对此曾赋诗两首，记咏当年生活的艰辛。

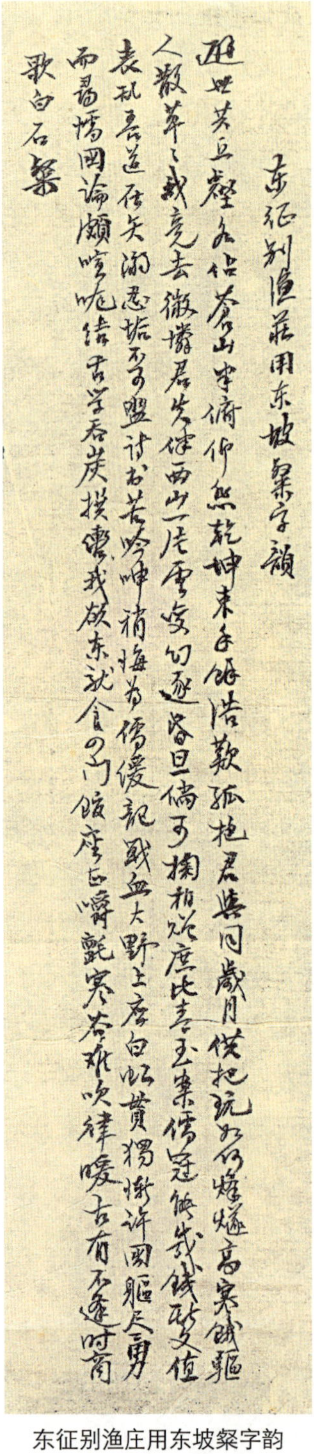

东征别渔庄用东坡粲字韵

因房子漏雨，查阜西便邀游国恩先生一家搬到他的住宅（今棕皮营36号处），他分出两间房子给游先生一家居住。查先生是著名的古琴演奏家。1942年，他曾陪同老舍到大理参观，和游先生一见如故，成为挚友。

游国恩先生迁居查氏宅院后，两家情谊更加深厚。对此，游先生有《移居龙头村》一诗云：

息影得半椽，暂分故人庭。
吴下皋伯通，风义何足数。
忽然舍之去，颇复惜此聚。
浪西到浪东，自笑搬姜鼠。
三迁而始来，获共幽人处。
幽人绝尘俗，龙头真笄汝。
弹琴仰飞鸿，啸歌倚高树。
生是略忘贫，媚兹古肺腑。
四壁更无锥，有竹不受暑。
寒饿支元气，谈笑尚论古。
微恨山妻惫，柴立持门户。

同时，又有《听查阜西鼓琴赠之以诗》一首云：

查侯吾乡之古人，清标拔俗尤天真。
管弦丝竹并所擅，伯牙侩伦同一身。
谁道丝声不如竹。查侯五指妙如神。
寒蝉烟露抱秋树，时鸟含风鸣翠筠。
如此妙手不易得，使我胸次无纤尘。
忆昔邂逅史城旧，岂料今朝更作邻。
同来万里缘避秦，洞口桃花生古春。
夜深一曲湘水云，清言如饮醇醪醇。
与君相对各忘贫，今日作诗特赠君。
他年归耕莫因循，庐山之阳章水滨。
读了弹琴绝瑙磷，明明在上闻斯富。

该诗记咏了查阜西先生热情让屋于友的真诚无私；感叹自家三次搬迁的辛苦；并高度赞扬了查先生“幽人绝尘”的洒脱和高超的古琴演奏艺术。

游国恩先生不但旧体诗写得好，还有深湛的诗论。1943 年 12 月 30 日，应中法大学之邀，他作了《论写作旧诗》演讲，刊于《国文月刊》第 23 期。文中称：

诗是情和意的组合体，而这情和意又必须借托事物以见；所以无论写事或咏一物，必须要不离乎作者的情和意，才算是好诗。尤须辞意浑成，言中有物；或者情中有景，景中有情，情景融会，打成一片，才算是好诗。若徒有其辞，而无其意，不足以言诗。徒有其辞，而无性情在内，也算不得是好诗，必须要把情意融化在事物之中，同时又把事物分解在情意之内，一经一纬，组织得天衣无缝，不可端倪，这才算写作的成功。

游国恩先生的诗作及诗论得到联大师生赞许。如浦江清《日记》中说：“1943 年 2 月 7 日，天阴，寒甚。在闻一多家围炉谈诗。游泽承谈（陈）散原诗尤有劲。传观诸人近作，佩公（朱自清）晚霞诗，重华（陶光）黄果树瀑布诗、泽承律诗数章均佳。”

1944 年初，游国恩先生到联大任教已逾一年半，每忆当年刚到昆明，是老友徐嘉瑞（梦麟）“尽地主之谊”，将他一家接到福海村寓所，分了一个独立住宅与其同住。此时此刻，游先生非常想念华大的旧友，特别是徐嘉瑞先生，故写下《同前韵赠徐梦麟》一诗云：

判袂洱河湄，瞥眼年又半。
骋望白蘋深，寤寐增不叹。
索居方愁予，烽烟与娱玩。
中夜短檠灯，黯然伤离散。
起视纷簿书，纵横堆几案。
斯人甘陆沈，胸不关理乱。
人事不可量，又来作君伴。
暂分元龙床，鼾梦送青旦。
室中有莱妻，相敬执中盥。
但见白头新，安知衣带缓。
子妇及诸孙，列待等鱼贯。

高掺厉未俗，直欲起顽懦。
孰若当世士，肺肠满冰炭。
士栽固盖盐，国子先生馆。
睥睨纨绔儿，与人争冷吸。
但醉无狂言，司空罚薪粲。

此诗回顾了游国恩先生从华大到联大任教时，受老友徐嘉瑞接待到其家居住的感情。早在 20 世纪 20 年代，游、徐二先生同在“述学社”主办的《国学月刊》上发表文章，就彼此相知相识了。

1944 年，昆明通货膨胀严重，物价居全国之首。为弥补家用，游国恩先生还在云大附中和留学预备班兼课。他每周进城上课都要步行约 10 公里，后来才得以从岗头村乘马车前往。游先生因作《昆明大西门外口号》一诗，记咏当时艰难困苦条件下，联大教授的报国情怀：

先生墨者懦，一生得枯槁。
栖栖牛马走，仆仆沮洳道。
持此衰病躯，犯死换温饱。
摇摇战风霜，城上有劲草。

游国恩先生随后迁往棕皮营村的另一新房，因有以下两诗云：

读陶集题其画像

浮沉人海苦长饥，道胜能教瘦者肥。
一饱自餐霜下菊，独行微惜露中衣。
攒眉有意谁能会，卷舌无声世与违。
翻笑夷齐采薇蕨，黄农渺渺欲安归。

答修人嘉州

风行水上自成文，屡读新诗我亦云。
积健为雄能压敌，乍凉如水最思君。
应无汉广三刀梦，相望巫山一段云。
何以报之青玉案，却愁江上雪雰雰。

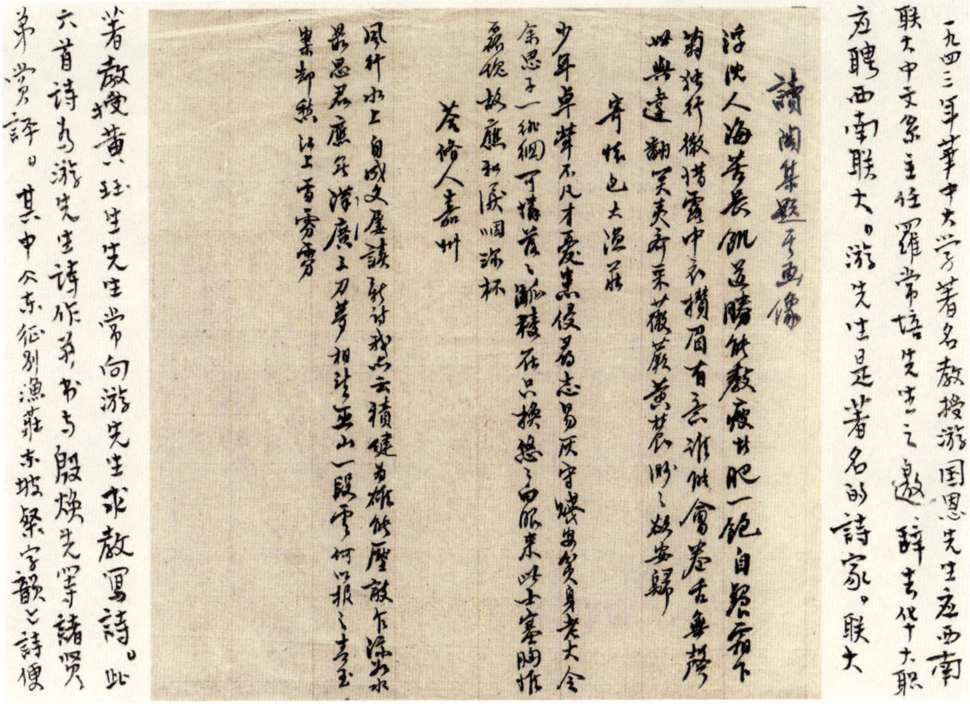

1944 年暑假，大理县政府及著名士绅严燮成、董澄农等特邀联大和云大的罗常培、郑天挺、游国恩、徐嘉瑞、田汝康、吴乾就等文理学科专家 20 多人，组成调查团前往大理并助修县志。修志结束后，参与修志的华中大学教授包鹭宾突患疟疾，不幸逝世。游国恩先生对老友的去世非常悲痛，他含泪草拟了《为包渔庄教授遗族募集生活基金启事》的哀文。因参与治丧，操劳过度，游先生也急发阑尾炎，所幸经手术后转危为安。病愈回昆明后，他常常思念包鹭宾，因有《寄怀包大渔庄》一诗云：

少年卓荦不凡才，忧患侵寻志易灰。
守贱安贫身老大，令余思子一徘徊。
可怜落落觚棱在，只换悠悠白眼来。
此士塞胸惟磊块，故应和泪咽深杯。

1945 年初，游国恩先生又从龙头村迁居城内北门街。此时是农历二月二十三，是他入滇的第 7 个清明节。他写有《七律》一首，送给老友萧涤非，以倾诉思乡之情云：

又是清明客里过，天涯游子意如何？
平原试望新坟大，归思无端野草多。
风约半池成皱绵，雨倾中溜作悬河。
江南景色滇南柳，一样群莺乱织梭。

笔者所藏游国恩先生诗稿手迹中，还有《谢黄将军送米》一诗云：

将军凛凛古名将，飞而食肉有奇相。
破敌归来镇益州，百战勋名南海上。
我来非吏亦非隐，托遗荒陬连虎帐。
朱儒饱死臣朔饥，斯文直到天将丧。
将军独念广文贫，屡拜珍视不可让。
时时更隐江州泪，便欲伸脚出履样。
却恐口服累安邑，肯为猪肝遭毁谤。
自从移节向南服，使我私情更惆怅。
濒行馈我三斛米，高谊如山莫能偿。
要知加惠到寒士，如抚三军俾挟纩。
作诗为寄无限情，别来公覆得无恙。

由于历史原因，这首诗鲜为人知，游国恩先生也从未公开发表过。2002 年 5 月，笔者致书游国恩先生的二女儿——时任新华社国际部高级编辑的游宝谅先生，希望告知“黄将军”是谁？游宝谅先生回信说：“当时有一支国民党部队，一度驻扎在龙头村，黄将军得知村里住着许多西南联大的教授先生，便设宴请他们吃饭、看戏；部队离开前再次设宴，并送每人两袋大米。当时这些穷教授们只能是‘秀才人情纸半张’，以题字、赋诗表示谢意。”至于诗中的“黄将军”，她也不知道。

据笔者考证，抗战时期与昆明有关的黄姓将领，有中国远征军副司令长官黄琪翔、第 6 军军长黄杰和第 54 军军长黄维三人。再考《昆明市志》第五十五卷《军事》载：“昆明防守司令部，1941 年 11 月 14 日成立，由第 5 军担任城防守备，军长杜聿明兼防守司令，司令部驻翠湖公园的原莲华禅寺内。1942 年 6 月 26 日，昆明防守司令改任第 54 军军长黄维，1942 年 6 月 26 日《云南日报》第三版报道，黄维上任后，即着手组织、补充人事，现已开始办公，指挥军警防卫地方。”

复据《官渡区志》第二十卷《军事》第二节《民国驻军》载：“第54军，军长黄维，所属工兵营、通讯营、运输营等驻扎龙泉镇一带。1945年，陆续撤离。”联大教授吴密《日记》第9册，记其于1943年6月，拜访黄维将军，下注：“54军军长，卸任，住复兴村95号。”综合以上资料，笔者初步认为，游国恩先生诗中的“黄将军”应是黄维将军无疑。

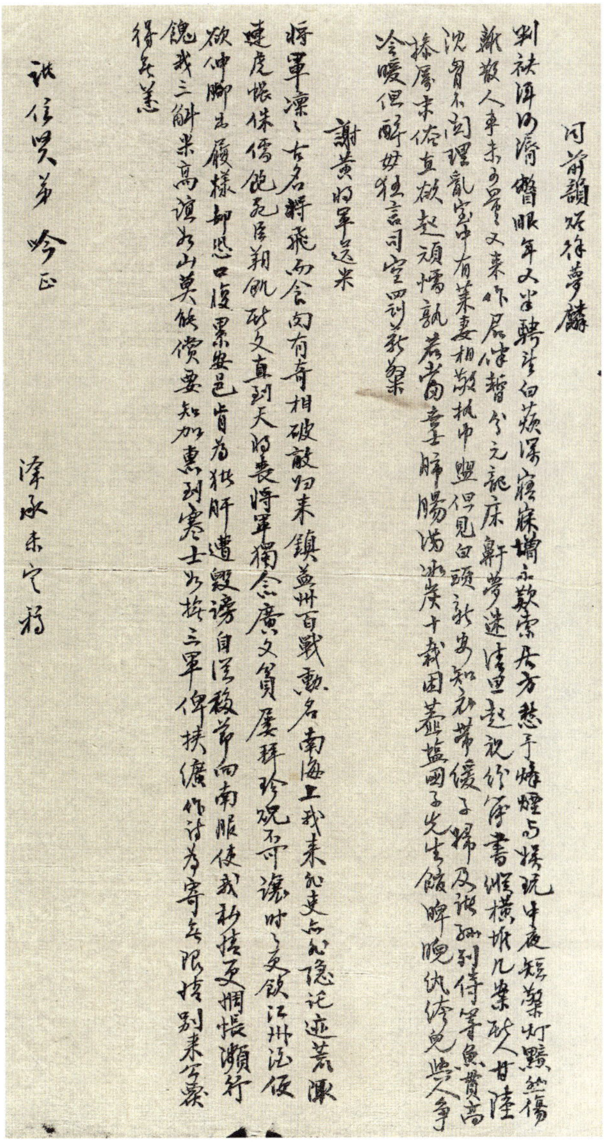

西南联大迁滇80多年后，将联大著名教授、中国文学史专家、诗人游国恩的诗作，尤其是迄今为止尚未公布的《谢黄将军送米》一诗，公之于世。让人们更多地了解抗战期间联大教授的艰苦生活、社会交往和崇高品质；也有益于深刻了解联大真实生动的历史。

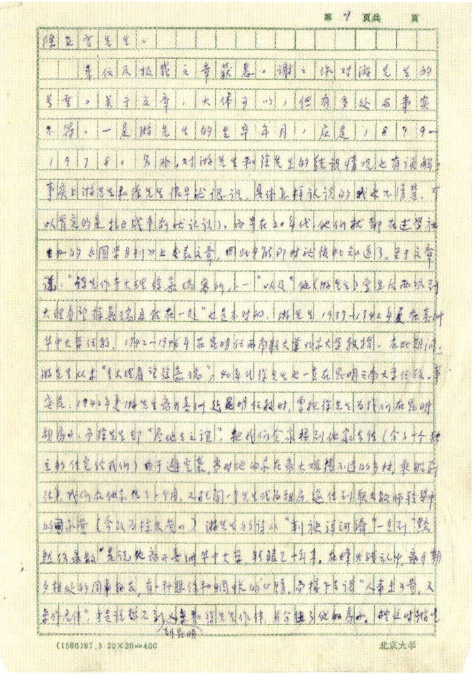

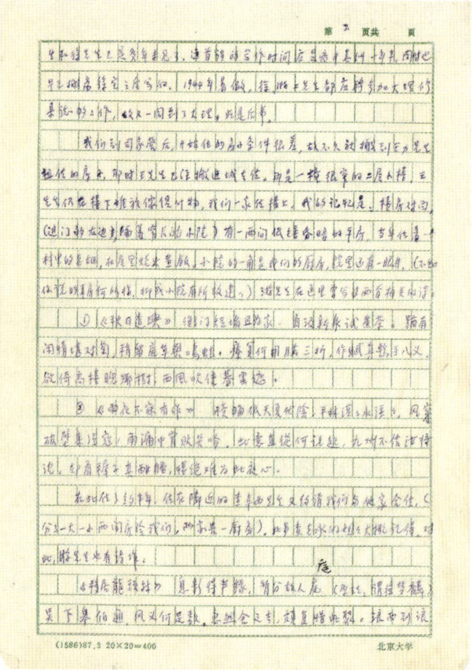

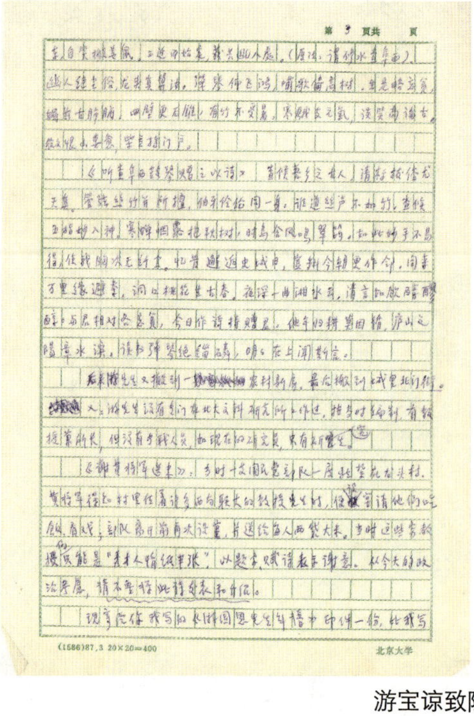

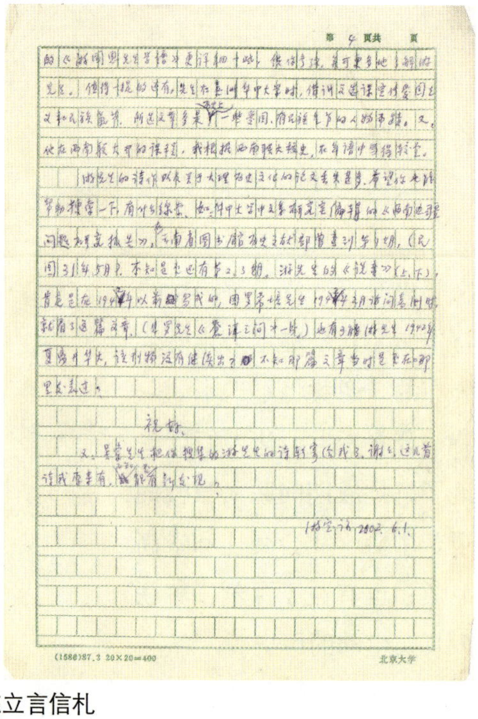

游宝谅致陈立言信札

西南联大的学术论文

《王命传考》油印论文稿，是联大中国文学系著名教授唐兰先生于 1941 年 11 月所著论文。

1939 年 6 月，西南联大原三校科研机构逐步恢复，唐兰先生在联大任教，同时兼任北京大学文科研究所研究生导师。据《西南联大各研究所一九四二年度工作报告及一九四三年度工作计划表呈报教育部函》，唐兰先生与罗常培先生曾先后指导该研究所研究生殷焕先撰成《联绵字之研究》，李荣撰成《古声韵学》，梁东汉、黄匡一撰成《古文字学》，王达津撰成《尚书与金甲文比较研究》；汤用彤先生指导研究生王利器撰成《吕氏春秋校注》等学术论文。

与此同时，北大文科研究所的导师们如汤用彤、罗常培、魏建功、郑天挺、唐兰、吴晓铃等，自己也积极从事著述，以身垂范。唐兰先生的《王命传考》就是其中第五种论文。

抗战时期，昆明的物价逐年飞涨，联大许多教授的薪金难以维持家人生计，不得不靠卖物、卖文以贴补生活，因此所有的论文只能一律用人工刻字后油印发行。今天重新展读这些制作非常简朴的稿本，我们读到的不仅是一篇篇高水平的学术论文，也读到了西南联大“刚毅坚卓”的精神。

唐兰《王命传考》论文

另一份用黄毛边纸油印成的论文，是联大中国文学系助教吴晓铃先生所撰，《元曲作家生卒新考》其中的一篇《杜仁杰》，是为北大文科研究所论文第七种。该论文写于北京大学未南迁时的北平，1939 年 12 月 26 日刻印于昆明。吴先生

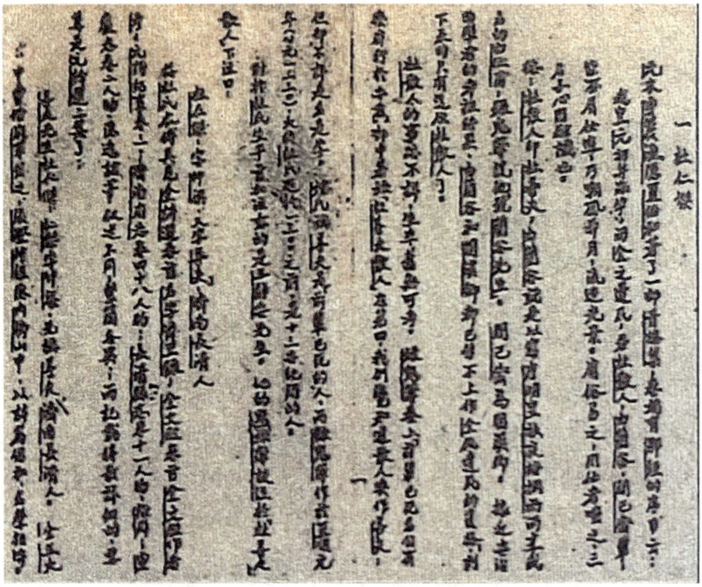
一 杜仁杰

吴晓铃《元曲作家生卒新考·杜仁杰》

交代这篇论文的写作背景时说：

这里的四篇文章，是我要写的《元曲作家生卒新考》里的一部分，写的时候非常草率，自起稿到成篇一共才七天。那时是（民国）二十六年的秋天，北平还在围城。我们的军队退去了，敌人还没有开进来。在那种一日数惊的紧张空气下，我抱着一颗郁闷的心写完了的。现在不觉两年过去了，拿起来重读，不禁百感交集，因为能反映出我那时的心境的一般，所以仍旧把它删改出来，藉以留下一段惨痛的回忆，末了我应感谢罗莘田师、魏天行师、郑西谛师、邓恭三兄！他们都给了我不少宝贵的指正。

文中提到的三位老师是罗常培、魏建功和郑振铎，他们都是当时蜚声海内的著名学者。

论文既考证了金末遗民作曲家杜仁杰的生平事迹，也寄托了作者对国难当头，山河破碎的隐痛之情。论文从敌焰威逼的北平一直写到抗日后方的昆明，也反映了联大师生报国献身学术的执着。

西南联大走出的王玉哲

2005年5月的一天，笔者到云南大学东院看望李埏先生。进屋才坐下，李埏先生便告诉笔者说："王玉哲先生于5月6日走了！"听李先生此说后，笔者震惊地说："上个月我来时，王玉哲先生不是还与你通过电话吗？真是太可惜了……"

笔者因珍藏有几封王玉哲先生在抗日战争期间，任教西南联大、大理喜洲华中大学时，写给他的同人殷焕先先生的信札，为求证书信中的人文轶事，便对王玉哲先生粗略有知。

王玉哲，字维商，河北深县（现深州市）人，1913年生。1936年至1943年在北京大学历史系、北大文科研究所先后获学士、硕士学位。1942年至逝世前，先后受聘于西南联大、华中大学、湖南大学及南开大学历史系，任助教、副教授、教授及博士生导师等职，还兼任中国先秦史学会副理事长、中国孔子基金会副会长、中国博物馆学会理事、中国殷商文化学会理事等职。同时也是我国著名的史学家。

王玉哲先生早年在北平读高中时，语文老师布置阅读的课外读物《史记》，他用了一年多时间阅读并背诵列传，这也激发了他后来学习和研究历史的浓厚兴趣。

另一个使王玉哲先生走上文史研究道路的契机是梁启超先生所写的著作。那时王玉哲先生有个本家叔父，名叫王雨，在北京琉璃厂从事古旧书生意，他是同行业的版本鉴定专家。每当古书肆中遇到古抄秘籍或宋元旧椠，多请其寓目。因此他很早便结识了久负盛名的梁启超。他开的书店也是梁氏资助建立起来的，连其书店匾额"藻玉堂"三个大字也是梁启超书写的。每逢星期天或假期，王玉哲先生到书店看书时，这位叔父总是与他讲过去梁氏的趣闻轶事。王玉哲先生在这种环境中耳濡目染，自然受到不小的影响。他当年曾把梁氏的一些著作，如《中国历史研究法》等翻阅过不知多少遍，对梁启超有关古典的著作及文史方面的论文，不仅十分喜爱而且不断研读。

好学善思的王玉哲先生有一次就在读梁氏的《要籍解题及其读法》时，发现

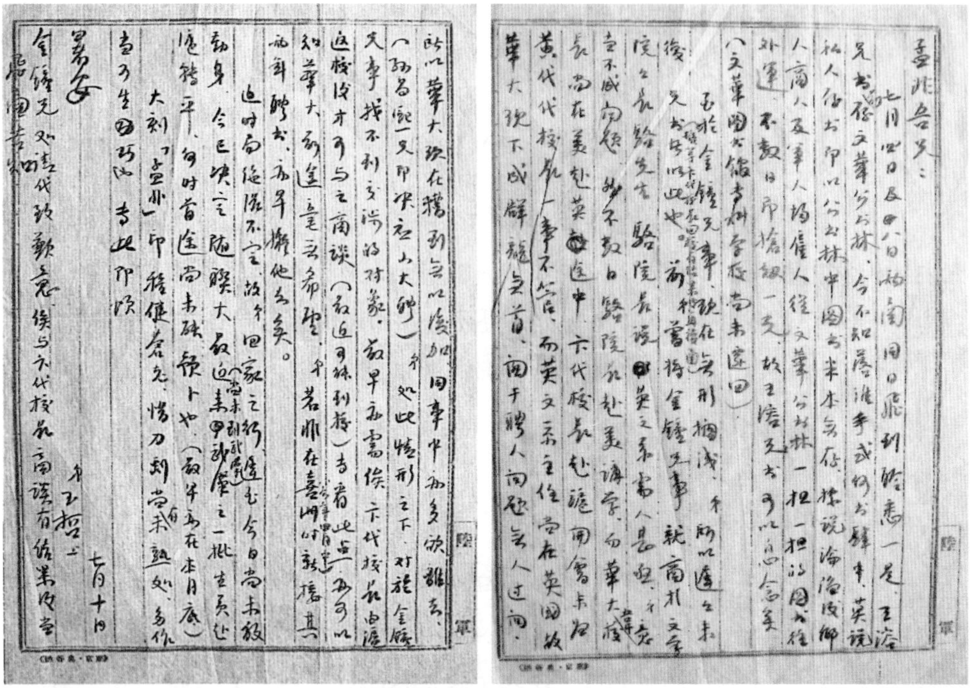

王玉哲致殷焕先信札

梁氏于《史记》始作年代的考证完全赞同王国维《太史公行年考》所定的汉武帝太初元年。他当时就觉得可疑，因当时正在通读《史记》，自然取出《太史公自序》与之相互对照。发现是王国维、梁启超误解了“自序”中的一段话引起的。王玉哲认为司马迁在元封三年即开始撰写《史记》，而非太初元年。当时王玉哲就草拟了一篇《司马迁作史记年代考》。这也是王玉哲先生从事学术活动（1934 年在高中念书时写成的）的第一篇论文。

1936年，王玉哲先生高中毕业考入北京大学历史系，正式学习历史学科。那时，顾颉刚先生的《古史辨》及钱穆先生的《先秦诸子系年》是他最喜欢读的两种读物。1937 年春，王玉哲先生曾写了《孙海波〈国语〉真伪续考》《晋文公重耳考》等好几篇论文发表。不久后，七七事变爆发，日寇大举入侵。王玉哲先生与两三个同学通过华北敌占区老家，历尽千辛万苦，经过一个多月的颠沛流离，才辗转来到国立长沙临时大学。11 月 1 日开始上课。

长沙于 11 月 24 日后连日遭到日机的狂轰滥炸，师生们哪能安心上课？临时大学又不得不决定从长沙迁往昆明。1938 年 1 月 20 日举行的长沙临时大学第 43 次常委会做出即日开始放寒假，下学期在昆明上课的决议，并且规定师生于 3 月 15 日前往昆明报到。

学校决定沿水、陆两条路线迁滇，公布学生迁滇原则和办法及注意事项。根据自填志愿，除女生，以及体弱多病，经医生证明不宜步行者走海路外，经体格检查而核准步行者 224 人，组成“湘黔滇步行团”。王玉哲先生向来体格强健，便成为步行团成员之一。

1938 年 2 月 19 日，步行团从长沙启程，3500 里的征途便从此开始。步行团的生活虽然艰辛，但沿途也领略到祖国大西南的大好河山。王玉哲先生对这些美景回忆说：

当走到风光优美的湘西，远望青山隐隐，近听则流水潺潺，真是“无山不绿，有水皆清”，景致美极了。有时雨后初晴，更显得山明水秀，当时我有诗句为：“山草才经新雨绿，夕阳红处绽桃花”，盖写实也。可是在这个风景如画的环境中，一想到我们之所以至此，乃是日本帝国主义入侵造成的，我们的大好山河已成半壁，怎不令人悲愤！我曾写过《湘西行》一诗，记录了当时的心情：“客路湘西界，傍山伴水行。山山鸣翠鸟，涧涧响泉声。国破花犹泪，月残猿亦惊。疾时清冠虏，也欲请长缨。”

由长沙西行经贵州抵达云南，一路都是崇山峻岭。步行团几乎天天处在万山环抱之中。有的山岭高可参天，形势险峻，翻过一座高山，需要一整天。在攀越贵州的高山关索岭时，登上陡峭的山顶，向下一望，看到四周山峦起伏，绵延不断，可谓气象万千。王玉哲先生有感，又写下了“仰登飞鸟道，俯视万峰低”的诗句，记下了这支学子大军在征途中战胜艰难险阻的胸怀和情景。

经过长途跋涉，4 月底步行团终于到达昆明。“国立长沙临时大学”已改名为“西南联合大学”。全程 3500 里的征途，至此结束。

由于初到昆明，校舍紧缺，联大的文学院设于蒙自开课。原云南民族大学历史系主任王宏道先生当时与王玉哲是同学，笔者于 2003 年拜访他时，谈到在蒙自的那段生活，他回忆说：“在北京我就与王玉哲同学相识，在蒙自就读时我与他住一间房，同睡一张双台床，王玉哲个子高大睡下床，我睡上床，一学期后回昆明仍在一起就读，直至毕业。20 世纪 80 年代，我的教授资格评审，还是王玉哲签注的评审意见。他还惊叹道：‘我都是教授了，怎么宏道现在还未晋教授，他早该是教授了！’”

在联大就读期间，王玉哲先生想为研究中国上古史打好基础，广泛选修文史、诸子、声韵、训诂等课程。学中国哲学史于冯友兰先生；学《庄子》于刘文典先生；学《诗经》《楚辞》于闻一多先生；学声韵学、训诂学于罗常培、魏建功两位先生；学古文字学于唐兰、陈梦家两位先生。王玉哲先生后来在科学研究上取得的成就，是与这几位专家学者的教导、启迪所打下的坚实学术基础分不开的。

1940年从联大毕业后，王玉哲先生与同学李埏先生一起投考了北大文科研究所。根据规定，必须先交一篇论文，经审查合格，才有资格考试。王玉哲把论文交上，在等候通知考试期间，忽从联大同学中传来传言，说北大文科研究所已决定，不录取王玉哲、刘熊祥等3名学生。刘熊祥与王玉哲为同班同学，刘熊祥找王玉哲商量说，研究所既已有此决定，不如自觉撤回论文改考别校，以免将来名落孙山，很不光彩。王玉哲先生犹豫了很久，决定还是试一试。

这个谣传的起因是，1938年，西南联大文法学院因校舍问题，改在蒙自上课，王玉哲先生选了刘文典先生的《庄子》一课，作了一篇读书报告，题为《评傅斯年先生“谁是齐物论之作者”》。文中对傅斯年先生认为《齐物论》是慎道的著作，不是庄周的说法，提出异议，当时颇得刘文典先生的赏识。当年秋后文法学院又回到昆明。王玉哲先生的这篇文章在联大教师间有所传阅。联大教授如冯友兰、闻一多等先生都读过王玉哲先生的原稿，极为称赞。顾颉刚先生以前同意傅斯年先生的说法，在读了王玉哲那篇文章后，也颇为认同，并主动推荐将文章寄到《逸经》杂志。因为傅先生是王玉哲最尊敬的学者之一，未经傅先生同意，王玉哲暂不同意发表。所以，王玉哲又请顾颉刚先生把稿子索回。那时，罗常培先生正主编《读书周刊》需要稿件，罗先生对王玉哲说，他想把文章拿出来请傅斯年先生作个答辩，与王玉哲的文章同时刊出，王玉哲同意了。可是傅先生看到那篇文章后很生气，不但不写答辩文章，而且对王玉哲意见很大。因此，王玉哲的那篇文章便一直搁置箱底，至少在傅先生在世时王玉哲不打算发表了。

这个事件在联大师友之间颇有流传。王玉哲先生在报考研究生之前，曾在昆明报刊上发表过几篇小文，在识与不识的师生之间，都认为王玉哲的学习成绩是不错的。中文系主任罗常培先生在讲课时就曾举例说，历史系有个学生王玉哲爱做翻案文章；又如朱自清先生在课堂上讲到《左传》时也提过王玉哲论《左传》性质的一篇文章；冯友兰先生在课堂上讲《庄子》时也提出王玉哲论《齐物论》的那篇文章。这些都是听课的同学后来向王玉哲透露的，有的还向王玉哲借那篇文章去读。

王玉哲就是在这种气氛中报考北大文科研究所的。有的同学还说王玉哲的成绩好，考取绝对没有问题；当时有一个教过王玉哲日文的老师还对王玉哲说，只要不是傅斯年先生看考试卷，就一定会考上。王玉哲先生也认为考试很有把握。

北大文科研究所当时的所长是胡适先生，副所长是郑天挺先生。文科研究所在昆明恢复招收研究生时，由傅斯年先生兼代理所长。傅斯年先生在审查论文时，一看到王玉哲的名字，就把他的论文提出来，对别的导师说，这类学生不能录取，他的“城市气味”太浓，不安心刻苦读书，专写批驳别人的文章。但是其他审核论文的导师，都在帮王玉哲说好话，并大力推荐，于是论文一关算通过了。还有笔试也勉强通过。

最后是口试一关，面试王玉哲时，正是他最怕见到的傅斯年先生。傅先生提问了几个问题，王玉哲全难作答，其中有一个提问是:《秦公簋》铭文中“十有二公”是哪十二公，是从非十二子算起，还是从秦仲算起？还是从襄公算起？该器是什么时代的？这一连串问题，问得王玉哲先生张口结舌，汗流浃背。王玉哲完全没料到傅先生会问金文上的这些问题。当天考试下来，王玉哲先生总是捏着一把汗，对今后的去向也感到渺茫了。

后来在录取的会议上，傅斯年先生本来主张不录取王玉哲，为了照顾其他先生的意见，最后把王玉哲录为“备取生”。傅斯年先生说，他还要到四川去招生，如果招不到更好的，再把王玉哲由“备取生”转为正式生。

经过这次考试，对王玉哲先生的打击很大，使他在联大同学中抬不起头来。这时联大已放暑假，同学们都尽情地享受轻松愉快的假期，而王玉哲先生则愁眉不展，坐立不安。他的同班好友李埏先生这次已金榜题名，成为滇人唯一考取北大文科研究所的研究生，李埏先生就要束装返回路南老家了。他对王玉哲先生的处境很是同情，对王玉哲先生说，备取生递补的机会很大，不必太过虑，等开学后，一有喜讯会马上通知王玉哲先生。李埏先生又强挽王玉哲先生随他一同到路南老家，顺路去游览全国闻名的“石林”名胜。到了路南，受到李埏先生之父李莲舟老先生的热情款待，并给予了安慰和鼓励。

那年暑假一晃即过，学校也开学了。幸运得很，开学不久，李埏先生即去告诉王玉哲说已被正式递补！王玉哲先生正式进入北大文科研究所。

北大文科研究所设在昆明青云街靛花巷 3 号。后因为日机经常轰炸，才迁到北郊龙头村宝台山上，与中央研究院史语所为邻。王玉哲先生由两位老同学带到宝台山下棕皮营村傅斯年先生家中拜见所长傅先生。见面之后傅先生非常客气，对王玉哲问长问短，旧事一字未提。这时王玉哲先生就正式成了傅先生的学生，据此足证傅斯年先生胸怀宽广。

王玉哲先生的专业是先秦史，导师本来就是傅先生，这时因昆明战事吃紧，傅先生专职负责的中央研究院史语所，于 1940 年底从昆明迁往四川李庄。王玉哲先生的导师即改由联大著名教授唐兰先生担任。唐先生第一次同王玉哲谈话就告诫他说："可研究的题目很多，今后还是少写批评别人的文章为好。"唐兰先生这个善意的教导给了王玉哲很深的印象。唐先生在当时已是古文字学的权威，正好指导王玉哲闯过古文字关，为其深入研究古史打下更坚实的基础。

入研究所的第一年，王玉哲先生在导师的指导下，广泛接触金文、甲骨文。唐兰先生教王玉哲把宋代著录的金文，仿吴大澂、容希白两氏之书例，编辑起来，并于每字之下，注出其辞句。未及一年即书成，名为《宋代著录金文编》（稿本上、下两册），王玉哲先生即以《玁狁考》为学位论文选题，开始了学术研究生涯。

为深入研究古史，王玉哲先生必须借助于古文字学与古声韵学两门学科，其中古文字学亲炙于导师唐兰先生，那时唐兰先生居住明家地（现明波村），研究生上课则到他家听课。有一次李埏先生陪同王玉哲前往，他们从篆塘乘船，出大观楼经草海至唐兰先生家。唐先生省嘴待客，亲手生炉子做饭，特做了三个"狮子头"等菜肴招待中饭。王玉哲受到唐兰先生耳提面命，获益良多，而古声韵学一门，多少带有一些口耳之学的性质，没有师友亲口指导，专靠课堂听讲或自学是很困难的。王玉哲先生在这方面获益，很大程度上是与一些专攻语言、音韵学的同学如周法高、殷焕先、马学良等的亲口指点是分不开的。

当时他们在宝台山住的是临时建的小土屋，王玉哲与周法高、殷焕先、汪籛住一间较大的房子，房子一分为二，一半是研究所的藏书，另一半住人。所以他们这间屋既是图书室，又是研究室和宿舍，周法高先生风趣地说，是"三位一体"。

房子虽简陋，但对他们来说，想看什么书，随手取来，非常方便。那时没有电灯，晚上只能在一盏光亮如豆的菜油灯下攻读。研究生读书和研究很自由，导师只是宏观地指导，没有严格的作息时间，但学习起来大家都很努力。

就在这种学术环境中，经过一年多夜以继日的努力，到 1942 年 10 月 23 日，王玉哲先生的学位论文《玁狁考》完成，参考文献有 130 多种。过去古史界凡读到古代少数民族玁狁的历史，都跳不出王国维先生《鬼方、昆夷、玁狁考》的说法，认为玁狁与鬼方、昆夷为一族，至其出没地望，多谓在宗周之西，或谓在宗周之西、北、东三方等。其开创之功不可没，但时至今日，甲骨文、金文材料日富，王氏的说法，已感到有些矛盾。王玉哲先生的研究完全打破了过去之成说，提出玁狁一族在殷商时名“𢀛方”，而鬼方则为另一族。经王玉哲先生旁征博引，条分缕析地论证，使对玁狁历史的来龙去脉认识更加深刻和全面。

1943 年春，北大文科研究所于 3 月 3 日为王玉哲先生举行了硕士学位毕业论文答辩会议。其论文得到答辩委员们的一致肯定，顺利地通过了。王玉哲先生的研究生生涯，自此结束。

1943 年秋，王玉哲先生辞去西南联大助教职务，受聘为私立华中大学历史系副教授，开始进入教学与科研相结合的终身事业之中。笔者所藏书信中，有一封为王玉哲先生离昆明至大理喜洲时，在滇缅公路上历经艰辛而到达喜洲后，写给殷焕先等先生的信。信中风趣地说：“要不是弟向来体格强健，否则诸兄早为弟开追悼会了”，告诉他们自己在途中遇到的奇险，险些丧命！

华中大学地处名胜苍山、洱海之间，风景优美，有一个宁静的读书环境。王玉哲先生于教学的同时，在图书资料匮乏的条件下，写出了一篇极具影响的《鬼方考》文章，是《玁狁考》的姊妹篇。《鬼方考》曾获得当时国民政府教育部 1945 年度学术发明三等奖。当时从 1941—1946 年共进行了六届学术奖励，其中西南联大教师陈寅恪、汤用彤、冯友兰、金岳霖、王力、闻一多、郑天挺、周培源、费孝通、华罗庚等各学科近 30 人的论文先后获奖。

王玉哲先生获此殊荣时虽然只是华中大学一名年轻的副教授，但他的学术研究根基主要是在联大及所属北大文科研究所就读时就形成了的。他的成就与联大密不可分，可以说王玉哲先生是联大造就的诸多栋梁之材中的一员。

钱穆与李埏

以自学而成为著名历史学家的钱穆先生，1938年、1946年、1947年先后来昆明，任教于西南联合大学、云南大学、私立五华学院，为云南文化教育作出了贡献，并与许多著名师生结下了深厚的情谊。其中与云南大学著名教授李埏先生建立的师生情，更成为云南文化教育史上的一段佳话。

1935年，李埏先生以优异的成绩被当时的云南省教育厅以公费保送北京师范大学（简称“北师大”）。经学校复试，李埏先生就读于历史系。1936年下半年，北师大从北京大学聘请钱穆先生来兼课，讲授秦汉史。钱穆先生的到来，使李埏先生幸运地遇到了一位良师。

钱穆先生讲课，往往以炽热的情感和令人信服的评议，把听讲者带入所讲的历史环境中，如见其人，如闻其语。每当下课，李埏与许多同学都陪着钱先生边走边质疑请益，钱先生不仅解答疑难，还常常教人以读书治学的方法。

一天下课后，向钱先生提出质疑的人不多，李埏鼓起勇气上前求教。当走到校门口时，两人仍意犹未尽。平常，钱先生一出校门便雇车回寓。这天，因话未讲完，便不雇车，徒步沿林荫道边走边谈。一直走到西单，钱先生踌躇了一下，问李埏：“你下面有课吗？”李埏回答：“没有。”钱先生说：“那我们到中山公园去坐片刻吧。”

到了中山公园坐下，钱先生对李埏说：“你过去念过的书也不能说是白念，以后再念也不是一遍便足。有些书，像《史记》《汉书》《通鉴》，要反复读，读熟。一两遍是不够的。你现在觉得过去读书是白读，这是一大进境。可是后之视今，亦犹今之视昔。古人说‘学然后知不足，教然后知困。’学无止境呀！现在你应当着力的，一是立志，二是用功。‘学者贵自得师’。只要能立志、能用功，何患乎无师？我就没有什么师承呀！……”

从这次亲聆钱穆先生的教诲后不久，李埏先生到北大访友，谈及钱先生的教诲。友人说：“我们北大有所谓的‘岁寒三友’，你知道吗？所谓三友就是钱穆、汤用彤和蒙文通三位先生。钱先生的高明，汤先生的沉潜，蒙先生的汪洋恣肆，都是了不起的大学问家。你不来听他们讲课真是太可惜了。”李埏先生回校后，反复考虑，决定转学北大，于是次年暑期北师大南苑军训，李埏先生抗命不去，为的就是要应转学考试。

民国三十年（1941 年）四月，钱先生留影于昆明唐家花园

就在转学考试前夕，抗战爆发。李埏先生历尽艰辛回滇，与钱穆先生及诸师友失联。何时再能见到钱穆先生便成为李埏先生的一个难忘的心结。1938 年 8 月，李埏先生转入西南联合大学，和钱穆先生重逢了。钱先生开《中国通史》课。按规定，李埏先生可以免修，但他仍选修，并把它定为要着重努力的一门功课。

那时的联大没有自己的校舍，临时租借昆明大西门城外的几所中学供文、理、法三个学院使用。昆华中学、昆华农业学校是上课的地方。钱穆先生的通史课便排在西站的云南省农校楼上的一间大教室。这是西南联大当时最大的教室，可坐 200 多名学生。为何要用这么大的教室？因为教务处凭经验料到，这堂课的听课者一定为数甚多。

那时钱穆先生因撰《国史大纲》，加之念宜良山水胜地，恰一友人认识宜良县县长，经友人联系，县长将其在岩泉寺的一套别墅暂借给钱穆先生居住。钱先生的课安排在星期四到星期六的晚上七至九时，共两小时课。之所以安排在晚间，原因是听课者众多，白天没有能满足大家要求的共同时间。联大继承北大自由讲学之风，允许校内外的人旁听，尽可能兼顾其便。因此其他大学的学生、中学的教师及社会上有志于史的人皆来听讲，以至于教室虽宽敞，100 多套桌椅仍不能使人各得其所。许多人便席地而坐。教室内外的地上坐满了，便坐到窗台上，挤不上窗台的便倚墙而立。这样的状况，自开学至学年结束，始终一样。

宜良在昆明东南，距昆明 70 余公里，现有铁路和公路可通。但当时无公路，无客车行驶，旅客只能乘滇越铁路火车。火车从宜良开往昆明，第一班太早，从岩泉寺动身无法赶上；第二班从开远来，下午一时过宜良，下午五时半抵昆明。钱穆先生即乘此次车到昆明，上当晚七时的通史课。那时的火车站在昆明城外东南角，联大在城外西北角，下火车转人力车需约一小时才能到达，而火车不时晚点二三十分钟乃属常事。这就使钱先生每次刚下火车，便上人力车直奔课堂，晚饭也顾不得吃，只能买个蛋糕在人力车上充饥。一到课堂，因听课者较多，教室通道都坐满了人，先生上讲台只有登上课桌，踏桌而过。课毕才去进餐，待返市区财盛巷联大教授单身宿舍时，已是深夜了。

每逢钱穆先生来昆授课的星期五、六的下午，许多学生会去财盛巷宿舍拜谒先生。一些人方辞出，一些人又进去，常常络绎不绝。但先生毫无倦怠之意，必使来者人皆满足而后已。

拜谒钱先生最多的便是李埏先生了。李埏先生对去财盛巷拜谒钱先生时的诸多往事回忆说：

去拜谒求教的并不全是联大的学生。据我所见，有的是其他大学的学生，有的是中学教师，有的是在报馆、在银行、在机关工作的人，有的是读过先生所著书而未听过讲课的人……多数是二三十岁的年轻人，先生是极少问其姓名职业的。因此，若非其人自陈，先生才知为何许人。但不论知情与否，先生都一样和颜悦色地接待，一视同仁，有教无类。有些问题也很浅近，殊不必烦先生一一作答，但先生还是认真解答。

因此，我常请问：“有些人似是慕名而来，欲一瞻风采而已。何以先生也很认真地赐以言教？”钱先生说：“你知道张横渠谒范文正公的故事吗？北宋庆历间，范文正公以西夏兵事驻陕西。横渠时年十八，持兵书往谒。文正公授以《中庸》一卷，说：‘儒者自有名教可乐，何事于兵？’横渠听了幡然而悟，遂成一代儒宗。可见有时话虽不多，而影响却不小。孔子说：‘知者不失人，亦不失言。我宁失言，不定失人。’”我听后感动道：“钱先生之所以诲人不倦是对求教者有厚望，是有深意的。”

李埏先生后来对他人之求教也是诲人不倦的。李埏先生就读联大第一学期最末一周的星期五下午，到财盛巷去看望钱先生时，钱先生对李埏说：“最近我写一篇文章《国史大纲·引论》即将脱稿。拟脱稿后休息一下，看看滇中山水。听说石林很奇，就在你们路南。你寒假回家吗？能否陪我一游？”李埏先生一听钱先生此说，喜出望外，于是约定行期，由李埏接送并担任导游。到约定时间，李埏先一日到宜良，次日中午乘滇越火车南行两站至狗街子站下车，渡船到南盘江东岸迎钱先生。钱穆先生换乘滑竿，李埏与随钱先生同往的一中年人骑马，山行

40 华里，傍晚抵路南县城。次日游石林，又次日游芝云洞。第三日游大叠水瀑布。第四日上午送钱先生经狗街子返宜良。

就是这次石林之游，李埏到宜良迎候钱先生时，一见面，钱先生便将《国史大纲·引论》原稿拿给李埏看，说："此稿于前两日写完，是我南来后最用力之作。等从石林回来，我便要送昆明去发表。你可在此数日内先读一读。"李埏当夜就挑灯快读一遍，到路南又细读一遍。李埏便成了读此鸿文的第一人。

第二学期开学后不久，《国史大纲·引论》便刊布了。大西门外有一个报纸零售摊，刚开卖，报纸便被联大史学系师生争购一空。未能买到的，只好借来照抄。此后数日，大家都在谈论这篇文章。师生们各抒己见，有的赞许，有的反对，有的赞成某一部分而反对别的部分……联大学术之讨论热烈，以此为最。一天，钱穆先生对李埏说："一篇文章引起如此轩然大波，是大佳事。若是人们不屑一顾、不置可否，那就不好了。至于毁誉，我从来不问。孔子说得好：'不如乡人之善者好之，其不善者恶之。'说到毁誉，不妨取王荆公《与杜醇书》一读。"

李埏回来后即到图书馆借《王临川集》读。原来《与杜醇书》中有如下几句话："夫谤与誉，非君子所恤也，适于义而已矣。不曰适于义，而唯谤之恤，是薄世终无君子。唯先生图之。"李埏由是而知，在对待毁誉问题上，钱穆先生与王荆公虽悬隔千载，却是很契合的。

1939 年 7 月初，钱穆先生向联大告假返苏州省亲后，就没有再回联大任教了。其间，李埏多次肃函向钱穆先生求教，得钱穆先生回书十余通。信中，钱先生仍谆谆示教，关心李埏的学业和告知自己的近况。这些书信也是钱穆先生留在云南珍贵的墨迹之一。

1940 年，李埏在西南联大毕业，旋即考入北大文科研究所读研究生。1942 年，李埏的恩师张荫麟先生在贵州遵义的浙江大学任教。张荫麟先生由于积劳，染上肾脏炎症，便请李埏前往扶持。李埏不惜中断只有一年即将完成的研究生学业，迅速赶往遵义，任职于浙江大学史地系、史地系研究所。因张荫麟先生病情日益严重，不幸于 1942 年 10 月 24 日与世长辞。张荫麟先生的逝世，让李埏因失去了一位崇敬的良师而倍感悲痛。所幸的是，与李埏分别了三年半的钱穆先生，于 1943 年春应浙江大学的邀请自成都来校讲学，又与李埏见面了。钱先生的到来，使李埏先生欣喜万分。

钱穆先生在浙江大学讲授《中国文化史专题》，每周讲课两次。李埏每次都随钱先生一同去，并遵嘱做笔记。钱先生讲了5周，课程结束，李埏将所做笔记呈钱先生。李埏的笔记对钱先生后来撰著《中国文化史导论》起到了一点备忘录的作用。

在遵义时，钱穆先生很喜欢散步。每晨早餐后，由李埏陪从，沿着湘江西岸，顺流南行。他俩边走边谈，再沿着去时的岸边小道回老城。对此，钱穆先生在《师友杂忆》里说：

余尤爱遵义之山水。李埏适自昆明转来浙大任教，每日必来余室，陪余出游。每出必半日，亦有尽日始返者。时方春季，遍山开花，花已落地成茵，而树上群花仍蔽天日。余与李埏卧山中草地花茵之上，仰望仍在群花之下，如是每移时。余尤爱燕子，幼时读《论语》朱注"学而时习之，习，鸟数飞也"。每观雏燕飞庭中，以为雏燕之数飞，即可为吾师。自去北平，燕子少见。遵义近郊一山，一溪绕其下，一桥临其上。环溪多树，群燕飞翔天空可数百。盘旋不去。余尤流连不忍去。

一日，李埏语余："初在北平听师课，惊其渊博。诸同学皆谓，先生必长日埋头于书斋，不然乌得有此？及在昆明，赴宜良山中，益信向所想象果不虚。及今在此，先生乃长日出游。回想往年在学校读书，常恨不能勤学，诸同学皆如是。不意先生之好游，乃更为我辈所不及。今日始识先生生活之又一面。"余告之曰："读书当一意在书，游山水当一意在山水。乘兴所致，必无旁及。故《论语》首卷云'学而时习之，不亦说乎？'读书、游山，用心皆在一心。能知读书之亦游山，则读书自有大乐趣，亦自有大进步。否则认读书是吃苦，游山是享乐，则两失矣。"李埏又言："向不闻先生言及此。即如今日，我陪先生游，已近一月。但山中水边，亦仅先生与我二人，颇不见浙大师生亦来同游。如此好风光，先生何不为同学一言之？"余曰："向来只闻劝人读书，不闻劝人游山。但书中亦已劝人游山。孔子《论语》云'仁者乐山，智者乐水'。读朱子书，亦复劝人游山。君试以此意再度孔子、朱子书，可自得之。太史公著《史记》，岂不告人彼早年已遍游山水。从读书中懂得游山，始是真游山，乃可有真乐。《论语》曰'有朋自远方来，不亦乐乎？'如君今日，能从吾读书，又能从吾游山，此真友矣。从师交友，亦当如读书、游山般，乃真乐也。”李埏又曰：“生今日从师游山读书，真是生平第一大乐事。当慎记吾师之言。”

据钱穆先生所述，李埏在浙大任教时，与钱先生在短暂的一月之中的求教，让李埏铭记于心，受益匪浅。钱穆先生离遵义前二日，还亲书杜甫《奉简高三十五使君》诗一首赠李埏以作留念。

1946 年，昆明社会贤达于乃仁、于乃义弟兄两人，筹建“私立五华学院”，托李埏代为致意，邀请钱穆先生来院讲学。钱穆先生到昆之夕，乃仁昆仲设晚宴为先生洗尘，李埏应邀出席。席未终，钱穆先生忽大呕吐，随后又有几次呕吐，乃知先生患胃病。后来经中西医诊治，都说首要的是注意饮食起居。

李埏认为钱先生来滇是他促成的，他有责任改善先生的生活。怎么改善呢?唯一的办法只有请先生与他同住，由他亲自服侍。经多方努力，以四两黄金做抵押，租得北门街唐家花园（唐继尧故居）内最西一小院房屋，于是年十一日迁入。唐园租金虽昂，但环境清幽，确是游息藏修的好所在。钱穆先生的生活皆由李埏先生的夫人调理，钱先生的胃病才得稍缓解。

唐家花园中有一“西南文化研究室”，为唐家藏书之所。管理人员知钱穆先生为著名学者，特开放供其使用，于是钱先生进去看书甚为方便。几乎占圆通山一半面积的宽敞的唐园内佳木葱茏，曲径通幽，钱先生朝夕散步其间，起居饮食乃稍安适，方得以静心讲学。对在唐家花园安居的这段生活，钱先生在《师友杂忆》中已有陈述。

钱穆先生每周到云南大学、五华学院各授课一次。在云南大学讲中国文化史，在五华学院讲中国思想史。两校相距甚迩，学生皆在两处听课，无异于同时修了两门课。钱先生又向五华学院提出设“专书选读”课，先定了 7 种古籍，由文史系学生选习。钱先生自任《左传》一课，并要李埏先生做辅导。

寒假后，军官学校办一将校训练团，特请钱穆先生每周讲一次中国古代军事史。钱穆先生命李埏随往笔记，以备将来撰为专书之用。那时，李埏先生正主编《文史》副刊。钱先生结合讲课，写成有关春秋战车、甲士、徒卒等考据论文。李埏先生请求刊于副刊，钱先生允诺，遂于 1947 年四五月间刊出。

张荫麟与李埏

一所大学既承载着一个国家的文教重任，也承载着一个国家兴盛的希望。抗战时期的西南联大很好地肩负起了这一重任，创造了世界文教史上的奇迹。创造这些奇迹的是联大诸多学术大师和他们培养的众多栋梁之材。联大在昆明八年，大师们勤于著述，谆谆育人，学生们刻苦努力，继往开来。师生亲密无间，亦师亦友，佳话流传。著名教授张荫麟先生与李埏先生便是其中之一。

2002 年，笔者多次前往云南大学东院宿舍聆听李埏先生谈及他与西南联大的人文轶事。李埏，字子沂，号幼舟。1935 年毕业于省立昆华中学，同年考入北京师范大学，由云南省教育厅保送公费生。七七事变后返滇，入联大历史系就读。1940 年毕业，旋入北京大学文科研究所读研究生，1943 年起在云南大学任教。他长期研究中国经济史，是当代著名历史学家。

李先生感受最深、受教良多的是张荫麟、钱穆、吴晗 3 位先生。李先生就是在他们耳提面命之下走上了学术研究的道路。在亲承大师教诲的过程中，他们师生之间的高谊不仅没有随着岁月的流逝而淡忘，却愈发历久弥新。

当时，李埏先生怀着既崇敬又悲伤的心情对笔者说："二十世纪三四十年代间，一颗光芒四射的彗星，从中国史坛上倏然升起，又倏然消逝。这在当时曾使许多人感到震惊和哀恸，在以后很久，也还有不少人为之叹惜和思念。这颗彗星是谁？他就是现代著名史学家张荫麟先生。"李埏先生这样对张荫麟先生的追忆实不过分。我们可以从诸多其他大师对他的评忆中，感知到张荫麟先生的学术成就。

国学大师陈寅恪称："张君为清华近年学生品学俱佳者中之第一人。弟尝谓庚子赔款之成绩，或即在此一人之身也。"

钱穆先生说："张君天才英发，年力方富，又博通中西文哲诸科，学既博洽，而复关怀时事，不甘仅为记注，考订而止。然则中国新史学之大业，殆将于张君之身完成之。"

贺麟先生追忆说："他睥睨一世，独往独来，一任性情，独抒己见。他博学不厌，勤勉奋发，从未稍懈。他立志作第一等学人，终能在史学界取得第一流的地位。"

吴晗先生说：“我愿意向社会，特别是学术文化界，尤其是历史学部门的朋友，提起张荫麟这个人，他的一生。”

朱自清先生赞道：“妙岁露头角，真堪张一军。书城成寝馈，笔阵挟风云。勤拾《考工》绪，精研复性文。淋漓修国史，巨眼几挥斤。”

钱锺书先生赞道：“同门堂陛让先登，北秀南能忝并称；十驾难追惭驽马，千秋共勖望良朋。”

熊十力先生写道：“张荫麟先生，史学家也，亦哲学家也。”又说：“昔明季诸子，无不兼精哲史两方面者。吾因荫麟先生之殁，而深有慨乎其规模或遂莫有继之者也。”

诸多大师如此高度评价这样一位英年早逝、举世罕见之才子，可谓绝无仅有！

张荫麟，笔名素痴，广东东莞石龙镇人，1905年11月生于镇上的一户书香人家。幼年家境颇殷，富于藏书，他的父亲从他开蒙授书，便给他以严格的国学训练，要他把五经、四书、三传、通鉴、诸子书、古文辞……一一熟读成诵。他天赋很高，有异乎常人的记性和悟性，对读书又特别爱好。到十六七岁辞家赴北京时，他的国学根底已经很坚实，知识颇为广博了。

1923年秋，张荫麟先生考入清华学堂中等科三年级，那时梁启超在清华主讲《中国文化史》，所以他一入学便得其亲自授业为弟子。他素不喜交游，在校中唯与贺麟、陈铨相友善。张荫麟先生逝世的噩耗一传开，贺麟先生便立即写了《我所认识的荫麟》悼念回忆文章，文中讲了一个故事，大意是：一天晚上，梁任公讲课，从衣袋里取出一封信来，问张荫麟是哪一位。张荫麟立即起立致敬。原来他写信去质问梁任公前次讲演中的某一点，梁任公在讲台上当众答复他。贺麟先生又说，他那时已在《学衡》杂志上发表过一篇文章，批评梁任公对于老子的考证。那时他年仅17岁，是初进清华的新生。《学衡》的编者便以为他是清华的国学教员，哪知这位在学生时代质问梁任公，批评梁任公的张荫麟，后来会成为承继梁任公学术志业的传人。

据李埏先生所知，张荫麟先生确乎是“最向往追踪”梁任公的，但在学术研究上他真是“吾爱吾师，吾尤爱真理”，做到了“当仁不让于师”，而梁任公呢，不惟不因此有慊于心，反而对他更加器重、奖掖。他们之间的师生高谊，真是现代学术史上的一篇佳话。

清华求学期间，张荫麟积极广泛地进行学术评论，主动介入学术界的许多讨论，发表了一批文笔犀利生动，富于批判精神，内容涉及文、史、哲的书评与论文。经他批评的学者有梁启超、胡适、郭沫若、冯友兰、苏雪林、柳诒徵、荣庚、朱希祖、张其昀、向达、张君劢、郑振铎、郭绍虞、杨鸿烈等。这些批评文章，少年气盛，不稍假借，用词颇为严苛，然实事求是，并非哗众取宠。其中，以对顾颉刚“古史辨派”的批评最有名，影响最大。

1923 年 9 月，《学衡》杂志第 21 期刊出张荫麟的第一篇论文《老子生后孔子百余年之说质疑》。从那时起，到 1942 年 10 月先生逝世止，为时共 19 年，发表论著近 200 篇，百余万言。这些论著，多与史学等学科有关。涉及的范围很广，从先秦到近代，从社会经济到科技文艺、学术思想、风俗习惯等都有所研究。当时的学术界多惊叹这位青年学者的渊博，但不甚明了他为什么要考究这些问题。

对他有所了解的朋友和学生都知道，他不是一个全凭兴会、信手拈来、卖弄雕虫小技的文人。他所志者甚大，早在留美期间，便已郑重声言：国史是他的专业。从后来他对《中国史纲》之高度重视，可知他所说的“国史”就是《中国史纲》那样的著作。为了专心致志撰写此书，他宁可向清华告假，而且以他才思之敏捷，还花了 5 年工夫才成其中“上古篇”，他的严肃认真可以想见。

在浙江大学和他有过从的谢幼伟教授说：“在遵义，我曾看他写《中国史纲》上关于宋史部分的几章。他的原稿涂改之处甚多。他每每对我说：‘写这种文章是很费苦心的。’为什么要这样费苦心呢？因为这是时代的要求，祖国的需要。”他在青年书店版的《中国史纲》里，冠有一篇“自序”开头便说：

现在发表一部新的《中国通史》，无论就中国史本身的发展上看，或就中国史学的发展上看，都可说是当其时。就中国史本身的发展上看，我们正处于中国有史以来最大的转变关头，正处于朱子所谓“一齐打烂，重新造起”的局面；旧的一切瑕垢腐秽正遭受彻底的涤荡剜割，旧的一切光晶健实正遭受天捶海淬的锻炼，以臻于极度的精纯；第一次全民族一心一体地在血泊和瓦砾场中奋争，以创造一个赫然在望的新时代。若把读史比于登山，我们正达到分水岭的顶峰，无论回顾与前瞻，都可以得到最广阔的眼界。在这时候，把全部的民族史和它所指向的道路，做一鸟瞰，最能给人以开拓心胸的历史壮观……写出一部新的中国通史，以供一个民族在空前大转变时期的自知之助，岂不是史家应有之事吗？

李埏先生说：“这篇‘自序’是 1940 年 2 月在昆明写的。那时正是抗日战争处于极端危急的时候。可是荫麟先生不仅对祖国的前途依然充满信心，而且深刻地预见到这是‘中国有史以来最大的转变关头’，是‘一个赫然在望的新时代’。后来的历史发展证明确是这样。”

李埏先生又说：“自西学东渐，中国的史学家们采用章节体裁撰写通史以来，要在旧史学林中找一部既深邃而又通俗，既严谨而又富趣味的，像英人威尔斯的《世界通史》那样的著作，是从未曾有的。若有之，那就是张荫麟先生的《中国史纲》了。遗憾的是，这部优秀作品的命运，却是一部未完之作，写到东汉便终止了。1949 年以前，它始终没有一个好的版本，也没有在全国流传过。直到 1955 年，始由三联书店出版过一个较佳的本子，印行万余册，流布于国内外。国内和国外的读者对这本著作都给予高度的重视。它赢得了许多赞誉，当然也受到一些批评。《中国史纲》中的‘上古篇’虽为高中教材所用，然其功力与学识非常深厚，取精用宏，引人入胜，可视为中国史学名著，被贺麟先生称之为‘人格、学问、思想、文章的最高表现和具体结晶’。”

1937 年七七事变后不久，张荫麟先生只身南下，任教于浙江大学，主讲历史。尔后，浙江大学几度搬迁，张荫麟先生又到国立长沙临时大学任教。后因学校要西迁昆明，张荫麟先生便回了东莞故乡。1938 年夏初，国立长沙临时大学迁至昆明并更名为“西南联合大学”，张先生方自粤入滇，向清华销假，仍任历史和哲学两系教授。初到昆明，正值暑假，他住安宁温泉。学期开始，回城住南昌街白果巷 4 号吴晗先生家，补撰《中国史纲》第十章“改制与易代”和“自序”。

此时，李埏先生已从北师大转学到联大历史系就读。他向张荫麟先生学习宋史。七七事变时，李埏先生离北平回滇途中，从香港乘船至越南海防时，在船上巧遇吴晗与施蛰存两位先生至云南大学任教，便常向吴晗先生求教，而师生感情也愈日深。由于吴晗先生的母亲、弟妹及爱人严霞从浙江来昆，吴晗先生便从云南大学教师宿舍搬来白果巷住，白果巷 4 号便是李埏先生的常去处。由于张荫麟先生的到来，每有学术活动，吴晗先生都提供寓所使用。

张荫麟先生在北平时与北大、清华的吴晗、罗尔纲、夏鼐、邵循正、孙毓棠等一些年轻的史学家创建了一个学术组织——“史学研究会”。七七事变后，研究会活动暂时中断。这时，成员中的诸多先生都到了昆明，于是研究会又恢复活动，举行年会，并接纳新会员。1939 年的年会就在吴晗先生家的寓所举行，李埏先生与缪鸾和、王崇武等人由吴晗介绍入会并参加这次年会。像李埏先生这样尚未卒业的大学生，能跻身于这些史学家之林是何等的荣耀。

这年暑假，受李埏先生之邀，张荫麟先生在吴晗先生的陪同下游石林、芝云洞、叠水瀑布后，又登独石头，观看了吴晗先生上次游石林时，由李埏父亲李莲舟书写的诗作："独石山头树将旗，将军英名妇孺知。我来已历沧桑劫，犹傍斜阳觅故碑。"

张荫麟先生住吴晗先生家后，生活较为安定，每周为联大历史系讲宋史，为哲学系讲逻辑学各一次。寒假期间（1939 年），忽然接到国民党重庆军委政治部部长陈诚的一个电报，请他立即飞渝，他去了，并受到蒋介石的召见。张荫麟先生原以为此去或能对抗战大业有所贡献，哪知去到以后不过备顾问、资清谈而已。他觉得无事可为，乃不辞而别，仍回西南联大授课。

回校不久，他的夫人奉母携幼自东莞来昆。张荫麟先生便赁房于小东城脚金凤花园与冯友兰先生同住一院。不到一年，夫人一行又回粤，张荫麟先生又搬至绥靖路（今人民东路）靠北的柿花巷欧美同学会居住。

张荫麟先生不仅是一位"良史"，而且是一位良师。李埏先生回忆说："张先生在联大或是浙江大学任教。他对教学很认真，对学生很热情，凡亲沐其教泽者没有不思念他的，深受学生敬爱。在联大我从他学宋史，常送习作请他指教。每次他都是立即当面批改，边改边讲，不仅改内容，而且改文字，教我怎样做文章。有时候改至深夜，一再请他休息他也不肯。宋史课一开始，他就教我们读《宋史纪事本末》，并从书中自选六十篇作'提要'。每篇提要不得过百字，须按时完成。听课者几十人，他都一一批阅。课上只讲专题，很富启发性。他总是每两三周，提出一个问题，指定几卷书，要我们从那几卷书中找材料，去解决问题。以后，问题越来越难，指定的书越来越多；最后他不再指定，要学生自己提出问题，自己找书看。他用这样的方法，训练我们一步步地学会独立做研究的工作。他很重视选题和选材，常警告我们，不善于选题的人就只能跟在别人后面转；不善于选材的人就不能写出简练的文章。由于他诲人不倦，我感到课外从他得到的教益比在课堂上还多。因为在课堂上他是讲授专题，系统性逻辑性强，不可能旁及专题以外的学问；在课外，则古今中外无所不谈。从那些谈话中，使我们不仅学到治学之方，而且学到做人的道理。回想起来，那情景真是谊兼师友，如沐春风，令人终生难忘。"

从李埏先生的回忆中，我们知道什么是西南联大学者的学风，非常值得我们追寻和借鉴。

1940年，李埏先生即将从西南联大毕业，为写好毕业论文《北宋楮币起源考》，论文导师张荫麟先生便要李埏到时住龙头村宝台山上的中央研究院历史语言研究所图书室，读《续资治通鉴长编》《宋史纪事本末》等有关书籍。《续资治通鉴长编》和《宋史纪事本末》是傅斯年先生的个人藏书，在当时的昆明算是孤本，而傅先生的书藏在史语所图书室，仅供该所研究人员查阅。当时的史语所没有寄宿处，为读此书，李埏先生就住宿在落索坡唐家祠堂吴晗先生家。整个寒假，吴晗先生则移到卧室里去工作。

李埏先生毕业论文完稿后，经张荫麟先生阅后认为写得很充实，给了95分的高分。李埏即报考北京大学文科研究所，并提交了报考论文，在论文待评审期间的某个闲暇天，李埏先生为感激恩师张荫麟先生，到寓所请张荫麟先生去附近的绥靖路“东月楼”餐馆品尝著名的滇菜。东月楼是当时老昆明著名的饭店之一，以信誉、质量、价廉而赢得人们的青睐，从早至晚宾朋满座，其厨师烹饪技艺精湛，以乌鱼锅贴、酱汁鸡腿等菜最为著名。张荫麟先生可谓美食家，虽曾留学美国，却可以说是尝遍了中国南北菜肴，但他对如此滇味佳肴，仍赞不绝口，食后对李埏先生说：“味很美！但价昂了点。”李埏先生听此言，便说下次请先生吃点便宜的。

隔日，李埏又请张荫麟先生在东月楼斜对面的一小餐馆吃饭，这次吃的是家常菜，李埏特意点了一道酸腌菜炒刀豆米。当时这道菜深受云南省政府主席龙云的青睐，每周都要让人到这家饭馆炒一份带至“龙公馆”吃，就是这道极普通的菜曾在昆明风靡一时。张荫麟先生吃完后风趣地说：“价虽廉，还是东月楼的味美。”

不日后，李埏先生的论文通过北大文科研究所评审，被录取就读研究生，师从向达、姚从吾两位先生。此时的张荫麟先生由于遭受不公正待遇，不得已离开联大，到遵义浙江大学任教。张先生因积劳和连遭拂逆之故，到遵义不过一年，便染上肾脏炎。1942年，张荫麟先生特召李埏前往扶持，李埏先生不惜中断只有一年即将完成的研究生学业，迅速赶往遵义，任职于浙江大学史地系及史地系研究所。

彼时的遵义是一个古老而闭塞的山城，医疗条件甚差。张荫麟先生的病情日益严重；延至1942年10月24日，竟与世长辞，终年仅37岁。张荫麟先生病逝后，《思想与时代》社曾出版专号予以纪念。他在昆明的朋友也召开追悼会进行纪念，《大公报》则刊以遗文并发表王芸生、张其昀的悼念文章。冯友兰、贺麟、吴晗等人还曾计划在清华设立张荫麟纪念奖学金，后因货币贬值未果。

张荫麟先生名师出高徒。其学生李埏先生在几十年的治学中著述等身，早在20世纪50年代为了专心治史，在云南大学教师和云南省图书馆馆长二者不可得兼的情况下，力辞馆长之职，只在云南大学执教。1956年，李埏先生在《历史研究》第8期发表了著名论文《论我国的封建的土地国有制》，引起学术界强烈反响，受到著名历史学家侯外庐先生以及哲学家汤用彤先生等的高度评价，中国科学院因此特聘李埏先生兼任历史研究所副研究员，并转载此文。

此后至1964年，李埏先生又在《历史研究》和云南大学学报等刊物相继发表了《水浒传中所反映的庄园和矛盾》《龙崇拜的起源》《试论殷商奴隶制向西周封建制的过渡问题》《略论唐代的“钱帛兼行”》等长篇论述。这些论文，对土地所有制、古史分期、商品经济等重要问题作了深入的分析探讨，提出了重要的学术创见，先生被公认为是中国土地国有制和西周封建论的重要代表、中国古代商品经济史研究的开拓者。

1982年，李埏先生创建了全国第一个封建经济史研究室。1983年，李埏先生发表了《经济史研究中的商品经济问题》。文章发表后，引起强烈反响，对中国商品经济史研究的开展起到了开辟先路的作用。1983年，《中国经济科学年鉴》将该文作为有助于推动经济史学科建设和发展的重要论文详加介绍和评述。1986年，李埏先生联合云南大学研治经济史的同人，共同创建了云南大学中国经济史学科，旋即被批准为省级重点学科，经“七五”期间的建设，迈入了国际国内先进行列。

随后又先后出版了《中国封建史论集》《中国封建经济史研究》《中国古代土地国有制史》《宋代楮币史系年》《滇云历年传点校》等具有重要影响的学术著作。先后发表学术论文数十篇，对唐宋经济史、中国土地制度史、中国商品经济史的研究作了系统的总结和升华，在学术史上留下了大批光照后人的学术珍品。

张荫麟先生与李埏先生师生二人不愧为学术文化史上的宗师和楷模。

第二章 西南联大人的故居

龙泉镇名人旧居

七七事变后，华北很多地方相继沦陷，为使中华民族文化、教育之精华得以保存，许多高等学府及科研院所相继迁往西南三省。当时人们称之为“抗战时期的文化内迁、南迁”。北大、清华、南开、中法等著名大学相继迁来昆明。这些大学的教授多为我国学有专长的文化、科技界名流。

这些著名学者的到来，对云南文化教育、科学研究、社会经济发展起到了巨大的促进作用。他们在国难家仇的艰苦岁月中与云南人民朝夕相处，结下了深厚的情谊。在昆明的岁月中，治学之余，他们的足迹遍布大街小巷、乡间村落，也曾写下了不少赞美昆明四季如春、美丽山川及风土人情的诗文，寄寓了对昆明的眷恋之情。他们中的许多人文轶事也给昆明这座历史文化名城增添了别样的魅力和人文色彩。

当时，为避日机空袭，城内的大多科研机构及名人便疏散到乡下，其中昆明东北郊的龙头村一带便是文化名流较为集中的地方之一。当时曾有人戏称：龙头村就是战时的“清华园”。

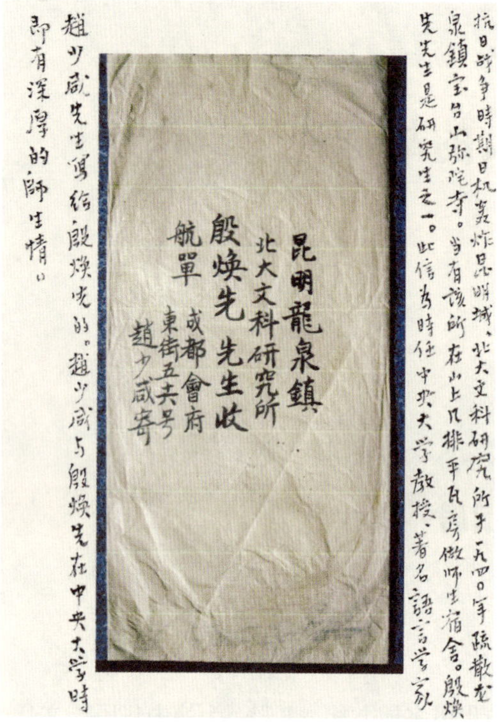

笔者收藏有西南联大、北大文科研究所师生的一些诗文、书信等墨迹。其中的一些信封上写着“昆明龙泉镇宝台山北大文科研究所”，就这些墨迹，笔者还求教过几位前辈。所以，笔者一直想到龙头村看看宝台山。

2001 年 5 月初，笔者只身一人骑自行车，沿着当年教授们留下足迹的盘龙江河堤北上至龙头村。顺街往北走不多远，便看到昔日沿街建盖的一些土木结构的老房子还完好地存在着。待看见一修制鞋子的店铺门前有三位年近 50 岁的人在聊天，便上去求问宝台山、棕皮营的具体位置，并将写有北大文科研究所的信封拿出来请他们看。几位都说：“不曾听说过这些单位，只知前几年有些外省人来过，还照了许多相。如要了解以前的情况你可以去找瓦窑村的刘凤堂，他可能会知道。”其中一位顺手指给出方向：往下走右拐就是宝台山。走下街尾再右拐，就是棕皮营村。有位老乡手指第二道大门说：“这就是你要找的响应寺了。”

此时的大院内已无寺庙的痕迹可寻，寺院原有的大殿，东、西厢房早已被拆除。倒是院内墙壁上镶嵌着一块署“大清嘉庆年闰二月初十五日立”的《响应寺分田合同碑记》还是原物。笔者于是知道，这就是 1938 年底，时任国立中央研究院历史语言研究所所长兼北大文科研究所所长的傅斯年先生，将史语所从城内青云街靛花巷 3 号疏散到“响应寺”的旧址了。

出院门，笔者遇到该村金正发老人，与他说明来意，老人回忆说：“日本飞机炸昆明时，云大附中的女生全都住在响应寺内，那时我家还为一些女生来洗过衣服。前些年从北京来过几位原附中的女生，是从城里专门来看她们过去住的地方，因寺院变了，她们找不着，倒认出了我。金汁河边这棵老树是过去女生们傍晚乘凉常坐的地方。”

老人随即带笔者去看一间老屋，老屋原为两大间，现仅存一间。老人说："过去见这两间屋内堆放着的都是书。"笔者立即意识到，这可能就是当年傅斯年先生为了史语所10多万册善本书不受毁坏而奔波并付出心血营造的藏书库了。

棕皮营响应寺，原史语所旧址

从老屋处出来，已有10多位男女村民围着与笔者交谈，并传看带去的信封，当看到60年前写有他们本地村名的信时，都感到新奇。有一位年近70岁的陈惠英老人说："你这信封上写的龙泉镇宝台山，过去有好多排平房，我小时候读书时去玩过。"老人又指着一红砖房说："那里原来住过一家姓'查'的，我跟他家很熟悉。"

寻访后不久，笔者读到2000年《云南文史》第四期所载《旅滇杂记》一文，作者为查阜西先生。文中有："新居为中研院傅孟真借村人赵氏地所筑。"笔者立即觉得，陈惠英老人所说住有一个姓"查"的，极可能就是著名古琴专家查阜西先生的旧居处。为此，笔者专门去请教云南省文史馆的李瑞先生。

笔者和陈惠英老人在响应寺后院交谈
夏春涛摄

在李瑞先生家，笔者将到龙头村寻访名人旧居的情况及陈惠英老人之说告诉李瑞先生。李先生听后说："查阜西先生非常了不起，他那时是欧亚航空公司主任秘书、国民政府的中央航空公司副总经理。1949年11月受周恩来总理委派到香港去策反‘中央中国航空公司’起义，带回了千多名航空人员和12架民航机。中华人民共和国成立后任中国音协副主席。他的儿子查克承，现为福州知名律师。2000年还到过昆明，曾专门去呈贡龙街、棕皮营访看他家住过的房子。在棕皮营时，由于原住房已拆变样了，又未找到过去的知情人，故未看到。查阜西先生《旅滇杂记》的稿件还是我送到文史馆的。”

2001年10月3日一早，笔者与夏春涛、李瑞先生再次去龙头村探访名人故居。

到棕皮营时，雨正下个不停，村里很少有人过往。行至村尾85号遇到了龚琴珍老人，笔者向她打听抗战时有关名人旧居的情况时，老人回忆说：“我家对面是段连成家，他家过去是云大附中的老师食堂。围墙下面是顾彪家的花园。”顾彪家正是要寻访的梁思成旧居，老人热情地叫孙媳妇带路去看，叫开大门进园一看，有许多嫁接的茶花及各种盆栽花卉很是耀眼，右边一排平瓦房便是梁思成、林徽因自行设计建盖的旧居了。梁思成先生旧居已被官渡区文化局于2001年挂牌列为“待定文物”。梁思成先生建盖房屋的用地是该村李荫村家的。李荫村曾于1919年与苏鸿纲、徐嘉瑞先生等8人共同发起创办了昆明私立“求实中学”，李荫村先生也曾为昆明的中等教育作出过贡献。梁思成先生认识李荫村先生莫不与文化有关。

中饭后至瓦窑村刘凤堂老人家，李瑞先生早与刘老相识。李瑞先生介绍说：“前不久，云南省电视台摄制的《盘龙江的故事》每集主题歌都是刘老唱的。”刘老动情地说：“我现在又写了《保护母亲河》及《数说老昆明》。”刘老多年来对当地的文化事业做了不少工作，在龙头村一带算是一位有影响的人物。当听笔者说明来意后，便与笔者一起去找上次来棕皮营认识的陈惠英老人，去看查阜西先生的旧居。

至查阜西先生旧居处（现棕皮营36号），陈惠英老人指着门前那口水井说：“我那时提着个小桶跟母亲就是打这口井的水送到查家，他家的儿子，记得叫查克承，那时常与我们在一起玩‘躲猫猫’‘官兵拿贼’的游戏。”

查阜西先生的旧居，原是傅斯年先生用该村村民赵崇义家的地建盖。傅先生于1940年底随史语所迁往四川南溪李庄镇，该房由查阜西先生继住。查先生于1943年底又邀联大著名教授游国恩先生搬来同住，分给游先生一大一小两间房，两家共用一个厨房。对此游先生写了《移居龙头村》诗作。查先生的旧居同时也是傅斯年、游国恩先生的旧居。

修复前的梁思成、林徽因故居。从左到右依次为当时看房者陈立言、李瑞 夏春涛摄

由陈惠英老人母亲的挑水一事，忽然想起史语所、云大附中女生是否也吃这口井的水？陈惠英老人指着一道旧大门说：“这里原是响应寺后院，里面也有口井，现在还使用。”笔者与夏春涛随即推门进院看井。院内有一女同志赵竹英正磨着豆腐，向她说明来意，她立即说：“我家老房子住过一位王校长，叫王力。前两年王力的儿子王其麟找到我家说，他受母亲之嘱，要他到昆明时一定要去看看二爹、二婶。王其麟所说的二爹、二婶就是我的父母亲。王其麟看过他家过去住的老房后，走时还留了一张名片，并说你们如果到北京就来我家。”

听赵竹英一说，大家很是激动，便请她带笔者去看王力先生的旧居（现棕皮营 43 号）。老房为土木结构，两层楼，现保存完好。这就是王力先生于 1942 年写出极受欢迎的小品文《龙虫并雕斋琐语》前半部《瓮牖剩墨》的简陋斗室。1993 年中国社会科学院出版社再版该书时，王力先生在新序中对此旧居作了感人的叙述：“1942 年，我因避敌机空袭，搬到昆明远郊龙头村赁房居住。房子既小且陋，楼上楼下四间屋子，总面积不到 20 平方米，真是所谓‘斗室’。土墙有一大条裂缝，我日夜担心房子倒塌下来。所以我在这个农村斗室里写的小品就叫《瓮牖剩墨》。1943 年我兼任粤秀中学校长，搬回城里，住在这所中学里，房子虽然仍旧陋小，但是比龙头村那房子好多了。”

看完老屋，赵竹英又对笔者说：“过去那些人的旧居，我大哥赵福昌更了解。”她随即拨通了大哥电话，交笔者与他通话。赵福昌说：“过去我与闻一多的儿子闻立鹏是同学。记得有位姓钱的教授过去住在段云书家，还有一位叫陈康的教授也在我们村，具体在哪家住，现在记不得了。”

告别了赵家，刘凤堂、陈惠英又带路去段云书家（现棕皮营 71 号），主人段琼香老人说：“段云书是我大哥，前几年将老房拆掉，盖成现在的新房，老房是抗战时我母亲范以珍让一位姓钱的在我家地上盖的。”据此，现棕皮营 71 号应是西南联大政治系著名教授钱端升先生旧居无疑了。

出了段家，陈惠英老人又叫笔者到棕皮营 69 号张一农家看看，她边走边说：“张家过去也曾住过些人。张一农是我们村最有文化的人，前些年过世了。到他家对你们要寻找的人可能会有些线索。”进到张家，经陈惠英老人提醒，张一农的儿媳妇找出一本日记交给笔者看，这是张一农亲书的《自传》，当翻看到第 9 页时，不由让人一惊。张一农写道：“1939 年，日寇侵略战争日益疯狂，我国沦陷区日益扩大，伪中央研究院历史语言研究所疏散到我村响应寺，眷属有的租住民房，有的自己出钱盖房子。我家空地上，也由李方桂盖了五间平瓦房，订期四年，期满无条件收回。”

正面的五间房就是与赵元任、罗常培先生一样，同为我国著名语言学家的李方桂先生自建的旧居。李方桂先生当时为史语所的研究员，1939 年与傅斯年先生一起随史语所迁往响应寺。1940 年底又随史语所迁往四川南溪，至此才离开昆明。1948 年，李方桂先生被选为国民政府中央研究院院士。

张一农的《自传》为梳理抗战时期疏散到龙头村一带的名人的住房情况，提供了宝贵的第一手资料。

出了张一农家，天已近黑，仍下着小雨。为寻访到一些至今还鲜为人知的名人旧居，大家兴奋不已！ 70 多岁高龄的李瑞先生竟也忘了累。遗憾的是，因年事久远，像汤用彤、陈梦家、金岳霖、陈康等联大著名教授的旧居，还未能找到，只有留待下一步再去细致寻访了。

李方桂院士及家人的龙泉不了情

李林德博士是美国加州州立大学海华分校民族人类学系教授、亚洲研究所教授、中国演唱文艺学会理事。李林德博士的父亲李方桂先生（1902—1987），是山西昔阳人，曾任中央史语所研究员，1948年被选为中央研究院院士。那时，李方桂、赵元任、罗常培先生被称为我国三大著名语言学家。

初返

李林德博士第一次来昆明“寻根”是2002年7月。那一年，她去北京等地参加父亲李方桂先生100周年诞辰的纪念活动。7月29日，她到达昆明寻访她家在抗战时期居住过的龙头村。在云南师范大学文学院陈慧教授的帮助下，第二天她们一行来到龙头村，多方寻找1939年她父亲自建的砖瓦房，最后求助派出所，在民警的热情接待下找到村委会，顺着龙头村、棕皮营、瓦窑村一带遍寻走访无果。

当李林德看到宝台山上的弥陀寺、棕皮营村边的金汁河时，她动情地回忆说：“当年我妈妈要我去叫爸爸回来吃饭，就是出门顺着小路上山，去寺院（宝台山弥陀寺）里找父亲的。我家的门外，顺着田埂走不远就到了梁思成伯伯家。我们姐弟俩与梁伯伯家的儿女经常在一起玩耍。那时我们站在金汁河边就能看到黑龙潭。父母亲带我们去黑龙潭玩，就是沿着村边的小路走去的……”

离开龙头村时，李林德博士高兴地说：“60多年前我家随史语所离开这里。今天重游故地，虽然未能寻访到父亲自建的老屋，但看到这里的蓝天白云，又吃到了这里的米线，也算是寻到了根！”

缘起

2002年8月20日，笔者翻阅过去的报纸时，看到《都市时报》上刊载陈慧的文章《寻根》。因文中提及美国加州大学教授李林德博士从美国来昆明龙泉镇

李方桂一家在龙泉镇棕皮营村的自建房

寻访她家的旧居，带着遗憾而归的叙说。笔者便去《春城晚报》找副刊编辑郑千山先生，询问《寻根》一文的作者陈慧的有关消息。郑千山读完此文说：“陈慧是云师大的教授，托云师大朋友即可找到。”郑千山立即打电话到云师大友人处打听到陈慧家的电话号码。

记下电话号码后笔者对郑千山说：“2000年夏，我带着联大时期的一些书信，亲自去寻访抗战时期为避日机轰炸而疏散到龙泉镇上居住的名人旧居。当我出示写有‘龙泉镇宝台山北大文科研究所’的书信向上了年纪的人询问时，都说不知有过这个单位，但围看的人对写有他们熟悉的地名却感到亲切。当我向他们简略解释后，也让他们为龙泉镇在抗战时的显赫声名感到自豪。同时也在此时认识了棕皮营的陈惠英、赵林以及瓦窑村的刘凤堂等老乡。”

2001年10月3日，笔者邀老同学夏春涛、李瑞先生一道再次到龙头村寻访名人旧居。在张一农老人亲书的《自传》中找到线索：张家空地上，由李方桂盖了五间平瓦房。现在面对张家正大门的这五间房就是李方桂先生自建的老屋。门窗上镶有玻璃，可以说在当时是比较时新的房子了。夏春涛当即拍了照片。

笔者恳切地对千山说：“我尽快把寻问龙泉镇名人旧居的情况写成文章。由《春城晚报》刊载，以便让李林德博士早日知道她父亲自建的房屋现在还完好无损地存在，让她来昆寻根，并高兴而归。”

笔者当晚即与陈慧教授通电话，告诉她李方桂先生的旧居情况，陈教授听后高兴地说：李林德博士带着遗憾的心情早离开昆明了。她将立即电告李林德博士这一好消息！并说待报纸出来要笔者给她一份，她再寄给李林德博士。

此后，李林德博士知道她家的旧居还存在的消息后，将她从昆明回美后写的一篇《在一个凉爽的地方——先父李方桂先生（1902—1987）百岁冥诞·忆往事数则》一文，于 2002 年 8 月 29 日寄陈慧教授处转赠给笔者一份。

安居

李林德博士对童年居住龙泉镇棕皮营村时的往事回忆说："'去叫爸爸吃饭啦，去叫爸爸……领弟，上山叫爸爸吃晚饭！'妈妈嗓音带火，连连催着我。虽然有女佣打下手，妈妈总是亲自掌勺，从买、摘、洗、切、调料，最后下锅，忙了一下午，饭都上桌了还不见人影，难怪她冒火。

"'嗳……就去'。六岁的我，一蹦一跳地朝着艳红的落日往院子外头跑。那个时代农村没有路灯，可是云南乡下农民有个习俗，傍晚在田坎交界的地方点三支香，一方面敬鬼神，一方面给人指路，于是我顺着若隐若现的红香头向龙头村外一片稻田对面的小山上（宝台山史语所住地）走去。到了办公室，看见父亲叼着香烟，坐在书桌前面的一把一动就吱吱发响的藤椅上，眼镜推到额头上面，还在就着黄昏最后的一线光看书。

"'爸爸吃饭啦！不回去妈要生气了。'

"'哦'……他继续看书，我说了两三次，他'哦'了两三次，继续看书。我从他腋下蹭到他膝盖上坐好，拿起一支铅笔（抗战时期铅笔算是贵重的用具）趴在书桌上胡乱地在一张纸上画画儿，父亲往后仰一仰，把看的纸张挪到我背后继续看，父女俩直到天完全黑了才手拉手回家，父亲迈一步我奔两步地趁着月光下山。

"到家当然一起挨骂！妈妈一边埋怨，一边把灯芯捻子拨亮一点，一边张罗热饭热菜。看到父女俩把亲手做的菜肴都吃个干净，脸上才带着得意的神情叫人收拾碗盘。那是 1939 年，我们一家从美国回到战乱的祖国，到了昆明城外的一个地图上都找不出来的小村'龙头村'（现称龙泉镇）住了下来。

"父亲早在 1929 年就是国民政府中央研究院史语所语言学组的研究员。史语所从南京迁移到这个偏僻的地区来，是为了躲避日本飞机轰炸，保护考古发掘出来的文物和田野调查得来的语言资料。那时候龙头村是个很闭塞的农村，和现在已经规划到昆明市郊的龙泉街（云南话“街”读“该”）大不一样。

“这个小村坐落在稻田起伏的山峦之间，我们住的是夯土墙的瓦屋，下雨时上漏下淹。烧的是禾梗、干树枝，因潮湿而产生的烟呛得鼻涕眼泪流。没有报纸，不知道国家大事、世界大局。天天听天上有没有飞机，看看是中国的还是美国的，还是敌人（日寇）的。没有商店，买吃的就是每四五天赶一次集，或者自己种、自己养。我们房子前面就是一片菜园子，菜园子旁边还有个小屋养着鸡、鹅和一只修短了翅羽的野雉鸡。

“这个小村虽然简陋、落后，可是战争却给它带来了意外的文明。今年夏天（2002 年 7 月 29 日）我到龙头村寻访旧居，已拆得无踪无影，却在村委办公室找到一段录自冯友兰《三松堂自序》里面的记录：‘……有些人（指史语所研究人员）就在老乡们屋前屋后空地上盖了简易的房子，同老乡订下合同，将来走的时候，所盖的房子，就无偿归此地主所有，这样龙泉镇就成了当时的一个文化中心了。’”

乐活

“对我们孩子来说，龙头村可是个不错的地方，这儿没有学校，当然就不用上学。每天在妈妈监督之下，背完几首唐诗，写两页大字，就下课了。

“小的时候只听说父亲是个语言学家，并不知道什么是语言学（大概和文字有关系吧）。在我的记忆里，他的办公室在一片稻田对面的半山坡，经常忘记该回家吃晚饭的时间。

“那时我弟弟才四岁，上山叫父亲吃饭就是我的任务，去找他时，他不是在看书就是在写字，但是他那时从来没有问过我和弟弟的功课。

“现在不大能想象没有电冰箱是怎么过日子的，可是六十多年前，中国根本没有这东西。没有冰箱的好处就是吃的东西绝对新鲜，乡下地方粮食蔬菜不成问题，鱼肉就只有赶集的日子才有卖的，平常如要吃点肉类就必须八里、九里地跑到城里去买，或宰杀自己饲养的。注意营养的人家，尤其是注意儿童营养的人家就认为蛋白质食品是天天要给孩子们吃的。当然豆腐也属于高蛋白质的食品，但是豆腐也和肉类一样容易腐烂，所以连豆腐都是赶集日才有得吃。

“可是赶集也得学会窍门儿。母亲和所里的主妇们发现，狡猾的贩子会在抵达集市以前坐在路边，往鸡鸭的肚囊里塞喂细沙石，以增加卖时的重量。如果买了活的鸡鸭回来预备过一天再宰，那鸡鸭不到夜晚就奄奄一息了。因此，要买到活的还必须提早跑到较远的路上去买。

“我们家当然是注意营养的，所以院子里种了随时采摘的蔬菜，还买了小鸡、小鹅，预备养大了下蛋，或宰了吃。第一批小鸡连声音都没吭出来就全被黄鼠狼吃掉了。第二批就天天晚上轰到屋里，扣在筐子底下。等它们长大了一点才关到院子里的鸡房里，可还是有黄鼠狼来袭击，夜里一听见鸡房里有声响，父亲就起床拿着竹竿子去打黄鼠狼。打是没有见他打着过，把它们轰走罢了。久而久之父亲对这群鸡鹅有了感情，早上第一件事就是把鸡和鹅放出来数数，看少了没有，然后喂了才上班去。下班回家时又去喂它们，所以他每天回家，第一批欢迎他的队伍就是鸡和鹅。后来有一只雏鹅长大了，雪白的羽毛，高高的红冠子，变成一只凶悍无比的雄鹅，我们小孩、客人、送菜的老刘，都被它那有锯齿、铁钳一般的扁嘴咬住不放，还把头转过来拧着。它非但不啄父亲，还接过保护家禽的任务。自此父亲再也不用夜里起来打黄鼠狼了……

“1940 年，日本占领了缅甸，通昆明的公路吃紧。跟着日机轰炸昆明，国民政府中央研究院史语所又一度迁移，到了四川宜宾下游的李庄。这又是个地图上找不到的小山村儿……”

以上是李林德博士的儿时回忆，为今天研究抗战时期居住在龙泉镇的名人概况提供了宝贵的第一手亲历资料，让我们加深了对诸多学者们以学问报国所付出的艰辛的了解。

2002 年 9 月 26 日，《春城晚报》刊载了拙文《到龙泉镇寻访抗战时期名人旧居》，文中几张图片为夏春涛所摄，其中就有李方桂先生现存的自建房。笔者将报纸交由陈慧教授转寄给李林德博士。据说，李林德博士看了报纸后，立即认出这就是她居住过的旧居，竟然还保存得那么完好。她高兴地说：“来年一定再到昆明……”

重返

2003年夏秋之交，李林德果然又从美国回到昆明。在陈慧、余斌两位教授的陪同下到达龙头村。为方便寻找到棕皮营村69号，首先请到瓦窑村的刘凤堂先生，在刘凤堂先生的带领下到了张一农家。李林德博士对她60多年前居住过的这五间老屋动情地说："沿途村落、巷道及现建新房较多，周边稻田没有了，大部分环境变样了，但这五间房确是她家居住的。"她又对大家说："发现我父亲的自建房的是你们昆明的陈立言先生！"

李林德博士回到昆明城后的一天上午，请陈慧教授约笔者要见面，不巧笔者一早出门，家人接到电话告知已外出。待晚上七时回到家知道此情，笔者即与陈慧通话。陈慧说："李林德博士下午要来拜访你，因你不在家，联系不上（那时一般人还不用手机），她很遗憾，她明天就飞美国了。"笔者说："我现在是否可以去拜访她？"陈慧即说："你等一下，我与李林德联系后再告诉你。"不一会儿，陈慧来电话告诉笔者，李林德博士明天下午的飞机，她决定明天上午十时来到家拜访。笔者说："我家房屋简陋，还是我去她住地看望她好。"陈慧说："没关系，登门拜访是她们的礼仪。她还要看看你收藏的西南联大学者的书信手稿。"

第二天一早，笔者便与家人收拾房屋。十时前即到菱角塘小区大门口接素未谋面的李林德博士与陈慧教授。不一会儿，一辆出租车在大门口停下，出来两位穿着一般，但一看就气质不凡的女同志，笔者立即认定就是她俩，上前询问，稍年轻点的一位果真是陈慧。进到家，李林德博士即说："这次来昆明寻到了根，要不是你的考察发现，我将终生遗憾！太感谢你了！"

李林德博士请笔者出示所藏书信、诗文手稿，她边看边说："这些墨迹非常珍贵，罗常培、郑天挺、唐兰、朱光潜、吴晓铃等人，我大多认识、见过，他们都是我父亲的朋友。这些学者在战时艰苦的环境下潜心治学，对我国的文化、教育作出了很大贡献。"笔者说："你的父亲李方桂先生也是杰出的大学问家，我对他的学术研究虽然不大懂，但他能在众多的学术大家中入选为中研院院士，其学术地位之高是令人景仰的。"

李林德博士在翻阅中询问了笔者的收藏过程，一再称赞这些遗墨的珍贵，并嘱咐要加强整理和保管。她一看手表快中午了，说：“下午四时的飞机，你们昆明又塞车，只得告辞了，真是看不够啊！”临别又说：“我弟弟是研究老舍的，与吴晓铃先生是朋友。”笔者便将刊载有《老舍在龙头村》一文的《春城晚报》送给她，李林德博士随即送给笔者一张她的中英文名片。

送她俩到大门口时，李林德博士对笔者说：“今后有机会，你到美国来可按名片上的地址来找我。”上车时她向笔者挥手告别时说：“感谢你了，陈老师，再见！”

李林德博士带着对美丽春城、山水龙泉的美好印象和浓浓的乡情回美国去了。她还会再来的，她的家人和子女也还会再来的，因为这里有他们的“根”！有他们对可爱、快乐的老家的，甜甜的、温馨的回忆！还有他们和先辈在抗日烽火中留下的一段重要的人生记忆和时代精神。

老舍在龙头村

1941年8月，西南联大常委梅贻琦先生、总务长郑天挺先生、中国文学系主任罗常培先生由昆明赴四川叙永,看望联大叙永分校师生,并参观一些迁川的大学。

他们一行至重庆时遇到著名作家老舍先生，罗常培先生便将老舍先生介绍给梅贻琦先生，交谈中得知老舍先生身体不适，梅贻琦先生便邀老舍先生到四季如春的昆明旅游讲学，而昆明当时有老舍先生许多已多年未见的老朋友，老舍先生便应允作昆明之游。

8月26日，老舍先生由罗常培先生陪同先乘飞机抵昆明，下榻青云街靛花巷3号北大文科研究所。其间会见了罗庸、章川岛、闻一多、汤用彤、沈从文、袁家骅夫妇等，还到联大作了两次演讲。当时昆明正值雨季无法出游，老舍先生便随罗常培先生沿着盘龙江步行，到为避日机轰炸而疏散至龙头村宝台山的北大文科研究所。那时罗常培先生兼任文科所语学、文学两部的主任。

老舍先生的到来，受到文科所师生们的热情欢迎，并让老舍先生独居一室，老舍先生便开始写作剧本《大地龙蛇》。剧作初稿完成后，他曾邀请文科所师生及住地附近的一些学者对剧本提出修改意见。

老舍先生写作之余，游览了金殿、黑龙潭，动情于盘龙江、金汁河恬静优美的自然景色及当地淳朴的民风，在其《滇行短记》一文中曾作了精湛的叙述。

老舍先生居龙头村时，著名诗人冯至先生也偕夫人特从金殿后山住所前来看望他。其间还结识了一位新朋友，是著名古琴演奏家查阜西先生。老舍先生后来到大理喜洲旅游访问时，就由查先生陪同前往。

老舍先生看到研究生们学习非常用功，而生活却很清苦，临近中秋节时，便与罗常培先生一起掏钱购买食品让他们改善生活。中秋节一早，老舍先生邀一同学极有兴趣地到金汁河钓鱼，希望能有所收获，增加一道菜。结果只钓到二指大的几条小鱼而归。中秋节的菜肴由著名戏剧史学家吴晓铃先生掌勺，吴先生烧出的菜受到老舍及师生们的赞赏。

中秋之夜，明月当空，师生们与老舍先生一起在宝台山上观景赏月，谈古论

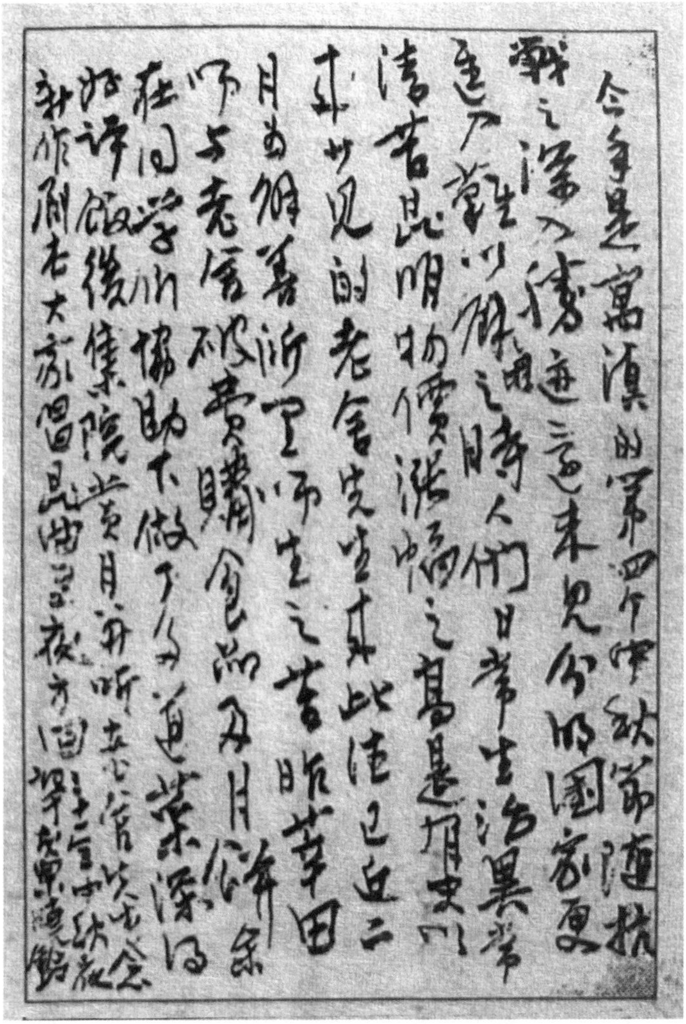

吴晓铃先生遗墨——老舍寓昆过中秋

今、咏诗作对。当年曾与老舍先生在宝台山欢度中秋之夜的研究生、云南大学教授、著名史学家李埏先生与笔者谈起老舍先生在宝台山时的那段情缘说：“老舍先生来宝台山与我们大家都很熟，那 时我们生活很清苦，时逢中秋节，先生与罗常培请大家改善生活，晚饭后一起在院内赏月，有的唱昆曲，直至深夜方散，中秋节后老舍先生就离开了。”

60多年前在龙头村宝台山上赏月的人们，都是我国文化教育界极具影响的人，可以说是在昆明的一次群星集会了。

龙泉之情
——陪李埏教授重游龙泉镇

李埏夫妇与笔者

笔者有幸认识李埏先生。最初是拙文《殷焕先寓滇事迹丛谈》刊载于2001年《云南文史》期刊上。李埏先生看到后，于2002年初的一天晚上打来电话。笔者接到电话。

电话中传来温厚的声音说："我是云南大学的李埏，你是陈立言先生吗？你与殷焕先是同学吗？你怎么知道他在昆明那么多的事？"一听对方是李埏先生，笔者大吃一惊，激动地回答李埏先生："我是你们的后辈，我不知道殷先生本人，只是收藏有殷先生的许多书信、诗词、文稿手迹，很早就想找您老求教，但听说您老年事已高，不敢前来打扰您……"李先生即说："我是通过编辑部的同志得到你的电话号码，今后欢迎你随时前来家坐，我住在云大东院宿舍，原来的云大体育场，你若来，一问人就能找到。"

随后的几年里，笔者不时持所收藏的墨迹向李埏先生求教有关西南联大、老昆明掌故等。亲蒙先生解惑，受益匪浅。难得的是，笔者竟被李埏先生视为"忘年交"。

2005年夏的一天，李埏先生来电话说："想出去到龙头街一带走走，只要不下雨，不论哪天都行，你若有空，请你陪我去，我们打的士去。"当晚，笔者便关注天气预报，得知后几天无雨且为晴天，即与友人商借了一辆微型面包车，与李埏先生约定第三天出行。

第三天早晨八时，笔者到云大东院李埏先生家，先生早就做好出行的准备。八时半出东院大门，经小菜园沿龙泉路过马村时，李先生叫在岗头村时停下来看看。到达时，车停在公路右边，笔者扶先生下车后，问先生是否过马路进村去看？李埏先生说："不必过去了，就站在这里看看。"先生看了周围后说："变了，真是大变样了，一九八几年任继愈先生从北京来昆，我陪他去龙头街时，也站在这里看对面坡上，当年北大一些教授居住的房子也看不到了。周边也没有现在这么多的单位和楼房。”

驶离岗头村，李埏先生又回忆说：“当时北大在岗头村盖了二十多间房，住有蒋梦麟校长，杨振声、雷海宗教授等十多家，蒋校长遇空袭时才来住。罗庸先生也曾在村里租房住过，我到过他家。”笔者说待返回时再进去看看，看能否找到遗留的房舍。李埏先生应允。

不一会儿，车过大花桥，沿丰源路东北面就到了龙头村。进村沿街下到坡中段右转，上宝台山，车停弥陀寺门口。

笔者一行进了弥陀寺，在观音殿转了一圈，李埏先生指着大殿说：“这是史语所的藏书室，我就是在里面看书查资料的。在这里多次见到傅斯年先生。”李先生又指着另一个大殿说：“那里曾住过冯友兰先生，他傍晚散步有时也会走到我们的住地，还给大家打个招呼。”接着又指着观音殿背后面北的小坡旁说：“那里原盖有一排简易平房，就是我们北大文科研究所的住地，每间房住两人，殷焕先、

弥陀寺史语所藏书室旧址 夏春涛摄

今天的棕皮营，梁思成、林徽因旧居俯瞰　田凡供图

金汁水河畔，棕皮营村

抗战时期疏散到周边的诸多文化名人及其家属曾来此乘凉，曾在这棵大树下休闲。

周法高住我旁边，他俩旁边那间住罗常培先生一个人。老舍先生来时，紧靠罗先生旁为他单独腾了间房，供他在里面写作。这些简易房，我与任继愈先生来时就不存在了，但我还存有一张在房前我为同学们拍的照片……”

随后，李埏先生带笔者离开观音殿到弥陀寺北面的山上，站在山边，山下面就是棕皮营村。李埏先生指着下面一大院（今梁思成、林徽因旧居）说：“这座院内一年四季花木茂盛，其中有棵很高大的茶花树，每逢初春，花开得红艳艳的，一大片，非常壮观，吃饭时大家会抬着大碗在这里，边吃边看茶花。我与任继愈先生来时，这棵茶花树还在，怎么现在不见了，茶花位置处却变成一座楼房了？这棵茶花在那时可以说是昆明茶花之最……”

出弥陀寺，来到棕皮营的响应寺。李埏先生回忆说：“寺内的大殿和厢房是‘史语所’的办公处，外文图书室。所里的部分人居住于此，傅斯年先生也在这里办公。我们读研究生时，大多都会到这里看望傅先生，傅先生很和气地与我们交谈，鼓励大家刻苦钻研治学，用学问报效国家……”

金汁河畔，棕皮营村，老舍先生曾多次到过村口金汁河边的这棵大树下乘凉。李埏先生指着这棵老树及河边的石埂说："我们吃完晚饭从宝台山下来散步，不时会走到这里坐下乘凉，在这里的人很多，不仅有'史语所'的先生及家属，还有不少村民。有些近期的消息就是在这里听到的。"今天，这棵树下，仍是人们休闲、纳凉的好地方。

转至棕皮营村36号。笔者对李埏先生说，这幢红砖房过去曾是傅斯年先生的旧居，傅先生迁川后，继住者为查阜西、游国恩两位先生。李先生看后说："王玉哲被录取为北大文科研究所研究生时，就是我陪着他第一次来傅先生家拜望傅先生的，以后还不时来过多次。"李先生还看了棕皮营36号门口那眼水井，他回忆说："这口井有印象，是过去就有的，但井周边的房子不是现在这样的。"笔者即与李埏先生说："傅先生盖房的地是原村长赵崇义家的。我2000年来这里寻访抗战时期名人旧居时，认识了赵崇义村长的后人赵林先生，赵林告诉我，傅斯年先生盖的房屋及院内的树木早就不在了。红砖房是20世纪80年代建盖的。"近年，红砖房被拆除，又翻盖成钢筋水泥的现代楼房了。

离开棕皮营36号，顺村东南方向走到了43号。该房为土木结构的两层楼房，联大教授王力曾居住过。李埏先生看后说："在村上或赶街时都能见到王先生，有时在进城及回来的路上还与王先生同行过，先生知道我们是在读研究生，但未到过先生家。"笔者接着说："王力先生兼任粤秀中学校长时，搬进城住，游国恩先生一家又来继住。"李埏先生即说："那时我已离开宝台山，到贵州遵义的浙江大学扶持恩师张荫麟先生去了。"

随即转至棕皮营69号。进到院内，笔者对李埏先生说："那几间平瓦房是史语所李方桂先生的自建房，是我从房地主人张一农的《日记》里看到并撰文公布的。前两年，李先生的女儿李林德从美国来，经多方人士协助寻找旧居未果。她第二次又来昆明，根据我提供的线索，找到了她家的旧居。李林德先生离昆时，在云师大陈惠教授的陪同下，特来我家，感谢我帮她寻到了昆明的'根'。"李埏先生接着说："李方桂先生是我国著名的语言学家，史语所的研究员，还兼任北大文科研究所的导师，我第一次见到先生是在青云街靛花巷。在宝台山上见先生经常到观音殿看书，有时还到我们房舍来看看，'语学部'的同学跟先生较熟悉……"

离开张一农家，即到梁思成、林徽因旧居。那时房主人顾彪不在家。大家站在大门口，笔者听李埏先生说："读研究生时与几个同学相约，不时会到宝台山周边的村子走走。逢茶花盛开时，进去过院内几次。梁、林二先生知道我们是文科研究所的研究生，见我们进院很热情地打招呼，请进屋内坐。有一次，我们真的进入客厅看了看。我在云大任教时，林徽因先生从四川回昆明养病时住北门街，还见到过她……”听了李埏先生的叙说后，笔者赞叹说：“像先生您这样能目睹林徽因风采的人，现在的昆明，可能不会多吧！”

不觉已到中午。离开棕皮营村，在同行朋友的推荐下，又来到大花桥西，盘龙江边的农家乐吃中饭。坐下喝茶时，笔者向李埏先生求教，那时从城里到龙头街一带走哪几条路？可乘坐的交通工具有哪些？李先生不假思索地说：“有汽车、马车、黄包车、单车，还可骑马，最多的还是以步行为主。抗战前，由北门运动场到黑龙潭的龙泉路；从穿心鼓楼到金殿的穿金路；再由金殿到黑龙潭的金黑路早就通车了，但那时的汽车非常少。大约到 1939 年才有几趟公交车通行到金殿、黑龙潭。车停在近日楼，经穿心鼓楼可以到达。疏散在龙泉镇周边村落的一些老师有时也会乘坐，但非常难等。只有备有专车的人方可直达龙头街。另外就是坐黄包车（人力车）、骑单车。以拉客为主的马车从龙头街进出城，要绕道岗头村，而龙泉路上由于中央机器厂在茨坝，汽车过往频繁，泥土碎石路面破损不堪，坐在马车上颠簸得很，让人难受，故少有人坐。那时候走路，大多从北门街出城，过盘龙江铁路桥；有时从圆通街出小东门经金刀营、羊肠村、司家营；另有一条从小坝沿松堤走。我到落索坡则顺盘龙江边的田间小道过大花桥这条路走。那时到龙头街的路每条都走过。”

落索坡村内唐家祠堂

饭后即到落索坡，在一位村民的指引下找到唐家祠堂。祠堂半已倒塌，屋檐上的彩绘还依稀可见，院内的杂草长得有人腰高。笔者和李埏先生一行站在院里，只见李埏先生目视四周，指着房子西北面说：“吴晗先生家就住这边，楼上南面是先生的书房，我来‘史语所’看书时，先生就让我住在他的书房内，历时一月之久。东北面这边是其他几位先生家住。随后我也经常来看望吴晗先生并向他求教，可以说，这里是我治学成长道路上一个难忘的地方。1940 年秋，吴晗先生因赴西南联大四川叙永分校任教才离开。此后，我再也没来过落索坡了。”李埏先生讲述后，又将照相机交给笔者的朋友，请他为笔者与先生及家人拍照，李埏先生又不舍地看了看大院后说：“我们到浪口村去看看。”

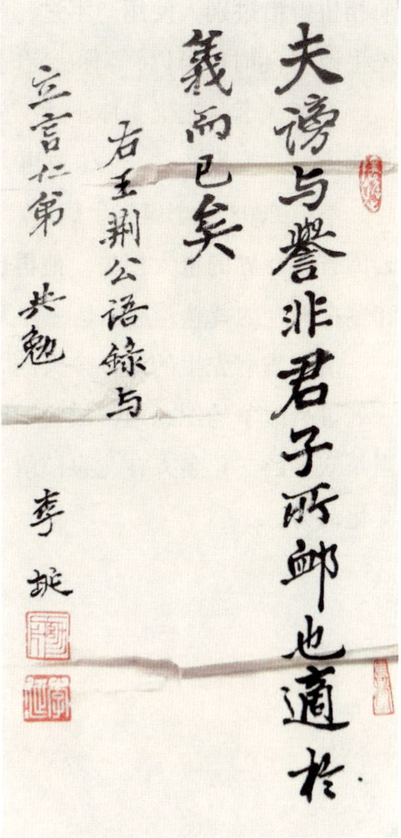

李埏书王安石语录（题赠笔者）

出落索坡西北村口，过公路北就到了浪口村。村子虽不大，但房舍多为新建房，少有老房遗留。先生也认不出他的导师史学家向达先生和顾颉刚先生曾居住过的老屋。经询问过两位中老年人也无结果。大家便离开浪口村返城。今天的盘江边大花桥边，现已为新建小区，原为浪口村，抗战时期有顾颉刚、向达等史学家曾居住过。

在车上李埏先生高兴地说：“今天的故地重游，圆了近年来心头所想的一件大事。回忆过去与今日所见，深感变化之大！今后若与健在的师友通信、通话，我会将今天重游龙泉镇所见所闻的情况告诉他们……”听先生此话，笔者也感到高兴地说：“今天与先生之游不仅让我了解到许多鲜为人知的事，也是我平生最感到有趣的一天了。”

送李埏先生到家离别时，先生说：“改天，我把拍照的相片洗出来，你来家取，留作纪念吧。”

过了几天，笔者去看望李埏先生，才进家，先生就说：“我去马市口国际照相馆找友人冲洗相片，出问题了！经他检查，是相机快门未打开，我才想起，之前相机曾借过别人使用。不过，不要紧，我们再去补照一次吧。”笔者接着安慰先生说:“随时都可以,等你决定时间吧。去了还可到司家营、麦地村等处看看……”

不久，李埏先生身体不适，先后多次住进医院。笔者每次去探望先生，先生都会说：“等我好了，一定要再去龙泉镇补拍照片。”

不料 2008 年李埏先生病逝。悲痛之余，笔者尤感难过的是：先生的去世，是云南省教育界的重大损失。他再也不能为今天龙泉镇的建设提供资政育人的经验和鉴古知今的智慧，这也是一种无法弥补的损失。

值得告慰先生的是，今天的龙泉镇已成为昆明北市区的文化名镇，成为昆明一处抗日战争的纪念地，成为中国西南联大历史上一个重要的章节。李埏先生和当年众多的文化名人在龙泉镇留下的故址遗痕将永远成为激励后人的精神源泉和文化动力。

吴晗与南昌街白果巷

南昌街在昆明市区中部，今南屏街东段北侧。南起庆云街，北至威远街，长251米，宽4.2米，多为居民住宅。明代，这里是一片荒地、水塘。清末，滇剧艺人在此建盖“老郎宫”，后来形成街道，亦称老郎宫。1920年，因其地处小南门，以南边昌盛地之意，改称“南昌街”。

在南昌街中段有条白果巷。巷子西起南昌街，东阻。清代，因巷内种有白果树而得名。巷子长30米，宽2米，巷内均为土木结构居民住宅。

白果巷这条不起眼的小巷，其4号院内曾居住过一位闻名中外的史学家吴晗先生。我们知道吴晗先生的大名，是20世纪50年代从《人民日报》《云南日报》等报纸上看到的。他那时任北京市副市长，主管文教工作。

笔者对吴晗先生过去在昆明的诸多人文、生活轶事有所闻知，大多是在向云南大学著名教授李埏先生求教时获得的。

陋巷小沙龙

1938年，吴晗先生的母亲、弟妹和袁震也先后来到昆明。经友人介绍，吴晗先生在南昌街上的白果巷4号租了整院的房子，大小共10间，楼上有正屋3间。吴晗先生和家人都住在楼下和耳房里，楼上一直是供朋友使用。那时，国民政府中央研究院历史语言研究所、西南联大等先后迁昆，吴晗先生的一些朋友也随之而来。有的一时租不到房子，便到吴晗先生处暂住。著名的文史学家顾颉刚先生，哲学家、史学家张荫麟先生都先后来此住过。

此外，遇有学术活动，吴晗先生总是热情支持，积极参加，常常提供寓所供活动使用。他的寓所因而被朋友们戏称为“陋巷小沙龙”。

吴晗先生在北平时，和一些年轻的史学家创建了一个史学研究会。七七事变后，研究会活动暂时中断。成员中的张荫麟、罗尔纲、孙毓棠……诸位先生都到了昆明，于是研究会又恢复活动，举行年会，并接纳新会员。李埏、缪鸾和、王崇武由吴晗先生介绍入会。1939 年的年会就是在吴先生的寓所举行的。研究会还在昆明《中央日报》上编了一个纯学术性的刊物《史学》，由孙毓棠先生主编。吴晗先生用“燕肃”的笔名，为这个刊物写了一些稿子。

由于日机对昆明的空袭日益频繁，市区多次遭受轰炸，人员伤亡惨重。白果巷位于市中心，可吴晗先生的母亲步履艰难，妻子又卧病难行，根本无法“跑警报”。每次空袭，吴晗先生只好陪着两位女眷闭门静坐，置生死于度外。后来在朋友的帮助下，并得到陶孟和先生的同意，吴晗先生一家才被疏散到昆明东北郊落索坡的唐继尧墓地的祠堂居住。好在居住在祠堂的还有吴先生的好友梁万钟、汤象龙、刘心铨三家。四家人相互照应，还算过得去。

从云大回联大任教

1940 年，日军入侵缅甸，欲取云南。大后方的昆明受威胁，联大决定在四川叙永设分校。吴晗先生即从云大转回联大，被派到叙永分校任教，讲中国通史课。1941 年 9 月，叙永分校结束，师生又回昆明。吴晗先生返昆前，给李埏先生来信，嘱咐其先为他租房子。李埏当即在浪口村租了 3 间房。吴先生到昆后，因夫人需要在城内就医，结果竟未能去住。据李埏先生回忆说：“吴先生还想在原先的南昌街一带租房。后因教学不方便，才租住在府甬道。等联大在西仓坡的教职工宿舍盖好后，我们就搬去那里住了。”1946 年，西南联大复员北返，吴晗先生也离开了昆明。

今天，白果巷已经消失了，但吴晗先生等人在昆明留下的足迹却令人难以忘怀。

第三章

西南联大人的旅迹

滇缅路途历艰辛

西南联大在昆8年，经常派教师到全省各地不同学校兼职任教或从事学术考察。这对云南文化教育事业的发展作出了巨大的贡献。当时云南交通极不发达，直通缅甸的滇缅公路已算得上当时最标准的一条“战略公路”了。因此检读联大历史，不少著名学者都曾在这条路上留下过艰难跋涉的足迹和独特的感触。

中华人民共和国成立后的第一批博士生导师，南开大学著名教授王玉哲先生从北京大学毕业后，1943年9月，他应聘赴大理喜洲任教。王先生致书昆明的师友，记写了与滇缅公路的一段有趣的轶事。

据王玉哲先生说，当时外出讲课必须自带行李，“挑至西站”上车。王玉哲先生乘坐的车“因久未开行，机械多损，途中天天抛锚，每日只能开行一二钟头”。因而第一天从早到晚居然只开到昆明附近的“车家壁”。行车十余日至凤仪，又突遇“轮胎爆炸，寸步难行”，王玉哲先生一行只好先雇

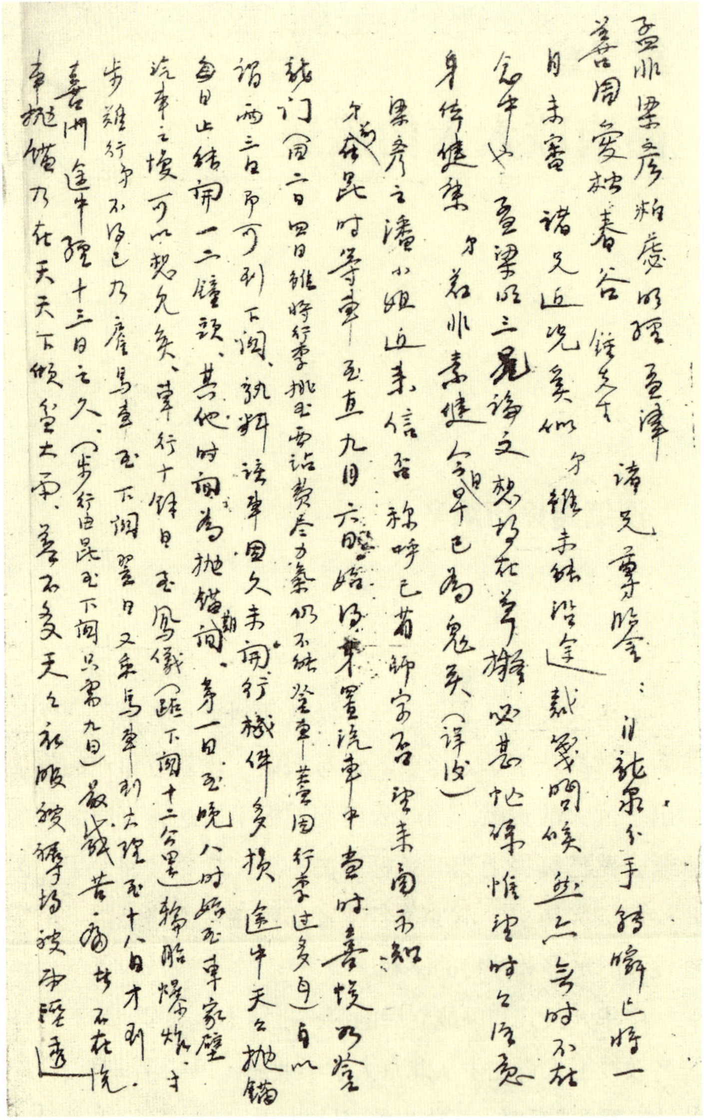
孟卿 梁彦 炳忠 明理 孟津
善国 爱松 春谷 诸兄台鉴：自龙泉分手转瞬已将一
月，未审 诸兄近况奚似？弟虽未能沿途写信问候，然亦无时不在
念中也。孟梁所云毕业论文想均在着手撰写中，甚忙碌，惟望时时注意
身体健康。 弟若非素健今日早已为鬼矣（详后）
梁彦之潘小姐近来信否？称呼已着师字否？望来函示知。
弟离昆时等车至直九日，六月二日始得乘置汽车中，当时喜悦不可言
状。门（因二日四日虽将行李搬至西站费尽力气仍不能登车，善国行李过多自以
谓西三日即可到下关，孰料该车因久未开行机件多损，途中天天抛锚，
每日必须开一二钟头，其他时间为抛锚时间。有一日至晚八时始至车家壁，
该车之坏可以想见矣。草行十余日至凤仪（距下关十二公里）轮胎爆炸，寸
步难行，更不得已乃雇马车至下关，翌日又乘马车到大理至十八日才到
喜洲，途中经十三日之久（步行由昆至下关只需九日）艰哉苦哉，尤不在此，
车抛锚乃在天天下倾盆大雨，差不多天天衣服被褥均被雨湿透

马车至下关，次日又改骑马才到达大理。据王先生说，从昆明到喜洲步行只需 9 天左右，但他乘坐的这张“老牙车”却足足折腾了 13 天！

不但路难行，而且行路难。据王玉哲先生记载，这辆坐人的“老牙车”居然不防雨水。13 天的旅途几乎天天下雨，因此“差不多天天衣服被褥均被雨湿透”。只好停车休息时到店内将衣服用火烘干，同车不少人因此生病。王玉哲先生虽然没有被雨淋病，但却未摆脱旅途的另一种“劫难”——拉肚子。车到“大旧庄”，王先

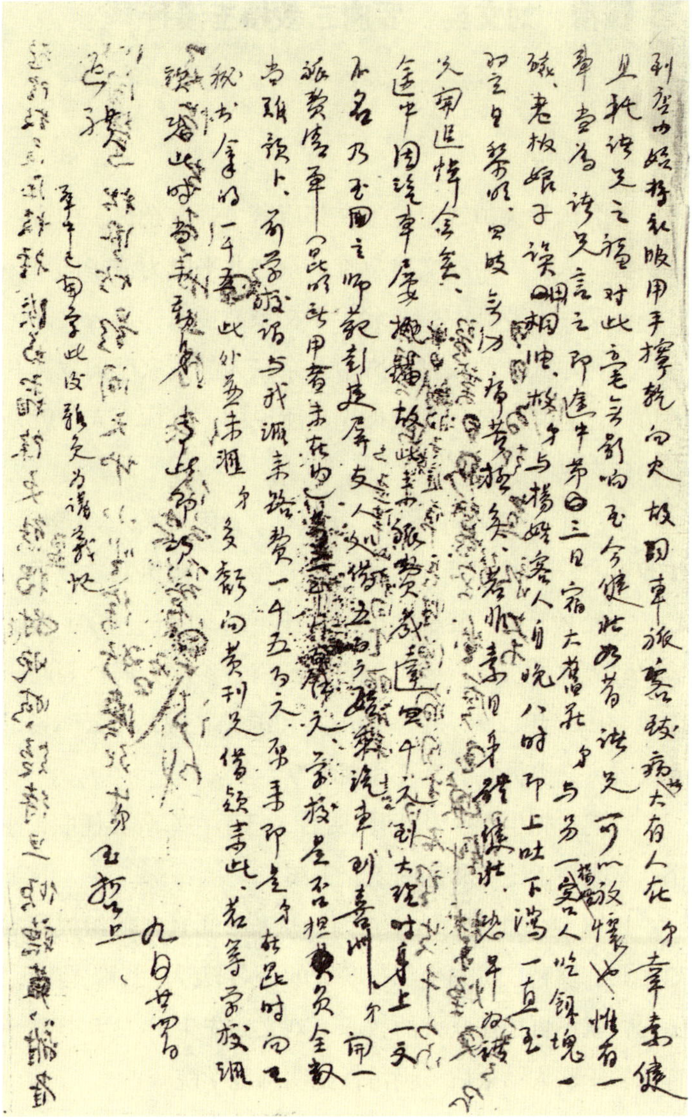

王玉哲致殷焕先的信札

生与另一旅客到馆子吃饵块，粗心的老板娘误将“桐油”当猪油，导致他们二人“自晚八时即上吐下泻，一直至翌日黎明”，王玉哲先生诙谐道：“若非素日身体健壮，恐早为诸兄开追悼会矣！”

现在王玉哲先生若能重游故地，上午从昆明出发，中午定能在喜洲品尝到民族风味佳肴。点灯用的“桐油”早已废弃，再也不必担心与猪油相混了。

钱穆、刘文典、罗庸三教授玉溪行

著名国学大师钱穆先生在其所著《师友杂忆》中说："时西南联大旧同事留昆明者二人，一为刘文典叔雅，余在北平时为清华同事……及南下，又与晤于蒙自……又一人罗膺中，乃北大中文系教授，亦留云大。（罗庸先生留在云师大）有一退休军人，约叔雅、膺中及余三人赴其家度旧岁。其家在昆明湖（滇池）之南边，已忘其地名。"钱穆先生所说的"退休军人"就是云南讲武堂的教官——李鸿祥先生。

李鸿祥（1879—1963），字仪廷，云南玉溪人。日本士官学校毕业。同盟会员。1909 年回国，任清新军七十三标管带、云南讲武堂教官。与蔡锷等策动昆明重九起义，光复云南。旋率师援川，任第二梯团长，戡定川乱。回滇后历任第一师师长兼政务厅厅长，云南民政长、云南省参议会议长等职。护国时期赴北京、广东等地。1931 年回滇。中华人民共和国成立后，任云南省军政委员会委员、云南省人民委员会委员。著有《杯湖吟草》等。

李鸿祥先生 1931 年回昆明后，已不在军政界任职，主要从事地方文献研究工作，常来往于昆明和他的老家玉溪。

1938 年，北大、清华、南开从长沙再迁昆明组成国立西南联合大学。钱穆、刘文典、罗庸三位先生都是联大的著名教授。钱穆先生因家事于 1939 年 7 月离开昆明，就不再担任联大的教职。刘文典先生 1943 年任教于云南大学，罗庸先生一直任教于联大结束后，仍留任昆明师范学院。

刘文典、罗庸先生在昆明时结识了很多云南各界的名贤，李鸿祥先生便是其中之一。刘文典先生受李鸿祥先生之邀，曾为《重修玉溪大桥记》撰文，语有"玉溪县西陲大邑，南服隅区，四会五达之庄，重关层峦之地。碧鸡仙宇，西分井路之光；金马名区，北揽昆明之胜。提封百里，闾阎万家。丹岩四合，晴岚与皎日争辉；碧水千寻，琴影与青霞竞丽。信乎英俊之城，绂冕所兴，原隰龙鳞，山川风峙者矣……"此文生动地描绘了玉溪的地理位置、山川形胜、城镇的繁华，称玉溪是人才荟萃之地。另有一篇《李仪廷将军七旬寿序》，两文均被收入《玉溪文征》卷五。

1944年7月，罗庸先生应李鸿祥先生之嘱，为其友人玉溪名士严仲良的诗稿《仲叟诗存》写序。罗庸先生称严仲良："以诗人敦厚之衷，当群盗凭陵之会，痛邦国之殄瘁，哀民生之多艰，远识孤怀，隐忧莫诉，则一一皆寄之于诗。"严仲良是清末举人，做过湖北长阳县知县，民国初年任众议员，后隐居北平，以卖文为生，1927年病卒。《仲叟诗存》及罗《序》已收入《玉溪文征》卷二。1946年，罗庸先生又为玉溪中学写了校歌：

杯湖之水澄而深，灵照禅光耀古今；数滇中风流文采，吾乡人物重南金。曰唯我校，栋宇嵚岑，师儒敦肃，髦士如林。博文兮约礼，讲艺兮弦琴。先忧后乐希前哲，温故知新惜寸阴。喜今朝滋兰九畹春风暖，待看取桢干千章夏木森。

校歌歌词古朴典雅，音韵协调优美，由西南联大的张清常先生谱曲。西南联大校歌亦为罗庸先生作词，张清常先生谱曲。联大校歌与玉溪中学校歌可谓珠联璧合，是联大两位先生留在云南的珍贵词曲之一。

西南联大等迁滇大学于抗战胜利后，陆续复员离去。昆明的社会贤达于乃仁、于乃义昆仲有意捐资兴学，创办私立五华学院。于乃义知道云南大学的李埏先生师从钱穆先生已久，且感情深厚，便托李埏先生代为致意，邀请钱穆先生来昆讲学。云南大学文史系主任方国瑜先生闻之，也托李埏先生代为敦请。最后决定由两校合聘。

钱穆先生因素爱昆明的气候及景物，又感于李埏先生的高谊及于、方诸先生的诚意，遂同意南来。于1946年10月初飞抵昆明。钱穆先生还代云南大学、五华学院聘请了李源澄、诸祖耿等先生同时来任教。钱穆等先生的到来，加上原已留昆的刘文典、罗庸等先生，使昆明的学术氛围愈加浓厚了。

钱穆先生因离开西南联大太早，李鸿祥未曾交识，但对钱穆先生的学识是知道的，故在邀请刘文典、罗庸到玉溪游览时，特请刘文典先生代请钱穆先生同游，故有三教授玉溪之行。

三位教授乘汽车到达玉溪时，与李鸿祥有着师生情谊的时任第六行政区专员、保安司令兼玉溪县长严中英先生，亲自出面接待，安排他们住在玉溪名绅郭新民的住宅"文兴祥"，并亲陪三位教授到李鸿祥的故里杯湖村、玉溪名胜九龙池、大寺庵、灵照寺、北城大营涩水井等处游览。

玉溪北城龙马山下的大营，有一涩水井，是天然的矿泉水。取水加红糖、玫瑰糖一泡，饮之清凉，独具风味，被誉为“龙门灵液”。严中英与三位教授共饮，大家无不感到味爽神清，并建议在此建一亭子，供游人休憩。刘文典先生当即说：“亭子便取名‘洗心亭’吧。”可惜建亭的提议并未实现。

严中英先生从小酷爱诗文，当时被誉为“有真性情的诗人”。他对云南著名的滇戏也有同好，知刘文典先生对滇戏也很钟爱，于是在三位教授即将离开玉溪的头天晚上，特在县署安排了一场滇戏清唱助兴。出席者除三位教授外，还有玉溪各界名士近 30 人。演唱已毕，三位教授还谈论良久，言犹不已。

第二天中饭后，三位教授离玉溪返昆明时，刘文典先生有个亲堂兄弟在昆阳县任县长，邀请他们顺道到昆阳游览。到达昆阳后，在吃完晚饭的闲谈中，不免又谈到了滇戏。罗庸先生与刘文典为时任云南大学教授陶光先生与滇剧名角耐梅（张竹英）的婚姻一事，发生了争执，两人争得面红耳赤，各不相让，钱穆先生则从中调和相劝。由于争执而不愉快，第二天他们便放弃游览昆阳名胜，直接返回昆明。

钱穆先生回到昆明北门街唐家花园，待吃饭时将罗庸与刘文典两位先生在昆阳发生争执的情况，讲给李埏先生及夫人听。关于罗庸与刘文典先生在昆阳发生争执一事，是笔者多次向李埏先生求教联大、云大一些教授与滇戏艺术的人文轶事时，聆听李埏先生讲述的。

李埏先生回忆说：“玉溪之行时，罗庸认为陶光作为一个学者不应与耐梅结合。刘文典则认为只要他们相爱就可，不必用世俗的偏见指责陶光的选择，为此两先生争吵到面红耳赤，钱穆先生则从中调和劝解。第二天他们也无兴再留昆阳，便乘船返昆明。那时钱穆先生因有胃病，我便租了北门街唐家花园的房子，由我夫人对钱穆先生的膳食负责料理，在吃饭时钱先生就将昆阳发生不愉快的情况告知我。”

从李埏先生的回忆中，让我们又知道了一段鲜为人知的学者的人文轶事。

刘文典磨黑之行

笔者收藏了一张西南联大刘文典教授在1943年前往磨黑途中留影的照片。这张照片虽然老旧，却勾起了刘文典教授从西南联大转到云南大学的历史往事。

刘文典，安徽合肥人。曾受陈独秀、刘师培的影响参加反清活动，1907年加入同盟会。1913年在日本时，曾任孙中山先生秘书处的秘书。后来在《新青年》任英语编辑。先后在北大、清华任教，1938年辗转至昆明，执教于西南联大。

磨黑，位于云南省普洱市宁洱县以北23公里。1943年，刘文典先生应磨黑大盐商张孟希之邀担任幕僚。此次磨黑之行，让刘文典丢掉了联大的饭碗，却使云南大学拥有了刘文典。

这年春天，刘文典一家3口坐了20余天的滑竿，由共产党员吴显钺、萧荻、许冀闽、郑道津、董大成等陪同，一同到了玉溪，在张孟希的大队马帮护送下前往磨黑。

在磨黑期间，刘文典住在磨黑中学，除每周抽时间给几位老师和士绅讲《庄子》《昭明文选》和《温李诗》，偶尔给学生作学术报告外，多半就待在自己的宿舍。

刘文典先生此行，颇使张孟希高兴，却也很好地掩护了中共地下组织的工作，这也许是他万万没有想到的。

行前，刘文典与蒋梦麟、罗常培打过招呼，但他担任的课程却因此受到了影响。这在联大校内引起不小反响。

7月25日，刘文典给联大常委梅贻琦写了长信，信中有这样的话："典虽不学无术，平日自视甚高，觉负有文化上重大责任，无论如何吃苦，如何贴钱，均视为应尽之责，以此艰难困苦时，绝不退缩，绝不逃避，绝不灰心，除非学校不要典尽责，则另是一回事耳。"

梅贻琦接到刘文典的信后，并没有及时作答。直到9月上旬，才草拟复信，信中有曰："关于下年聘约一节，盖自琦三月下旬赴渝，六月中方得返昆，始知尊驾亦已于春间离校，致上学期联大课业不无困难，且闻磨黑往来亦殊匪易，

刘文典先生一家赴磨黑途中，摄于把边江铁索桥　萧荻摄

故为调整下年计划，以便系中处理计，尊处暂未致聘，事非得已。”对人才爱护备至的梅贻琦常委，此时也只能维护联大的制度了。

联大解聘了刘文典。之后，刘文典受聘于云南大学，任文史系教授，先后讲授《杜诗研究》《温李诗》《文选学》《文赋研究》等课程。1958 年 7 月 15 日，刘文典先生因病在昆明逝世，享年 70 岁。

多年以后，见证人之一的萧荻先生有《关于刘叔雅先生磨黑之行》一文问世，以澄清此行的前因后果与诸般内幕。巧的是，面前这张摄于刘文典去磨黑途中铁索桥上的照片，同样为萧荻先生所摄，不知何故竟流落于昆明旧书摊而为笔者所得。

负笈北京染征尘

李埏先生（右）和本文作者合影

1935年春，李埏先生从云南省立昆华中学高中毕业。一些家庭经济富裕的同学一毕业便到北平、上海补习，以待秋季升学考试。李埏先生因家庭筹钱困难，一时无力出省。到了暑期，云南省教育厅招考保送北师大3名公费生。如考取就给予100大洋的旅费（合滇币1000元）到北平参加北师大的复试；若是考取大学，又每月给予津贴10元，汇水减半10元，共20元。如考不取仍发100大洋回昆。这对于一个大学生而言是颇优裕了，条件则是毕业后必须回云南为教育界服务。当时一般一个人每月吃饭只需7元大洋就够了。李埏先生幸运地考取了，于是负笈取道越南，经中国香港、上海赴北平。

听说，从未出过远门的人，沿途一不注意就会被人“敲竹杠”。为此昆明有公办或私办的旅行社办理接送前往上海的业务，较为经济方便。李埏先生未出过远门，准备的费用又较紧，待办好过越南的护照后，便付旅费100大洋，由昆明三市街的“天然旅社”包接送至上海。出发时在箱子上缝了个布条并写上名字，每到一处只能住一个晚上，多住则须加费。

第一天由昆明乘火车至开远，火车离开远一个站时，便有专人上车来接，下车后带往旅社住；第二天早上又送上车至河口，将到河口又有专人来接住越南老街；次日至河内；再次日至海防；然后乘船至香港。所乘的船为人货混装，非常拥挤，途中李埏先生因风浪大而晕船。早上到达香港时，旅行社要李埏先生当日即往上海。李埏先生感到身体不适，支持不了，便加费用多住一晚。这一晚使李埏先生患了“香港脚”（湿气病），到北平时发现脚丫痒并发白，人们告知说是染了脚气。还是前些年到昆明的大医院时才治好的。

由香港至上海途中风浪更大，住在船舱里就像打秋千一样，一会儿向上，一会儿向下，使人难过得受不了，更不想吃东西。李埏先生到上海后一跳上岸就豁然好了，但在上海不敢多停留，怕误了考期，一天后就买了硬座火车票前往北平。到达北平一下火车就雇人力车直奔云南学会。从昆明至北平前后共历时 10 多天。

云南在北平有两个会馆，有家属的都住在骡马市大街的云南会馆，另一个在宣武门外校场头条胡同的云南学会，专住学生。云南学会有《会刊》，介绍各大学情况，通过《会刊》能了解到北平的情况。第二天至北师大交证件报名。和李埏先生一同去北师大报考教育学院心理系的是田汝康，报考理学院化学系的是杨家禾。李埏先生报考的是文学院历史系。三个星期后考试放榜，李埏先生与田汝康考取了。杨家禾未考取，北师大让他在师大附中补习，一年后也考取了。

北师大文学院设在石驸马大街，李埏先生在那里读了两年书。李埏先生到北平后不久，便到清华园去找老乡，参观这所学府。在北平，最为有名的是北大、清华、北师大、燕京、北平五所大学。这些大学的正教授薪水都在400元大洋以上。像熊庆来先生这样有学问又兼清华算学系主任的工资当然更优厚。但熊先生竟肯放弃如此优厚的待遇和让人钦羡的地位回云南任云大校长。在 1937 年夏，云南旅平学会欢送熊庆来先生回滇，他讲话说：

我为什么要离开清华这么好的环境，去那简陋而闭塞的大学？有位朋友对我说：“孟子曰，吾闻出于幽谷迁于乔木者，未闻下乔木而入于幽谷者。你不遵孟子之教，将来必有后悔。”《孟子》我是读得很熟的，这话我也曾想过。但我仍决心回去，为什么呢？

因为我深知：我们云南落后，没有一所高等学府，苦于有志升学的青年都要想方设法，克服种种困难，经历千辛万苦到北平、南京来上大学。这只是少数，更多的可期望有为青年，中学毕业后，因为无法克服的困难，便只好辍学回家。云南要发展，需要大量受过高等教育的人才，只靠出来升学的小部分人，即使都能回去，也是很不够的。那怎么办呢？

我认定，只有云南办好自己的大学，使更多青年易得深造机会，不必舍近求远，才能满足建设的需要。一个青年到北平来，要经过河口、河内、海防、香港、上海、天津；要坐轮船、火车，即使空统舱、坐硬座，来回得花三四百大洋。四年毕业非两千大洋不可，折合滇币就是两万元。这不是一个中产之家所能负担的。假若在昆明上大学，十分之一二的钱就够了。成千上万的青年学子就可以进入大学深造了。但是，要在云南办好一所完善的大学谈何容易，以前是可望而不可即的。现在有希望了。

从这久的反复商洽中我看到，龙志舟（龙云）先生确实下了决心，龚仲钧先生要我承担校长一职也很有诚意。我提出的要求，把教授薪金提高到国立大学水准，扩充学校设备等，他们都应允了，于是我接受职务，决定回去。我是云南人，从事大学教育，敬恭桑梓，惟办学一途。回去办学，筚路蓝缕，势必影响自己的研究工作，但能培养出成百上千的后起之秀，这牺牲是值得的。

熊庆来先生的这席话引起大家的深思。对李埏先生而言，赴北平的艰辛历程，使他受到一次深刻的教育，追忆往事，那次聆教真令他受用一生啊！

李埏先生在北师大两年后，准备转学清华，名报了、体检了，正准备考试时，卢沟桥事起。那天凌晨（1937 年 7 月 8 日），他在宣武门购得一张北平《实报》的号外，其标题为“卢沟桥演习，日军今晨向我军开火，炮火甚烈，我伤亡甚重，双方派员正交涉中；军政局态度均极镇定”。这张号外几十年来李埏先生完好地保存着。当时许多人纷纷南下，他则观望未走。等到日军进了北平，眼看不能留了，才决定南下。

当时尚有火车到天津，但购票非常拥挤，车站人山人海，云南的五个人组成一伙，头天晚上六七点钟时便去火车站排队购票，站了一夜，到天亮才卖票，当时因年轻，李埏先生居然挤到售票窗口前买到票，但买到票后却挤不出来，只好趴在地上从排队人的胯下爬出来。待出来时他的衣服被汗水湿透了，同学们帮他把长衫脱下来，将汗水拧干后给他再穿上。待到进站后，他们几个小伙子从一窗口爬进车厢，才上了车。整个车厢内塞满了人，空气非常坏，气味难以形容的难闻。有个女人对他们说：“我给你们五角钱，让我到你们那里站一会儿吸五分钟空气。”他们就说：“只要你过得来就可以，钱我们不要你的。”结果那女人怎么也挤不过来。到天津时，火车站已被日军控制了。从火车站进入天津市法租界，中间要过“万国桥”（中华人民共和国成立后改名“解放桥”），桥那边有法国兵守着不让进。

李埏先生他们只好高价雇黄包车冲过去，平时车费只需一角，此时要一元。车夫们汇集起十多张车，一起喊着“冲啊！”拉着他们奔跑过桥，守桥法国兵手拿皮鞭抽打着车夫，也无法阻止。待冲过桥后很远车夫才把车停下，他们付钱，然后去找住处。

天津的旅馆都客满了，而且像他们这样的年轻人，即使有床位也不让住，因为怕不交费。那时法租界晚上六时戒严，街上不允许有行人，若有，会被抓起来送到拘留所。他们走到一家大院，见里面有棵大树，即对主人说“我们每人给一元钱，让我们在大树下蹲一晚上”，结果这样都不行。幸好在马路上碰到一个中学时的云南同学,他在一小旅馆有张床位,李埏先生他们三个人便去与他挤了一夜。旅馆内的走道上、地板上到处都睡满了人。第二天买去上海的船票，李埏先生很顺利地买到一张英国船的船票。其他两人则乘别的船离去，他俩把箱子交给李埏先生带，因李埏先生乘的英国船当时是被认为最保险的。

下午四时开船，船行至大沽口未出海时就停下来，原因是出海后吃的由船上负责，未出海时则由乘客自己负责。傍晚有农民上船来卖大饼，平时的大饼一张只卖一角钱，此时却卖到七八角钱一张，不吃又不行，再贵也只好买了。过了一二个小时船才开出大沽口。出海后才知日军已攻打上海，船不能到上海了，只能到山东青岛。

到了烟台李埏先生便下船。次日乘汽车到青岛，然后改乘火车至南京。到火车站一看，驶往南京的列车上到处挤满了人，他想等下一趟车再走，便不急上车，这时车站的站长过来问他：“小伙子，你怎么还不赶快上车？过了这趟车再也没有了。”李埏先生不相信他的话，没有上车。到了晚上果然没有客车，只好爬到一辆货车顶上。车一开动，车顶上的风很猛烈，无法坐着，他便趴在车顶上，两手拉住箱子，到潍坊时真感到受不了，就下车上了另一辆货车。车厢原来是装煤的，车一开动，车厢内煤灰飞扬，快到济南时下起了大雨。李埏先生当时还穿着白衬衫、白短裤，没有办法只好任其脏了。到济南后又改乘到南京的货车，到浦口下车。此时已是夜里十一时了，有人来接客去住旅馆。

李埏先生住到一小旅社，就在车站旁，他们让李埏先生住楼上。李埏先生把东西放好后，出门来到一理发室洗头。但洗到一半时理发师停下来不洗了，说：“头太脏了，若要洗还需再加两毛钱，如果不洗你给两毛钱就走。”李埏先生只好说：

“你洗吧。”理发师边洗边说：“你是上煤的？要不怎么身上、头上尽是煤灰渣。”洗好后回到小旅社，待李埏先生上楼后，店主就把房门锁起来，李埏先生问他怎么把门锁起来？要下楼怎么办？店主说：“你不要下来，你下来我们就不要睡觉了。”待天快亮时听见天上有飞机响，李埏先生就叫起来：“敌机来了。快开门，让我出来！”店主则说：“你不要管，睡你的觉。”李埏先生说那轰炸怎么办？店主又说：“天天都有飞机，那有什么办法！”当时他想这里是火车站，飞机一炸就完了，生死之间人命如一张纸，也不管了。后来才知道，敌机是去轰炸南京，天亮后，李埏先生过江到下关，乘汽车进南京。

到了南京，李埏先生就去云南学会，先到的同乡见他便说：“你来了，赶快走！”李埏先生说：“第一次到南京，要去耍耍玄武湖、中山陵、明孝陵呢。”第二天下午，李埏先生回到下关，买了船票去武汉，上船后只见到处是人，甲板上堆满货物，船已经超载了。没有坐立处，只好爬到船的栏杆边的货物上。船行时一不小心就会掉进江里，他只得把腰带取下来，把自己拴在栏杆上。逃难途中他还很有兴致地欣赏了长江两岸的风光，江面上被太阳照射得像面镜子，长江真是太美了！

至汉口后，李埏先生便过江到武昌，看看武汉大学能否借读。武汉大学规模非常大，校内有好几个山包，每个山包上都有一个学院，可是碰不见一个人，看来也不能上学了，于是只好从武昌上火车赴广州。到了广州，李埏先生住到一位同学家里，同时电请父亲汇旅费来。待接到家里汇款，便立即从广州到香港。

在香港时李埏先生买了一本英文小说，在至越南海防途中，他在船甲板上靠栏杆看这本小说。此时有一位先生在甲板上散步，他过来站在李埏先生身旁问他说：“看样子你是个大学生？”李埏先生说自己是学历史的。那位先生说：“船里坐着一位吴晗先生，是教历史的，我和他就是到昆明云南大学去教书的，你想不想见他？”李埏先生说：“吴晗先生早仰大名，就是未曾见过面，就请你带我去见见吴晗先生吧！”原来这位先生便是文学家施蛰存先生，李埏先生随他去见了吴晗先生。此后与吴晗先生的师生情谊愈加深厚。

到了昆明，吴晗先生在云南大学开《明史》课，李埏先生便借读于云南大学。到了寒假他又回到老家，并邀吴晗先生、施蛰存先生到路南游览了石林。

在路南时，听说过去的生物老师夏光南先生到大理省立师范任校长，他问李埏先生愿不愿到大理任教。一学期后，因西南联大开学，李埏先生便转学到联大。

联大看了他在北师大的成绩单，免试让他转学。

1940 年从西南联大毕业后，李埏先生考取了在昆明的北大文科研究所。在文科所还未通过毕业考试，他的恩师张荫麟先生便在遵义浙江大学患病了，遂召李埏先生去那里协助他工作。他去了，可惜去了不久，张先生便逝去了。将满一年，李埏先生的母亲也谢世了，他回老家奔丧。云大熊庆来校长得知他回滇后，便聘他到云大文史系任教，此后一直在云大工作。

第四章
西南联大人的手迹

闻一多教授金石润例

北京大学出版社1992年4月出版的《北京大学当代学者墨迹选》，书内刊有一幅北京大学已故著名教授浦江清于1944年初，在西南联大为闻一多教授公开挂牌治印撰文，并书写的一帧《闻一多教授金石润例》。全文如下：

秦鉨汉印，攻金切玉之流长；殷契周铭，古文奇字之源远，是非博雅君子，难率尔以操觚；尚有稽古宏才，偶点画而成趣。

浠水闻一多教授，文坛先进，经学名家，辨文字于毫芒，几人知己？谈风雅之原始，海内推崇。斫轮老手，积习未除，占毕余闲，游心佳冻，惟是温馨古泽，仅邀尝于知交；何当琬琰名章，共榷扬于艺苑，黄济叔之长髯飘洒，今见其人，程瑶田之铁笔恬愉，世尊其学，爰缀短言为引，公定薄润于后。

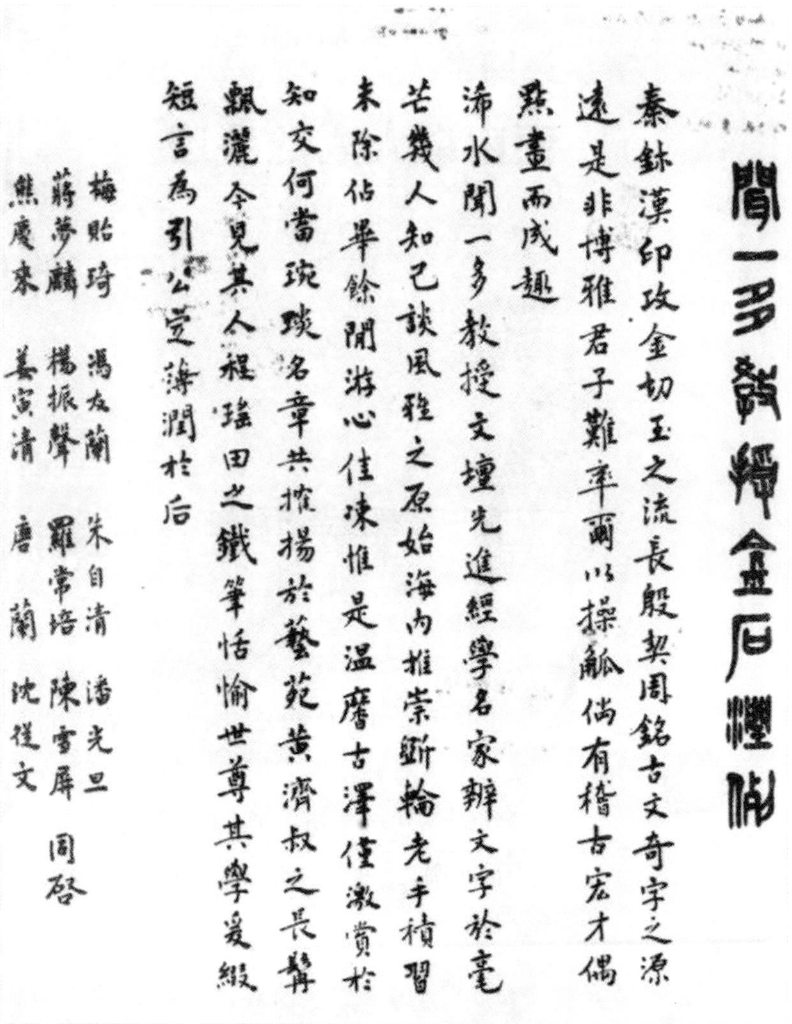

聞一多教授金石潤例

秦鉩漢印攻金切玉之流長殷契周銘古文奇字之源遠是非博雅君子難率爾以操觚倘有稽古宏才偶然畫而成趣

浠水聞一多教授文壇先進經學名家辨文字於毫芒幾人知已談風雅之原始海內推崇斲輪老手積習未除佔畢餘閒游心佳凍惟是溫磨古澤僅激賞於知交何當琬琰名章共推揚於藝苑黄濟叔之長髯飄灑今見其人程瑤田之鐵筆恬愉世尊其學爰綴短言為引公定潤於后

梅貽琦 馮友蘭 朱自清 潘光旦
蔣夢麟 楊振聲 羅常培 陳雪屏 同啓
熊慶來 姜寅清 唐蘭 沈從文

《闻一多教授金石润例》

梅贻琦、蒋梦麟、熊庆来、冯友兰、杨振声、姜寅清、朱自清、罗常培、唐兰、潘光旦、陈雪屏、沈从文同启。

所订润例为“石章每字1200元、牙章每字3000元、边款每5字作1字计，过大过小，加倍。润资先惠，7日取件”。

浦江清教授即兴撰文书写的这份《闻一多教授金石润例》，同时得到了梅贻琦、蒋梦麟、熊庆来等12名著名教授的联名支持。一时轰动昆明。1944年1月18日，《新华日报》特对此作了报道。

那时，云南的物价随着抗战的深入在逐年飞涨。对此，浦江清教授在他的日记中说："留住北门街。此月在北门街宿舍中包饭，每星期两天，即星期四及星期五。余日吃客饭，每餐 10 元。包饭每月 500 元，三分之一为 170 元，饭菜两荤两素，六七人尚够吃，每顿有一大碗红烧牛肉或猪肉，唯米饭不佳。早上是稀饭、油花生……12 月 25 日中午在金碧路南丰西餐馆请唐立庵、罗常培、闻一多、朱自清、许俊斋吃饭。酬谢立庵代余教此半年词选课。每客 70 元，有汤一、小吃一、鸡一、猪排一、水果、面包，果酱另加价，牛油售缺。连筵席捐、小费、纸烟，此餐共费 500 元。但是，当我初来昆明时，南丰西餐不过 3 至 4 元一客，菜多，使人饱得吃不下。今但微饱耳。"

1944 年，昆明的物价更是飞涨到惊人的天价。据有关资料统计，昆明的米价在抗战初、中、后期变动为：中米每公石 1937 年为 8 元 3 角至 9 元 4 角；1941 年为 82 元至 245 元；1944 年为 3300 元至 8830 元；1945 年的 8 月已为 7700 元至 55000 元。就人们日常生活必需的大米涨幅而言，即使是算得上高收入的大学教授也难以支撑，更何况普通老百姓。

闻一多先生八口之家，怎能没有断炊之忧？为了神圣的教育事业，堂堂大学教授不得不勒紧裤带，以卖文、卖物、兼差、打杂添补家用，维持生计，才有可能实现以学问报国的宏愿。

浦江清教授为闻一多教授撰文书写的这份精湛的"润例"，既是一件珍贵的艺术品，又是一份有关抗战时期西南联大的珍贵历史资料。

西南联大教授及其他文化人的手稿与书法

在战火纷飞、朝不保夕的抗战岁月里，物资极其匮乏，联大的学者、教授们以及其他进步文化人，生存困难，有时甚至衣食难保，但他们却临危不惧、傲然挺立，坚持学术交流与研究，留下了许多学术研究手稿和信札。

在这些纸质粗劣、大小不等的文稿、信札中，字里行间流淌着对祖国河山的挚爱深情，散发着对学术研究的执着和精诚，流露着对友人的关切与温情。其情怀广博深远，其精神宏大豪迈。方寸之间尽显风华，不以纸贵，不以饰显，自然之美展示无遗。他们的书信手迹宛如一段无声的历史，向人们诉说着抗战时期一幕幕沧桑的峥嵘岁月。在一页页的素笺之中，大家的风采跃然眼前，这些他们在不经意间留下的书法珍品，弥足珍贵。

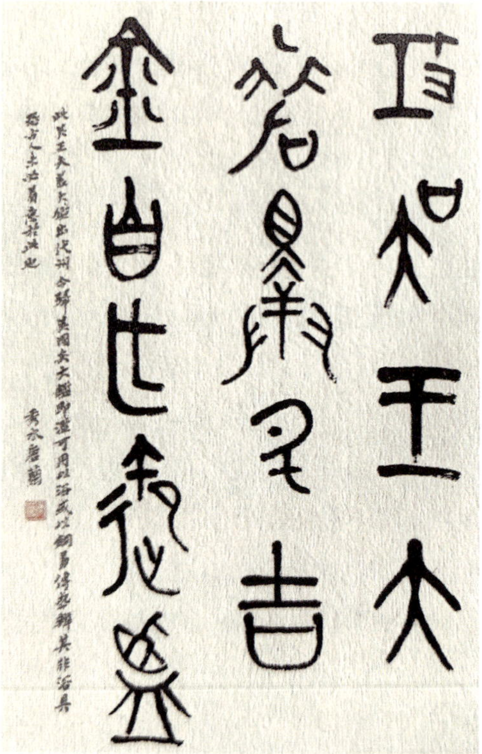

唐兰《吴王夫差鉴》直幅墨迹　潘建武藏

唐兰手稿

唐兰（1901—1979），字立庵，浙江嘉兴人。早年就学于江苏无锡国学专修馆。先后在北京大学、清华大学、燕京大学等校任讲师。1936 年任故宫博物院专门委员。1939 年后，任联大副教授、教授。1951 年后，任故宫博物院研究员、副院长等职。曾当选为中国科学院历史研究所学术委员、北京历史学会理事。1979 年 1 月 11 日在北京病逝。逝世后，被追认为中国共产党正式党员。著有《殷墟文字记》《古文字学导论》等。

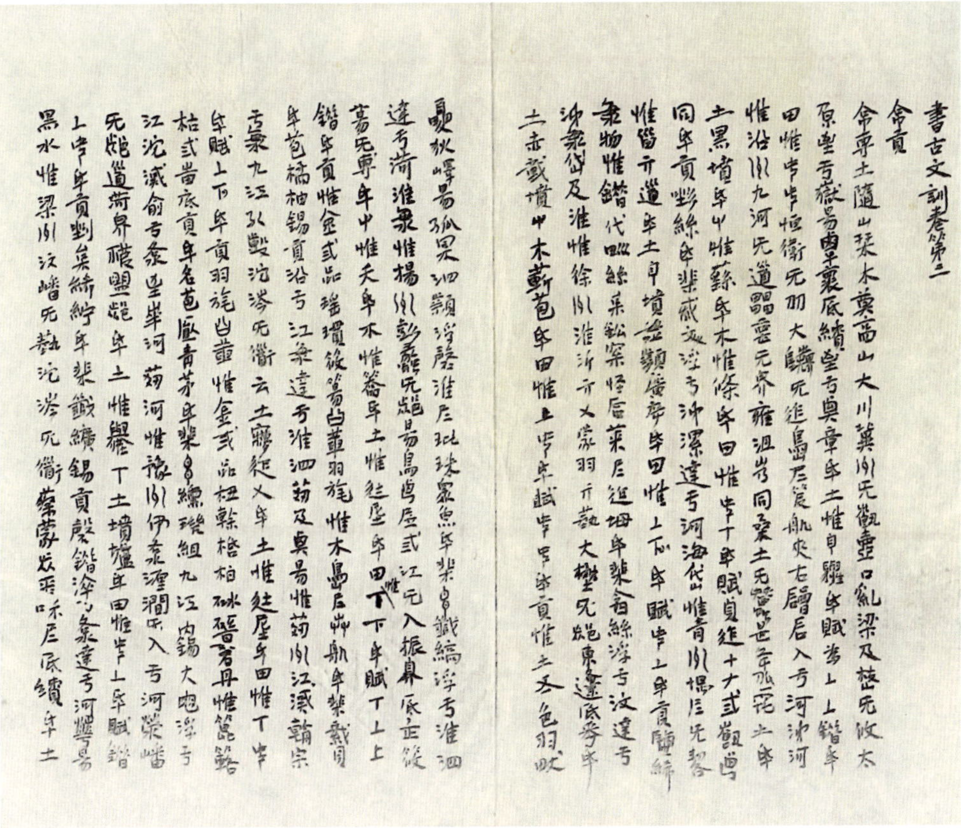

唐兰《书古文训》手稿（局部） 陈立言藏

此书古文训卷墨迹为西南联大中文系教授，我国著名古文字学家唐兰先生早年治学文稿之一，书稿以宣纸十六开页，共四十多页，毛笔书。此书稿墨迹于 2003 年经云南大学李埏先生亲鉴为唐兰先生治学文稿无疑，从书法用笔、结体到内容皆为唐兰物且原藏者殷焕先先生与李埏同为唐兰先生的学生。殷焕先先生与唐兰先生师生情深厚，故藏此册应为常理。故此墨迹为联大学者遗昆重要墨迹之一。

徐嘉瑞致殷焕先信、殷焕先手稿

徐嘉瑞（1895—1977），号梦麟，云南邓川人。中共党员，抗战时期，任中华全国抗敌协会云南分会主席、昆明民众日报社社长。先后在云南大学、华中大学、暨南大学任教。中华人民共和国成立后，历任昆明师院校管会主任、云南省教育厅

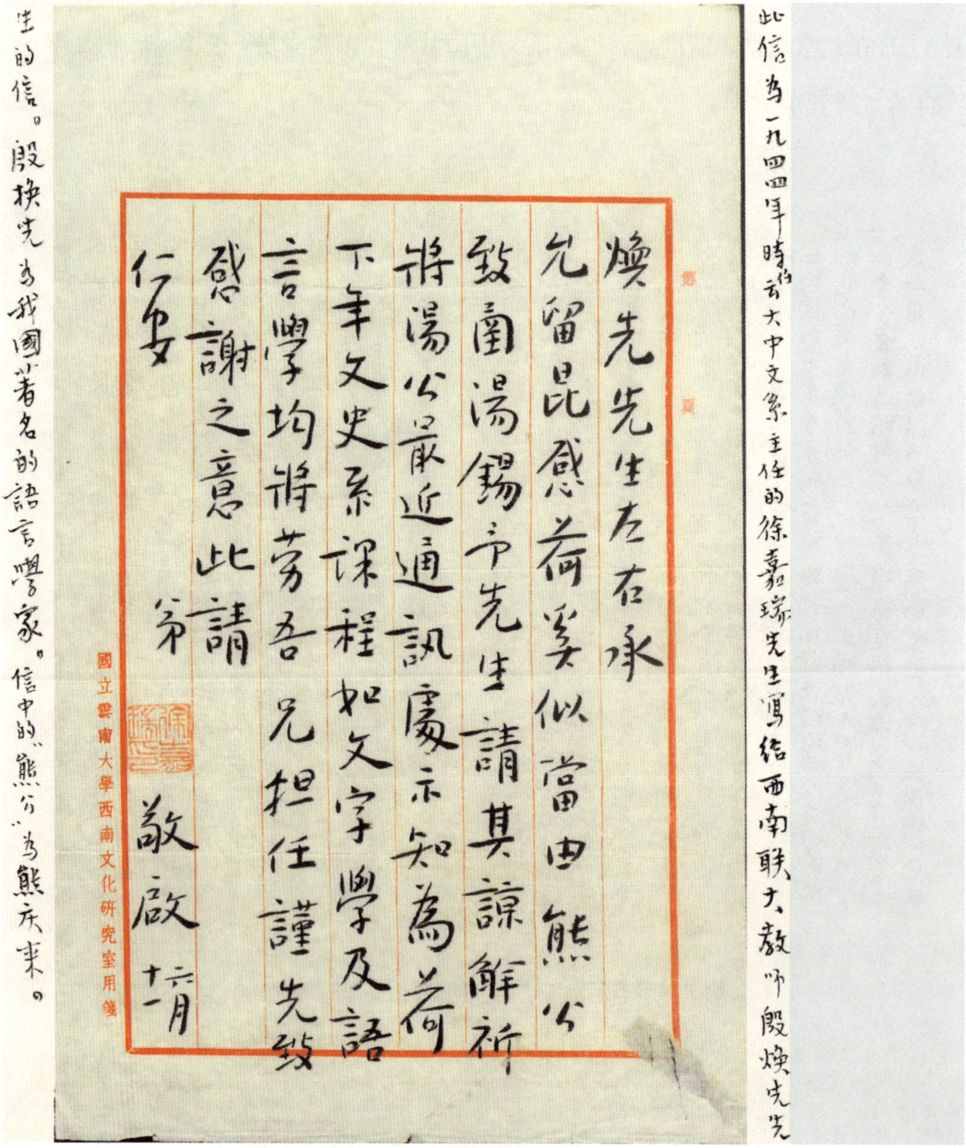
此信为一九四四年时任云大中文系主任的徐嘉瑞先生寫給西南联大教师殷焕先先生的信。殷焕先为我国著名的語言學家。信中的"熊公"为熊庆来。

焕先先生左右：承
允留昆，感荷奚似。當由熊公
致函湯錫予先生，請其諒解，祈
將湯公最近通訊處示知為荷。
下年文史系課程如文字學及語
言學均將勞吾兄担任，謹先致
感謝之意。此請
台安
弟　敬啟　十一月十六

國立雲南大學西南文化研究室用箋

第　頁

徐嘉瑞致殷焕先信及题跋

厅长、云南省文联主席、中国作家协会昆明分会主席、中国人民保卫世界和平大会云南分会主席、云南省政协委员、全国人大代表。著有《云南农村戏曲史》《大理古代文化史稿》等。

殷焕先（1913—1994），字孟非，江苏六合人，1940年考入（昆明）北京大学文科研究所，获硕士学位。自1937年起，先后执教于云南曲靖府中学、西南联大等校。1951年起，历任山东大学学术评议委员会委员，山东大学学报编委、《学术月刊》杂志特约编委，中国科学院语言研究所研究员，九三学社中央委员。中国语言学会第一届理事。著有《古韵学讲义》《反切释要》《汉字平议》等。

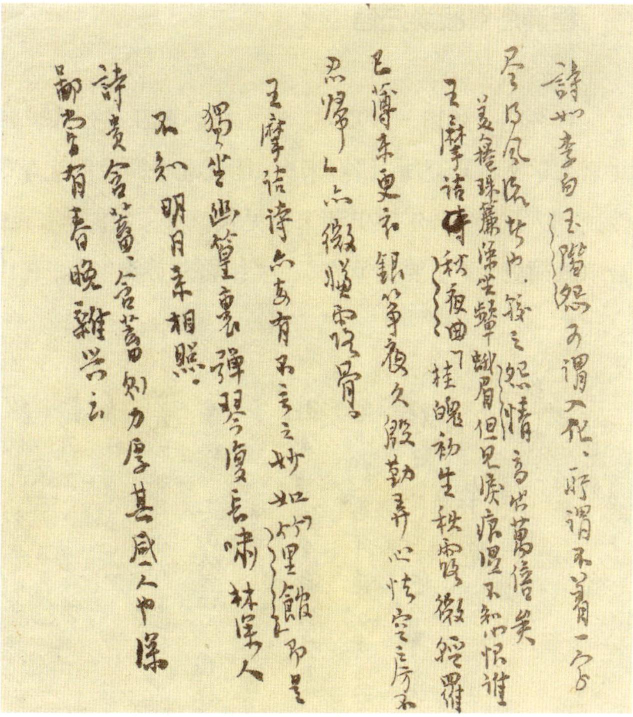
詩如李白「玉階怨」可謂入化，所謂不著一字
盡得風流者也。讀之怨情高出萬倍矣
「美人捲珠簾，深坐顰蛾眉。但見淚痕濕，不知心恨誰」
王摩詰「秋夜曲」「桂魄初生秋露微，輕羅
已薄未更衣。銀箏夜久殷勤弄，心怯空房不
忍歸」亦微婉露骨。
王摩詰詩亦有不言之妙，如「竹里館」即是
「獨坐幽篁裏，彈琴復長嘯。林深人
不知，明月來相照。」
詩貴含蓄，含蓄則力厚甚感人也，深
鄭谷有春晚離思云

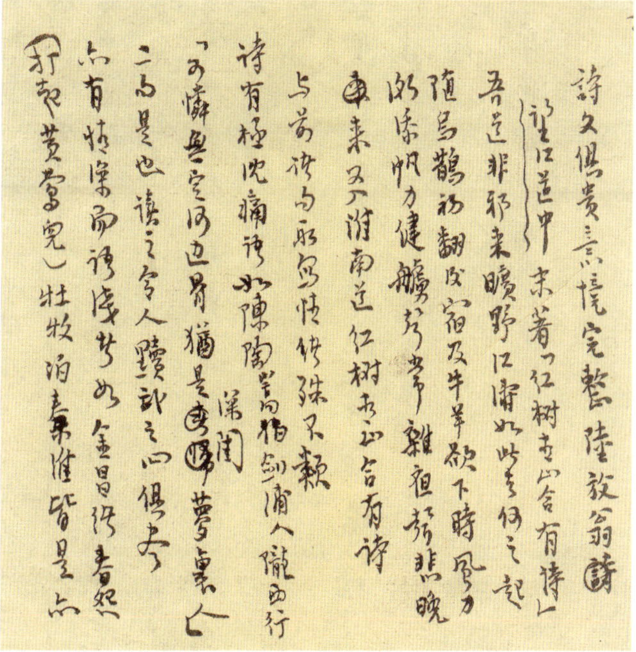
詩又俱貴言外境完整，陸放翁詩
「望江道中」「吾道非邪來曠野，江濤如此去何之。起
隨烏鵲初翻後，宿及牛羊欲下時。風力
漸添帆力健，櫓聲常雜雁聲悲。晚
來又入淮南路，紅樹青山合有詩」
與前詩所寫情緒殊不類
詩有極沉痛語，如陳陶「隴西行」
「可憐無定河邊骨，猶是春閨（深閨）夢裏人」
二句是也。讀之令人黯然之心俱來
亦有情深而語淺者，如金昌緒「春怨」
「打起黃鶯兒」杜牧泊秦淮，皆是亦

殷焕先诗评文手稿 陈立言藏

程溯洛致殷焕先信

程溯洛（1913—1992），号孟津，浙江温州人。1941 年毕业于西南联大，后入北京大学文科研究所，研习宋史。历任北平研究院史学研究所、中央民族学院副教授、教授。以研究维吾尔族史和宋史见长。著有《维吾尔族史料简编》（合著），编有《维吾尔族简史》（主要执笔人）、《维吾尔族源考》、《中国通史》（白寿彝主编）等。

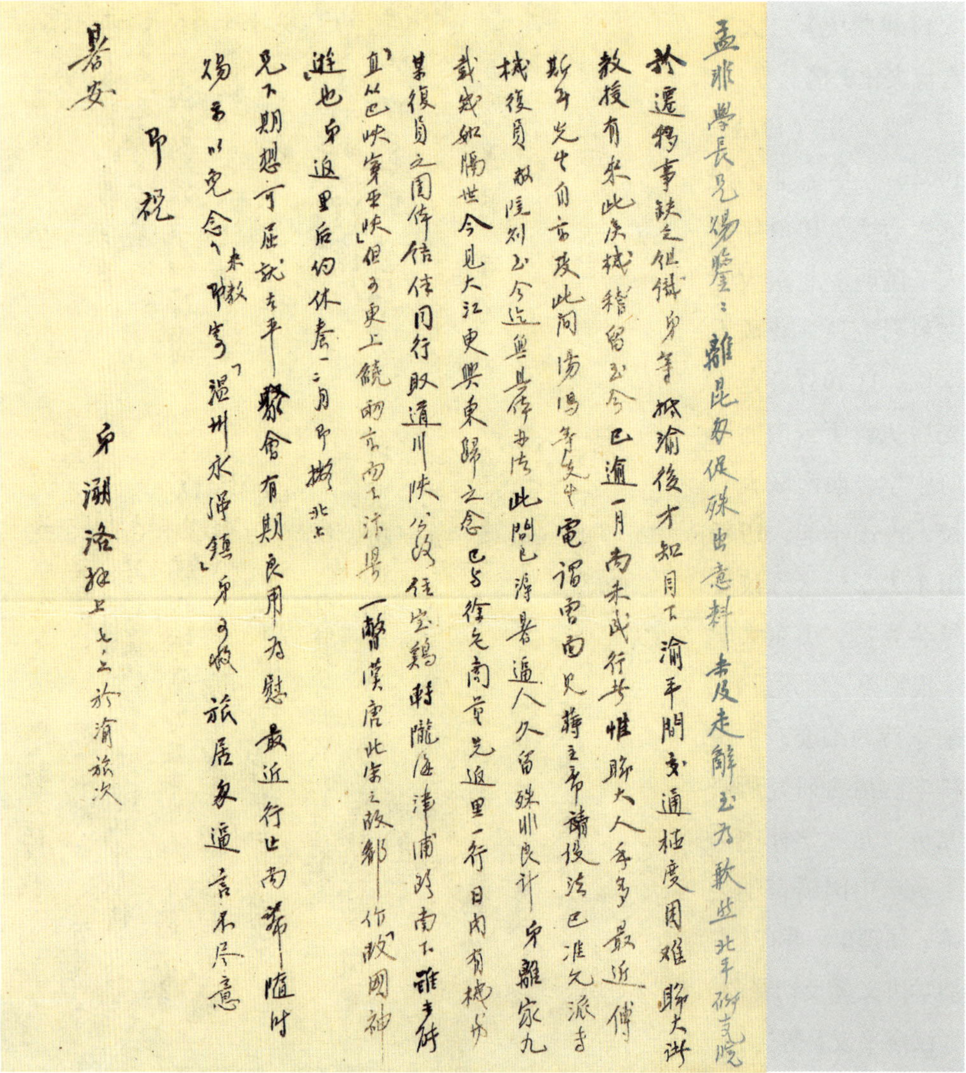

孟非學長兄賜鑒：離昆匆促，殊出意料，未及走辭，至為歉然。北平研究院於遷移事缺乏組織，弟等抵渝後才知同人滯渝平間交通極度困難，聯大諸教授有來此候機稽留至今已逾一月尚未成行者，惟聯大人手多，最近傅斯年先生自京來此間協調，等受中電詢曹面見蔣主席，請撥汽機已准允派專機復員，敝院則至今迄無具體辦法，此間已溽暑逼人，久留殊非良計，弟離家九載，殆如隔世，今見大江東與東歸之念，已與徐先生商量先返里一行，日內有機即某復員之同伴偕同行，取道川陝公路，往寶雞，轉隴海津浦路南下，[illegible]「直從巴峽穿巫峽」，但可東上饒兩京南下汴梁，一聲漢唐北宋之故鄉，一作「故國神遊」也。弟返里后約休養一二月即擬北上，見不期想可屆秋末平，聚會有期，良用為慰，最近行止尚希隨時賜函，以免念念。來教請寄「溫州永淨鎮」弟可收。旅居多逼，言不盡意。

即祝

暑安

弟 溯洛 拜上 七.二 於渝旅次

程溯洛致殷焕先信　陈立言藏

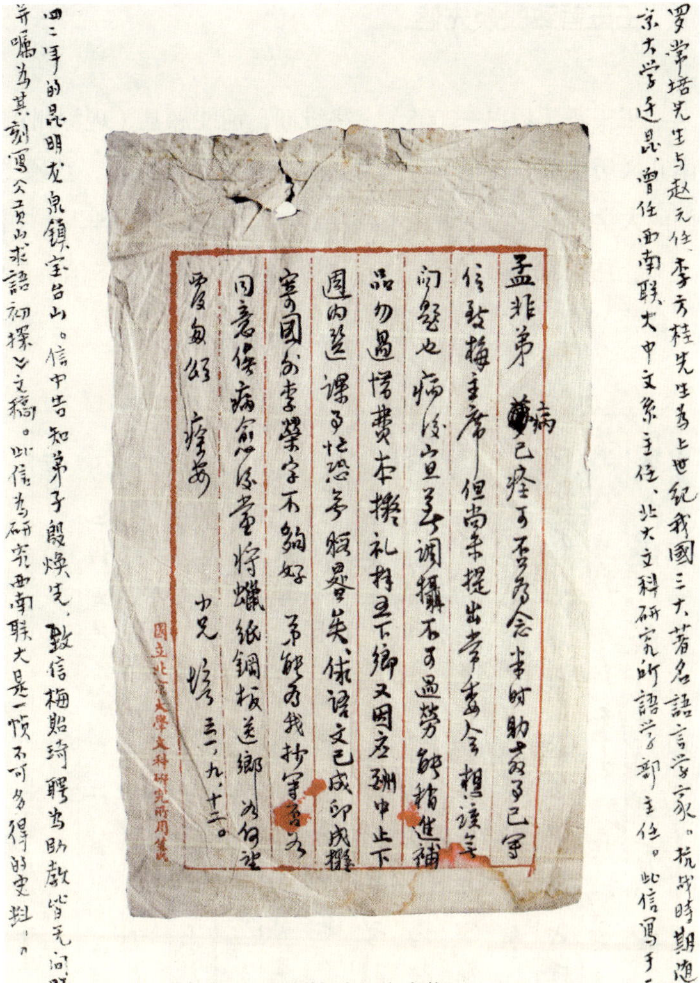

罗常培致殷焕先信

罗常培致殷焕先信

罗常培（1899—1958），字莘田，号恬庵，北京人，满族。1916年考入北京大学。1923年后曾任西北大学、中山大学等校教授。1929年任中央研究院史语所研究员。1934年先后任北京大学中文系主任、西南联大中文系主任兼北大文科研究所所长。中华人民共和国成立后，任中国科学院语言研究所所长和哲学社会科学部委员，《中国语文》总编辑，全国人大代表，全国政协委员。著有《汉语音韵学导论》《普通语音学纲要》等。

王玉哲致殷焕先信

王玉哲（1913—2005），字维商，河北深县（现深州市）人。1940 年毕业于西南联大历史系。1943 年毕业于北京大学文科研究所，获硕士学位。历任华中大学、湖南大学、南开大学历史系教授，中国博物馆学会理事，中国先秦史学会副理事长，《中国历史大辞典·先秦史卷》主编等职。 著有《中国上古史纲》、《中国古代史》（合著）等。

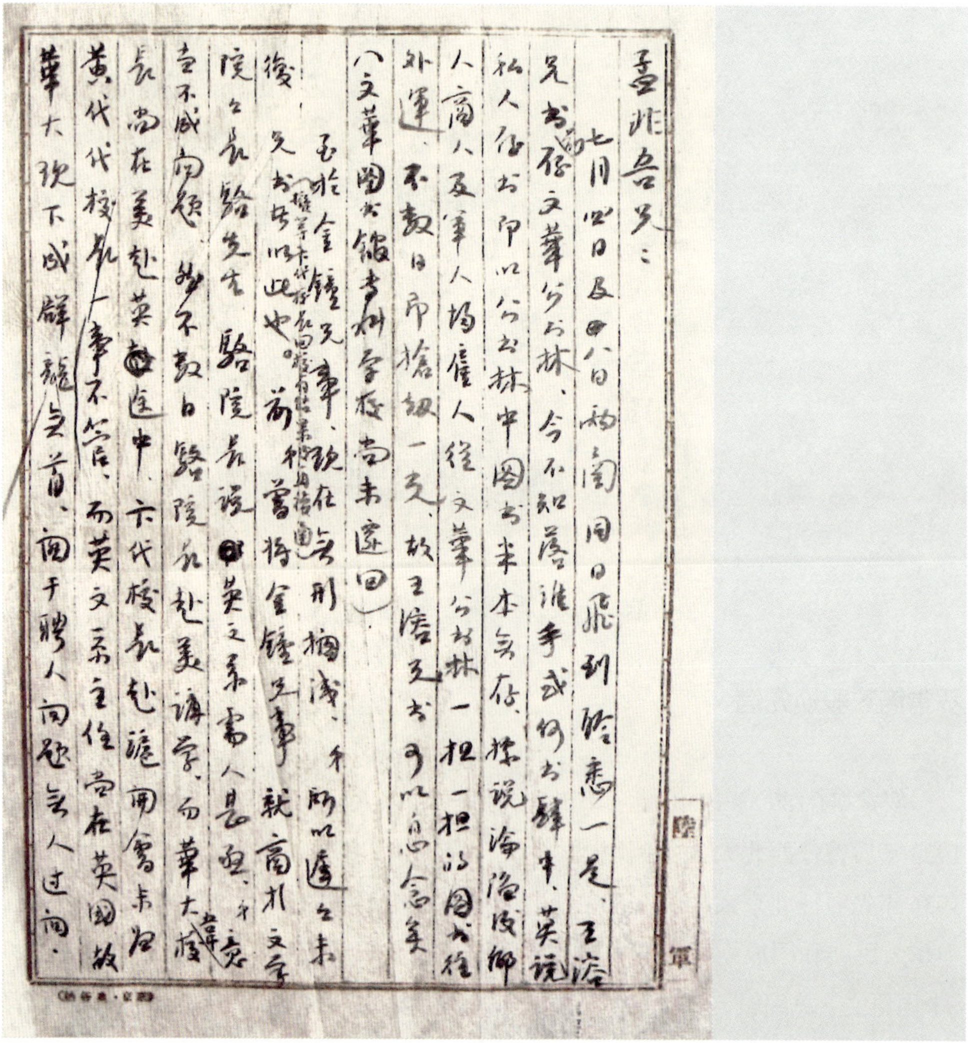

王玉哲致殷焕先信（局部）

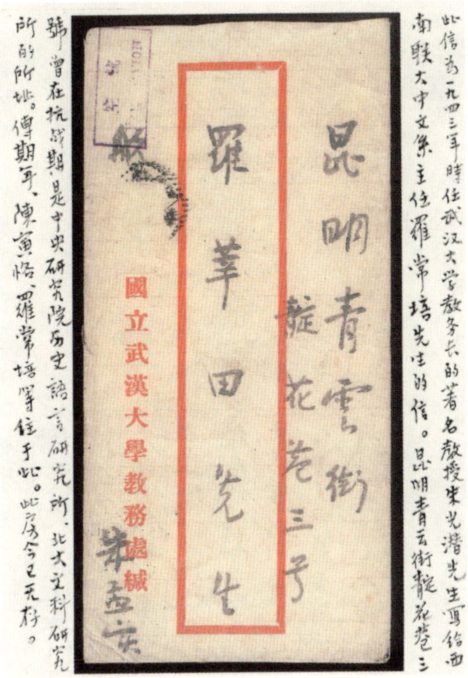

朱光潜致罗常培信

朱光潜（1897—1986），安徽桐城人，字孟实。1922年毕业于香港大学。1925年赴英国、法国留学，先后获硕士和博士学位。1933年回国，先后任北京大学、西南联大等校教授。中华人民共和国成立后，历任全国政协委员、常委，民盟中央委员，中国美学学会会长，中国科学院学部委员等职。主要著述有《文艺心理学》《西方美学史》等。主要译著有柏拉图的《文艺对话集》、维柯的《新科学》等。

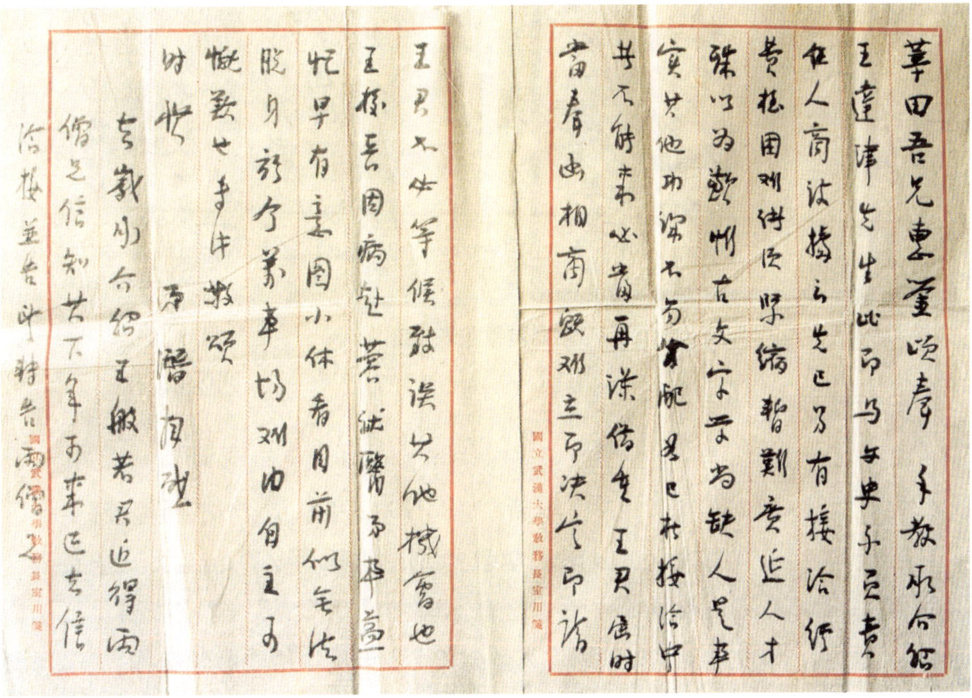

朱光潜致罗常培信　陈立言藏

谢显琳致殷焕先的信

谢显琳（1887—1968），字琅书，号困学，云南富源人。云南优级师范毕业。历任省会中学、曲靖府中学堂教员，曲靖省立第三师范学校校长等职。1950年，参加曲靖各界欢迎中国人民解放军筹备委员会工作。

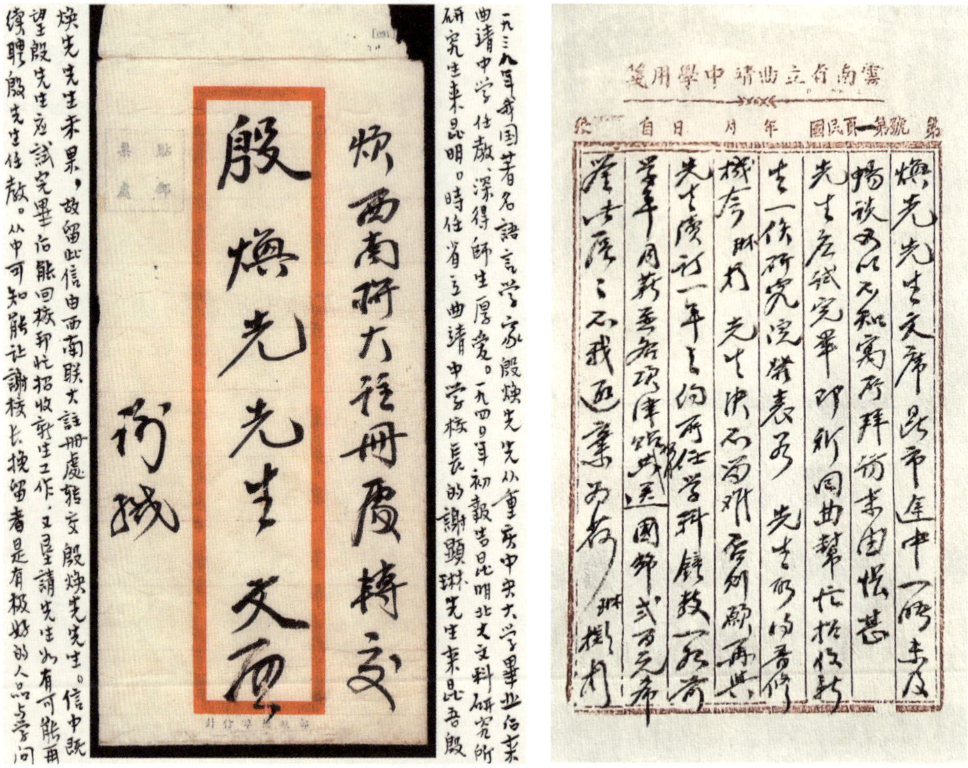

谢显琳致殷焕先信

吴乾就手稿

吴乾就（1912—1974），广东新会人。1942年从清华大学研究院毕业，历任西南联大、中法大学、云南大学教师，昆明师范学院、昆明五华文理学院教授。中华人民共和国成立后，历任云南省人大代表、省政协委员，民盟云南省委员会委员，云南省历史学会副会长。多年从事历史教学工作，著有《云南回族的历史与现状》等。

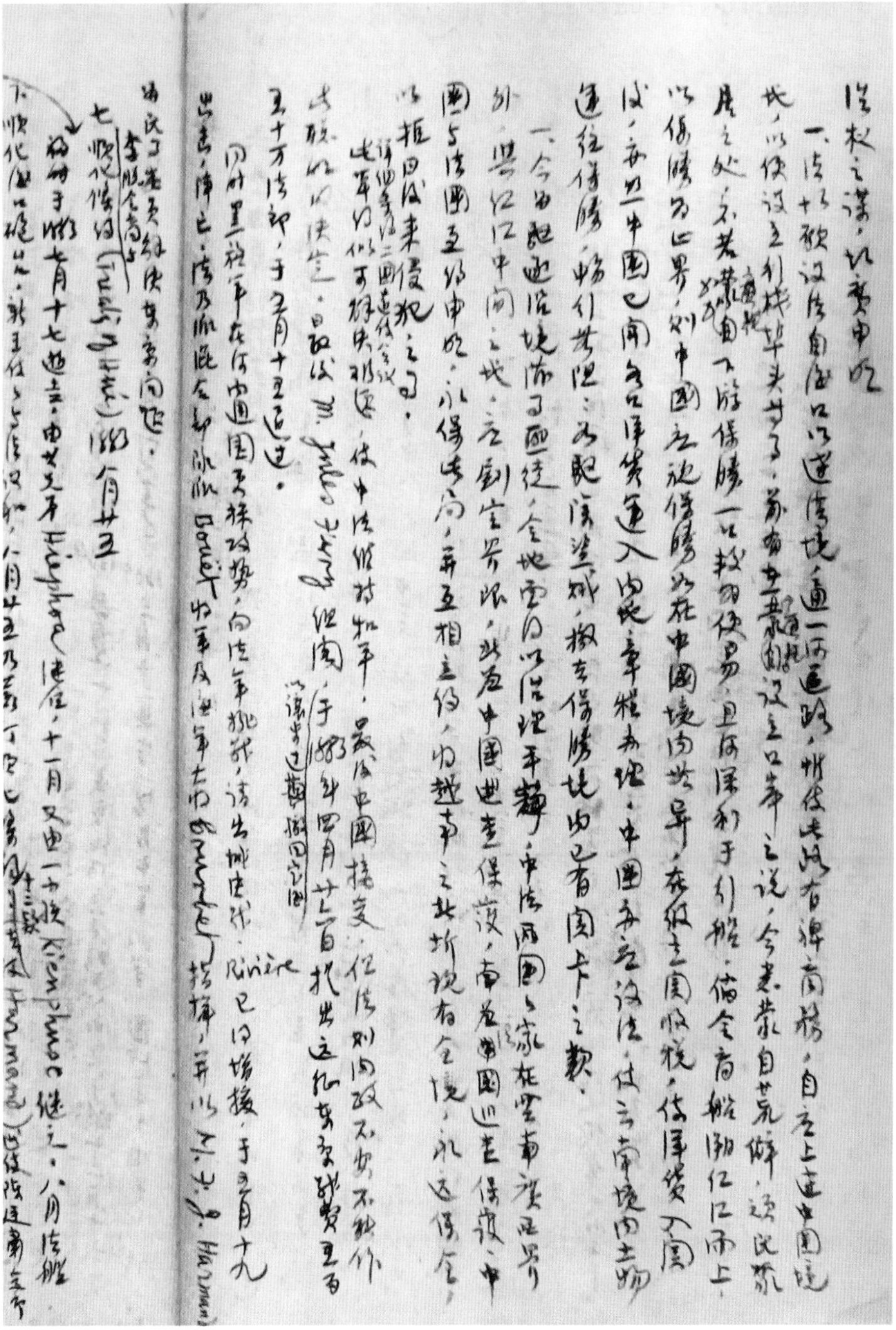

吴乾就手稿（局部） 陈立言藏

珍贵的信札 真挚的情怀
——西南联大学者的书信手稿

写好字，既能让看的人能看懂，还能让人感受得到书写者的情绪，进而随之或喜或悲，或激动或平和，犹如与书写者面对面地交谈，所以才有“见字如晤”，才有“见字如见人”之感。这样的字，应该就是书法了。历史上的经典名帖，如《姨母帖》《肚痛帖》《初月帖》《鸭头丸帖》《中秋帖》《争座位帖》《自叙帖》《韭花帖》等，不胜枚举。其实，它们都是信札、便条、手稿，难道不都是让我们膜拜不已、追随不已又极难攀越的书法高峰吗？

现在也有能把这些帖模仿得很像的“书法家”，也很能以此唬住不少人。但这种模仿之字再像，也很难有生机勃发之气韵，很难从中感受到书写者的精神气息。自在的书写与机械的模仿是有很大差别的，拿冯承素摹写的《兰亭序》与褚遂良、虞世南写的《兰亭序》乃至怀仁集的《圣教序》相比较，其中的精神气息当是有些不一样的吧？

近年，有人提出“学者书法”，主要是指近代及20世纪初以来的学者们的手迹，自20世纪以来，书法成为独立的艺术学科。大学开了书法专业，学位也从学士到博士，一应俱全。书法似乎成了专门的艺术，书法家也成了艺术家。他们写毛笔字是以艺术创作为主要目的，与人们平常的生活学习已不太相关，成了一种艺术活动。

与此不同的是，西南联大的学者写毛笔字仅仅是因为教学、科研，乃至生活，而不是为了“书法艺术”。他们不以当书法家为目的，也不以书法名世，但其手迹却有自然天成的美感，很能感动人，于是为了与“书法家”的“书家书法”相区别，学者们的手迹被称之为“学者书法”。

过去并没有这种说法，因为学者与书法是不能分家的。那时，能写字或字写得很好的人，必定是要读书做学问的，他们是诗人，是学者，他们的书法与学问是有机地融为一体的。

他们学习毛笔字是沿袭千百年的传统，从楷书起步，一笔一画，临帖认字，便有了“童子功”，得了规矩，入了“法则”。日积月累，随着学问的深入，学养的积淀，自然会在写字上反映出来，使他们的手稿不仅有学术价值，也有了美学价值。

“书家书法”的重点则着意于“书”，强调书法的艺术表现。毛笔的使用成为特殊技法之后，能用毛笔写几个字的人稀奇起来了。临帖苦练，谓之学习传统，而为数不少者却往往只重在技法，于“学”却并不在意。练来练去，最多仅得乎技法而已。更有甚者，因为无“学”，导致对传统技法的理解不到位，往往连“技”也未必学到。这样的“书家书法”便成了无本之木，无源之水，无情无趣，谬误不断，乖戾百出。

没有技法，万万不能写好字，但仅有技法虽可以写好字，却不一定能成书法家，要成“家”需要学养的支持；光有学养也不一定能成书法家，但若无学养就肯定成不了书法家。一千多年前的大文豪苏东坡先生早已有了名言：“退笔如山未足珍，读书万卷始通神。”艺术之真理不会因为有人不遵循而变质褪色，衡量的标尺不会因时代迁移而失之毫厘。因此，不必多此一举说什么“学者书法”，如果连“学”都没有，岂会有“书”？总而言之，学养其实是书法的根本所在。

西南联大的教授学者们的书信手稿，除了蕴含的历史、文化、学术信息之外，还有着非常真切的性情表达：信手写来，洋洋洒洒，既承衣钵，也得规矩，更有个性，自然天成，毫不做作，天真烂漫于方寸之间尽显风华，不以纸贵，不以饰显，自然之美显露无遗。如此，便也就有了书法的意义。因此，这些能承载着书写者的精神气息、生命灵魂，又入规出矩、遂心应手、自然而然的字迹亦可称之为书法了。

笔者所见，这些信札、手稿涉及较多的人是殷焕先先生。

信件一：省立曲靖中学校长谢显琳为聘请殷焕先到该校继续任教所写。当时，殷焕先已在曲靖中学教书一年，7月，他报考了西南联大语言研究所的研究生，二人只是在赴昆明途中一见，谢显琳也不知殷焕先在昆明的住址，故信是寄到西南联大注册处转交的。其主要内容是：

焕先先生文席，昆市途中一晤，未及畅谈，又以不知寓所拜访，末由怅甚。先生应试完毕，即祈回曲帮忙招收新生。一俟研究院发表，若先生取得晋修机会，琳于先生决不留难。否则，愿再与先生续订一年之约。所任学科、钟数一如前学年，月薪至各项津贴，按月共送国币贰佰元。希鉴此区区，不我遐弃为

荷。（见 128 页图）

信中表达了一位长者对时年 27 岁的殷焕先才能的认可和倚重，以及对年轻人前途“决不留难”的支持，殷殷之情溢满纸间。

信件二：罗常培致殷焕先信。其时，罗常培为西南联大中文系主任兼北大文科研究所语学部主任，亦为殷焕先的导师之一。信是 1942 年 9 月所写，内容为：

孟非弟：病已痊可否？为念。半时助教事，已写信致梅主席，但尚未提出“常委会”，想该无问题也。病后宜善调摄，不可过劳，能稍进补品，勿过惜费。本拟礼拜五下乡，又因应酬中止。下周内选课事忙，恐无暇晷矣。《俫语文》已成，印成拟寄国外，李荣字不够好，弟能为我抄写否？如同意，俟病愈后，当将蜡纸、钢板送乡。如何？望覆。匆颂痊安。小兄培，三一，九，十二。（见 125 页图）

信中所述，除关心殷焕先是否病愈康复外，还有事二件。一为推荐他担任联大的“半时助教”。其时，殷焕先尚在校读研，属于学生，但罗常培是直接给当时主持联大校务的梅贻琦（梅主席）写信推荐的。二是请其将罗常培的书稿刻写于蜡纸上。那时，学校印发讲义、试卷、资料等，是用一支钢针作笔头的铁笔，刻写于垫在钢板（上有布纹或斜纹）的蜡纸（浸透了蜡的棉纸）上，然后用油墨手工印成。此法俗称“油印”，直至 20 世纪 80 年代，还是学校及单位或企业里常用的简易印刷方法。

信中称殷为“弟”，自称为“小兄”，丝毫没有导师高高在上的架子，有的只是兄长般的关爱。这些都说明罗常培先生对殷焕先的能力、书法和人品是非常认可的，否则一个在读研究生任“半职助教”乃属勤工俭学之事，何必惊动到联大的最高行政长官？又岂会以联大文学系主任兼导师之身份与自己的学生称兄道弟呢？当然，这从另一方面也反映了那时联大师生之间融洽的关系。

信件三：王玉哲先生致殷焕先等诸同学的信。1943 年，王玉哲从北大文科研究所研究生毕业，受由武汉迁至大理喜洲的华中大学之聘，于同年 9 月 6 日，登上从昆明至下关的汽车，至大理喜洲安顿好后，遂写此信。

首问诸友近况，并嘱“惟望时时注意身体健康”，因“弟若非素健，今日早已为鬼矣！”其后叙说旅况：因候车困难，“至九月六日始得身置汽车中，当时喜悦如登龙门”，“自以为两三日即可到达下关。孰料该车因久未开行，机件多损，

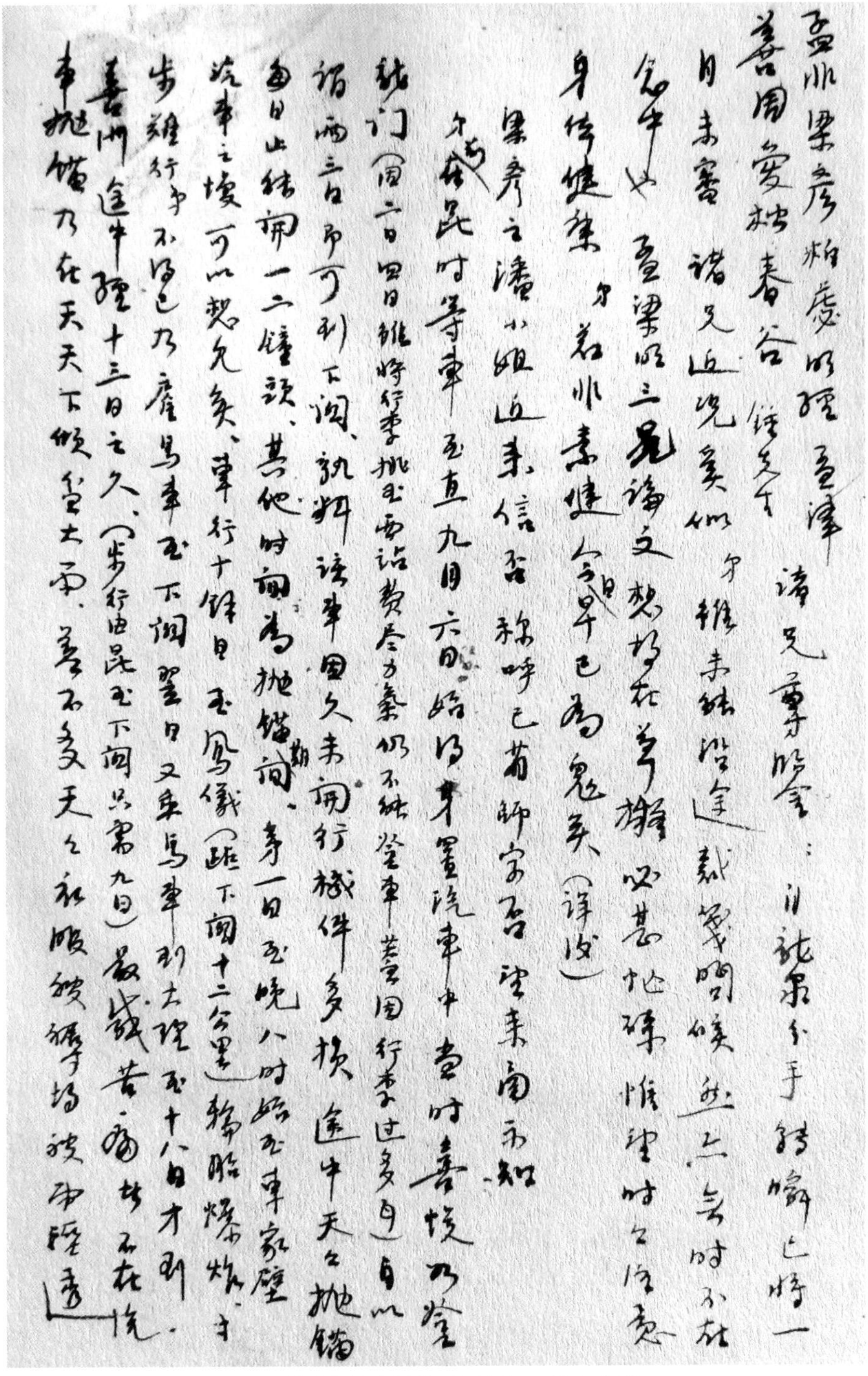

王玉哲致殷焕先等信（局部）　陈立言藏

途中天天抛锚，每日只能开一二钟头，其他时间为抛锚期间。第一日至晚八时始至车家壁，汽车之忧可想见矣！”10余日后，才到离下关12里的凤仪，又爆了轮胎，只能雇乘马车，3天后，到达喜洲。途中最痛苦的事是“天天下倾盆大雨，差不多天天衣服被褥均被雨湿透，到店内始将衣服用手拧干，向火，故同车旅客致病也大有人在”。“弟幸素健，且托诸兄之福，对此毫无影响，至今健壮如昔，诸兄可以放怀也”。

信件四：1944年，时任云南大学中文系主任的徐嘉瑞为聘请已毕业并在联大任教的殷焕先到云南大学任教所写（见122页图）。抗战时期，云大与联大两校互聘教授，以资源共享互助。所以，聘殷焕先到云南大学任教须由两校校方联系确定，故“当由熊公致函汤锡予，请其谅解”。熊公即时任云南大学校长的我国著名现代数学先驱熊庆来先生；汤锡予为当时联大文学院院长汤用彤先生。

信件五：朱光潜先生写给罗常培先生的信。内容如下：

莘田吾兄惠鉴：顷奉手教，承介绍王达津先生。比即与文史系负责任人商谈，转云“先已另有接洽，经费桎困难，诸须紧缩，暂难广延人才，殊以为叹！惟文字学尚缺人是事实，其他功课不易分配。如已在接洽中者不能来，必当再谋借重。王君届时当奉函相商。”既难立即决定，即请王君不必等候，致误其他机会也。王校长因病赴蓉就医。弟事益忙，早有意图小休。看目前似无法脱身，于今万事均难由自主，可慨叹也！

专此敬颂时祺！弟潜拜启。去岁承介绍王般若君，近得雨僧兄信，知其下年可来，已去信洽接，并告。此转告雨僧兄。（见127页图）

几封信读罢，通信的师友之间真情相帮，坦诚相交，共度时艰的身影仿佛展现在眼前。字里行间犹如听到他们倾心相诉，娓娓而谈，时而激动，时而平和，但总有一种淡定浸润其间。抗战时期，物质生活很清苦，但他们很少言及，所谈多是教育、治学之事。即为艰难之旅途，也仅是数语道出，其间还不乏幽默。但更使笔者动心的，依然是他们的书法。

徐嘉瑞的字温和简约，极有篆籀意味，线条空灵而敦厚，犹如一稳重之君子，不激不励。

朱光潜的字，于帖学有深厚积淀，草法娴熟，行草错杂，顺手写来，一挥而就，章法疏朗通透，点画之间，起伏跌宕，律动之美极具韵味。

罗常培的字，温文尔雅，提按顿挫，尽显章法，在平稳之中，隐隐透出一种风骨。

谢显琳的字，风采卓然，大有宋人意趣。挥毫运锋，潇洒自如，激扬之间自有一种担当。

王玉哲的字，平实朴素，不经意间轻重使转，皆在法度之中，书法修养，不言自明。

殷焕先的字，活泼生动，充满韵律。几页手稿章法独具匠心，上端并不平齐，参差错落，形成节奏的变化。空白处虽然可能是为修改补充所留，却形成了大疏大密的空间对比，增补修改的几行造成疏而不空的奇趣，于整体之章法现出一种生机。

其他手稿中，如唐兰的字，虽无意于书法，然朴茂自在，书卷气漫溢字里行间；其他如程溯洛、周发高、吴乾就等人的字，均各具风度，性情格调跃然纸上。

综观这些书信、手稿的字，共同之处在于他们无意做“书法家”，但于经典的书法，又都有深入的学习，心得不一，却法度谨严，无论楷、行和草书，皆是运笔有度，规矩暗合，且不拘泥于一家一体，于碑、于帖均有涉及。民国时期，碑帖融合之风大盛，这也反映在他们的书法之中：学帖不萎靡，习碑不草莽；得帖之灵动，融碑之厚朴；用笔之老到，运锋之自如，尽在其中。是故，不是书法已是书法，不做书家又岂止书家！

这些信札手稿的书法，无为夺人眼球之刻意，无为炫耀技法之卖弄，更无无病呻吟之忸怩。一切与写信记录无关的动作，都不会在笔下出现。腕底所致，仅是情感的表达、思绪的呈现，

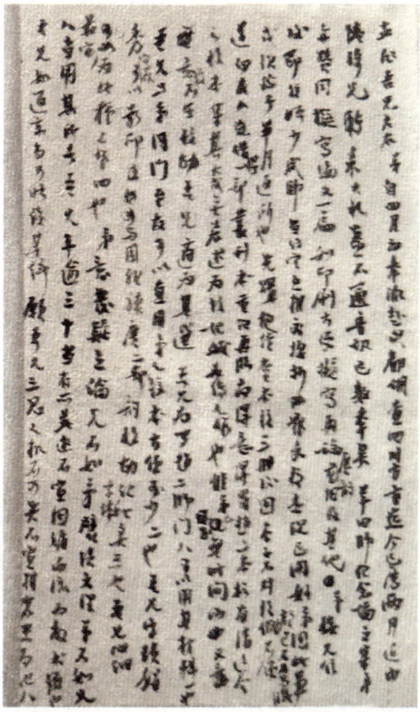

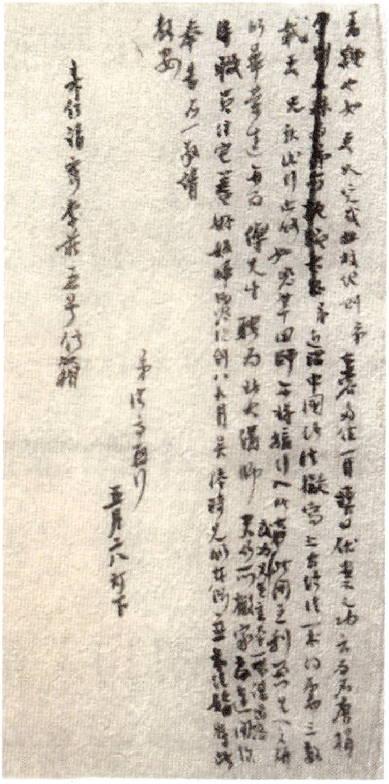

周发高致殷焕先信

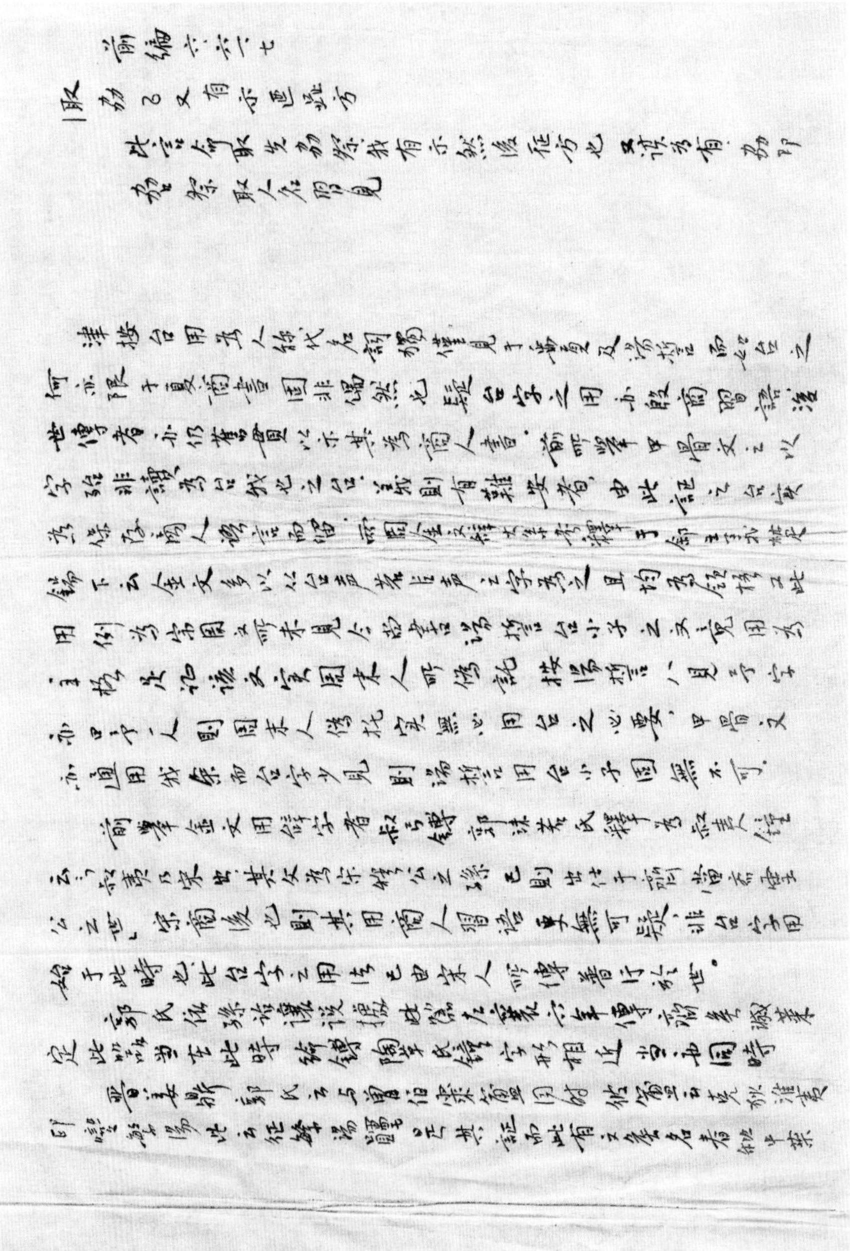

唐兰手稿

并无其他目的。这些因素恰恰是所谓“书法”最该具备的，因此，这些书信手稿，反而是最有意味的书法作品——字里行间流露出真情实感，是于国难家仇之际勇于担当的浓浓家国情怀，是“为往圣继绝学，为万世开太平”的厚厚学养积淀。

记住！这些字是在日军频繁的空袭警报声中所写，是在物质极为匮乏的时期所写。无论是公用笺还是笔记手稿的纸张，都不是上好的泾县宣纸，只是在云南、在昆明能找到的棉纸、土纸、道林纸。然而，字里行间哪里有一丝慌乱，哪里觅得到一点寒碜，有的尽是学者的儒雅稳健，文化的优雅从容。如此种种构成了这些书法所独有的风采神韵，是中华文明生生不息之所在！

在已经习惯用现代通信工具交流的今天，书信已渐渐淡出人们视线，而这些洋溢着清新墨香和真挚情怀的奇葩，必将含苞吐蕊，迎风绽放，带给人们的温情与愉悦，也必将与日俱增，历久弥新。

唐兰寓滇手迹

故宫博物院历史悠久，是中国乃至世界的文博最高殿堂之一。作为普通市民的一点故旧物，哪有资格步入故宫的藏品之列？但在笔者几十年历尽艰辛所收藏的旧纸藏品中，西南联大著名古文字学家唐兰先生的《书古文训卷》《台字考》手迹，被故宫博物院以特殊项目列入故宫科研计划执行的《唐兰全集》一书收录，并将笔者对该书作出的贡献以 160 多字写入“后记”，这真是笔者有生之年值得欣慰的一大幸事！

1934 年 3 月，郭沫若先生发表《两周金文辞大系图录》，曾问“序”于唐兰先生。1934 年 11 月，北平来薰阁影印王国维生前在清华大学最后两年的讲义《古史新证》，整理此书的王氏助教赵万里也请唐兰先生作“序”。两位中国古史、古文字领域的大学者的著作，都请唐兰先生作“序”，足证他在学术界的地位之高。1945 年，顾颉刚总结中国近代史学的发展时指出：

甲骨文字的考释，以唐兰先生的贡献为最大。他著有《古文字学导论》《殷墟文字记》《天壤阁甲骨文存考释》。唐兰先生在古文字学上，所用的两个方法，一个是自然分类法，一个是偏旁分析法。这两个方法是由唐兰先生所发现，前者打破了许慎《说文解字》所用的分类法，后者对于文字的认识是一个很大的进步。由于这个方法，许多不认识的字都可以认识，而其准确性极大。

抗战全面爆发后，唐兰为保持民族节操，决意冒险只身离开北平，在沈兼士等友人的帮助下，他抛家舍业，历尽艰辛，从中国上海经越南河内至中国昆明。到达昆明后，应聘于西南联大，又兼任北大文科研究所导师，讲授古文字学、甲骨文、六国铜器、《说文解字》、《尔雅》、《战国策》及唐诗、宋词等课程。

他的文字学课程讲得很好，不仅受中文系、历史系师生欢迎，连物理系教授王竹溪、哲学系沈有鼎等都来听他讲课。受其影响，40 多年后，王竹溪编纂了 250 万字的《新部首大字典》，收录了 51100 个汉字，以自然科学家的精神，每字皆标有汉语音标，并且做到了每字一码，对我国汉字数字化进程作出了重要贡献。

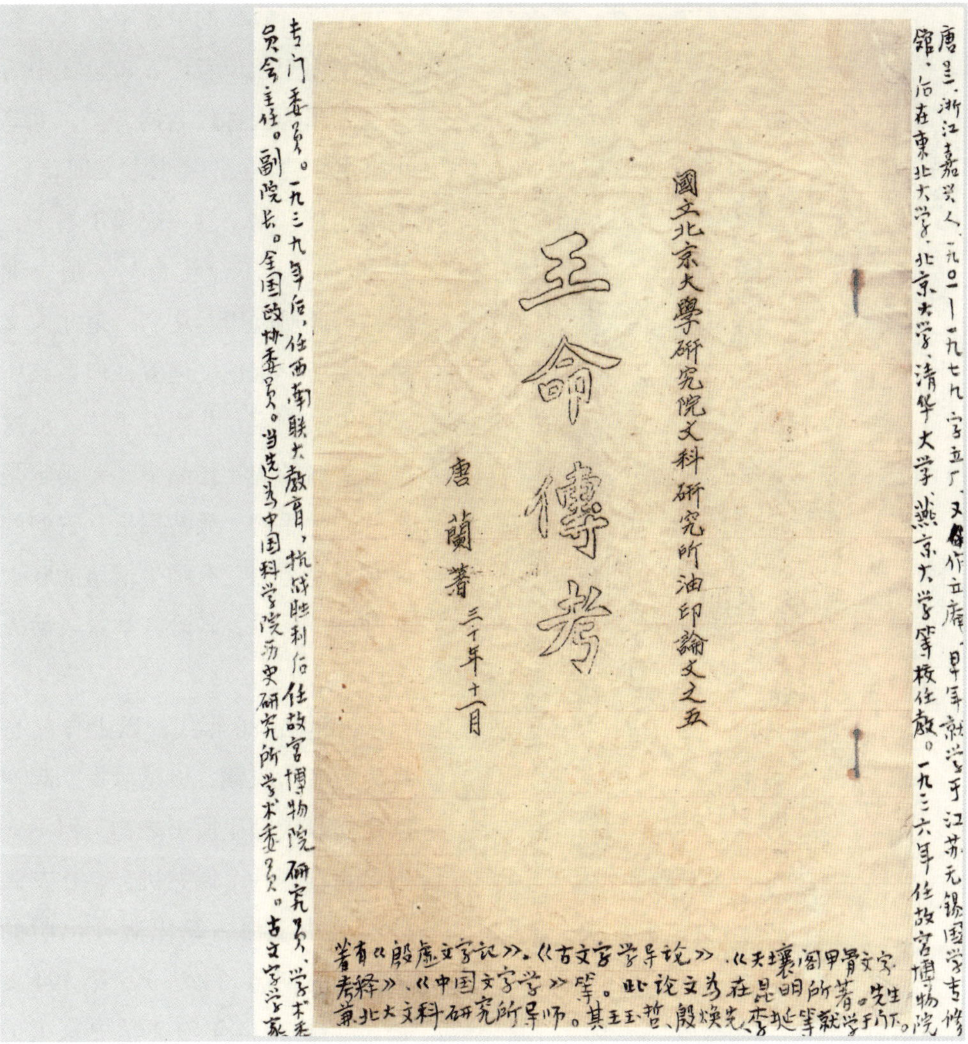
國立北京大學研究院文科研究所油印論文之五

王命傳考

唐蘭著 三十年十一月

唐兰，浙江嘉兴人，一九〇一—一九七九。字立厂，又作立庵。早年就学于江苏无锡国学专修馆，后在东北大学、北京大学、清华大学、燕京大学等校任教。一九三六年任故宫博物院专门委员。一九三九年后，任西南联大教育，抗战胜利后任故宫博物院研究员、学术委员会主任。副院长。全国政协委员。当选为中国科学院历史研究所学术委员。古文字学家。著有《殷虚文字记》、《古文字学导论》、《天壤阁甲骨文字考释》、《中国文字学》等。此论文为在昆明所著。先生兼北大文科研究所导师。其王玉哲、殷焕先、李埏等就学于门下。

唐兰先生桃李满天下。我国文字、语言、文学、历史及考古各个领域的著名学者如陈梦家、朱德熙、胡厚宣、邓广铭、杨向奎、张政烺、殷焕先、王玉哲、李埏、李孝定、王达津、王利器、李荣和汪曾祺等，有的出其门下，有的与他有过密切学术交往，并受过他的教益。

在联大任教期间，他也创作了许多书法作品，广布于师生间和社会上，从甲骨文、金文到篆、隶、行、楷都有，但其中治学和诗词手迹却大多未署其名。

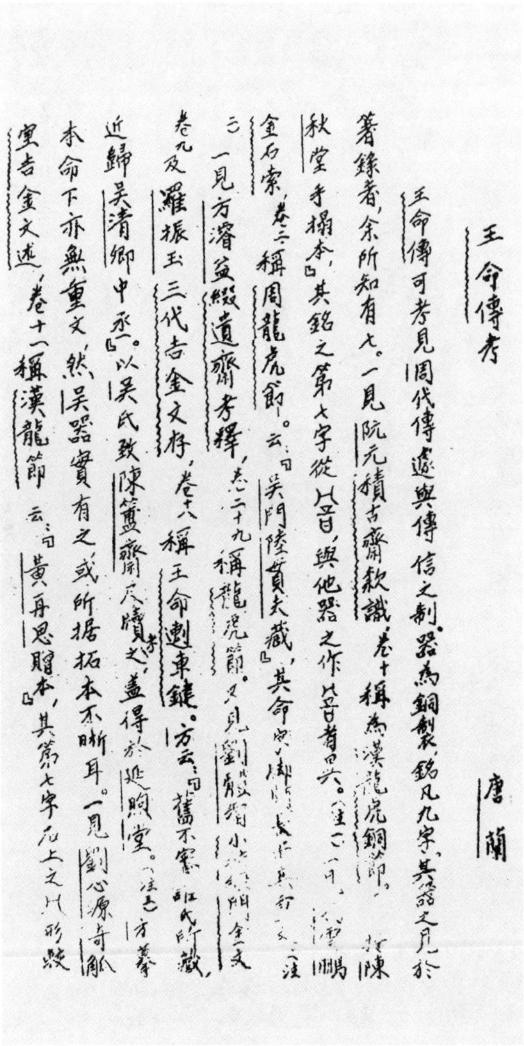
王命傳考　唐蘭

王命傳可考見周代傳遽與傳信之制。器為銅製，銘凡九字，其器之見於著錄者，余所知有七。一見阮元積古齋款識，卷十稱為漢龍虎銅節，[illegible]按陳秋堂手搨本」其銘之第七字從[illegible]，與他器之作[illegible]者皆異。（注一）[illegible]鵬金石索，卷三稱周龍虎節。云「吳門陸貫夫藏」，其命[illegible]（注二）一見方濬益綴遺齋考釋，卷二十九稱龍虎節。又見劉體智小校經閣金文卷九及羅振玉三代吉金文存，卷十八稱王命遽東鍵。方云：「舊不審[illegible]氏所藏，近歸吳清卿中丞」。以吳氏致陳簠齋尺牘考之，蓋得於延煦堂。（注三）方摹本命下亦無重文，然吳器實有之，或所據拓本不晰耳。一見劉心源奇觚室吉金文述，卷十一稱漢龍節云：「黃再思贈本」，其第七字石上之[illegible]形較

唐兰《王命传考》论文内页之一

在笔者收藏的手迹中有《金文中朕字用于领位者例》《金文中所见台字用为人称代名词者》，毛笔小楷书，共 7 页。《书古文训卷》，毛笔小楷，书 7 卷（缺第 1 卷），共 47 页。《王命传考》一册，油印件，此册署唐兰之名，是北大文科研究所学术论文之五，但系该所工作人员刻字，非唐兰手迹。从这些未署名的实物作品中，要确定是唐兰先生手迹，颇费周折。它们的原藏者是与唐兰有师生情谊的联大教师——我国著名语言学家殷焕先先生。

20 世纪 80 年代，以上作品有缘为笔者所收藏，极感珍贵。起初认定是联大师生所书之物，但不知书者是谁。一个偶然机会，在友人处看到由上海古籍出版社出版的《民国时期名人书法》，第 194 页是唐兰于 1944 年给文学史家王伯祥的一帧篆书作品，落款处有由行楷书写的小叙，让人眼前一亮，好熟悉的书风！借回与所藏手迹鉴比，从字体、用笔到韵味，确认是唐兰先生手迹。

2002 年初，笔者携唐兰手迹及联大北返后殷焕先写给他的信的原件到云南大学东院，向与唐兰先生

有过师生情谊的史学家李埏先生求教。李先生看了这些手迹后动情地回忆说:“唐兰先生学问深邃且又精研书法。抗战胜利后,他在鼎新街青年会举办过个人书法展。我去看过,作品有各种书体,有大幅中堂、直幅、对联及册页,书作很受时人称道。唐先生的字我比较熟悉,你收藏的墨迹又是由殷焕先原藏的,可以肯定就是唐兰先生在昆明时留下的。”

随后李埏让夫人取出1945年唐兰为他们结婚时所亲书的《李赵婚礼嘉宾题名》横幅。卷首为8字篆书;叙文为小楷“李埏学兄与赵毓兰女士于中华民国三十四年四月二日结婚于昆明,敬祝琴瑟静好,偕老百年。秀水唐兰题”。婚礼嘉宾喜帖签名的除唐兰外,还有汤用彤、郑天挺、闻一多、罗庸、姚从吾、雷海宗、吴晗、姜亮夫、徐嘉瑞、楚图南、任继愈、殷焕先、石峻、丁则良等30多位先生。李埏手指唐兰先生的小楷叙文说:“上面的字与你收藏的墨迹对比,的确是唐兰学术手迹无疑。”听李埏先生此说,当时愉悦之心境难以言表。但对唐兰手迹内容,特别是《书古文训卷》中诸多字未识,仍需进一步向专家学者求证解惑。

2009年12月26日,《云南书画》创刊,以弘扬中华文化,介绍优秀传统书画,繁荣云南书画艺术为宗旨。云南书画研究中心主任、书法家李森为主编,书画家刘文全为副主编。2010年夏,《云南书画》要挖掘云南的人文轶事,对历代书画名家名迹进行系统介绍和品评。李森、刘文全、刘济源和《云南日报》主任编辑郑千山,对笔者收藏的西南联大学者墨迹进行考证、拍摄,作为该刊第二期的一个专题。是年9月20日,该刊面世,受到赞誉,很多友人争相索要。

该期“藏品鉴赏”以《读书万卷始通神——联大学者书信手稿选登》为专题,首页刊载的就是唐兰《台字考》《书古文训卷》手迹。

该期《云南书画》曾赠予北京的有关人士,在京传阅,引起故宫博物院《唐兰全集》整理工作小组的特别关注。2008年5月15日,故宫博物院副院长李文儒、科研处处长余辉主持召开会议,宣布经院务会议决定:要编辑出版《唐兰全集》,作为特殊项目列入故宫科研计划执行,研究员刘雨为项目主持人。刘雨提议此次编辑该书,要求全面收进唐兰在多学科领域的全部著作,特别要收进大量未刊的遗稿。恰巧《云南书画》刊载唐兰寓滇时留下的这两帧遗墨,经刘雨初步认定确为唐兰手迹。

为弄清楚《台字考》《书古文训卷》的完整内容、数量及唐兰其他遗墨情况,整理小组通过《云南书画》编辑部得到笔者的联系电话。2013年12月17日晚,刘雨亲自给笔者打电话，方知刘雨先生从故宫博物院退休多年，一直被故宫博物院返聘工作至今。为不劳神先生，当即约定以书信联系。次日，刘雨先生就写信给笔者说：

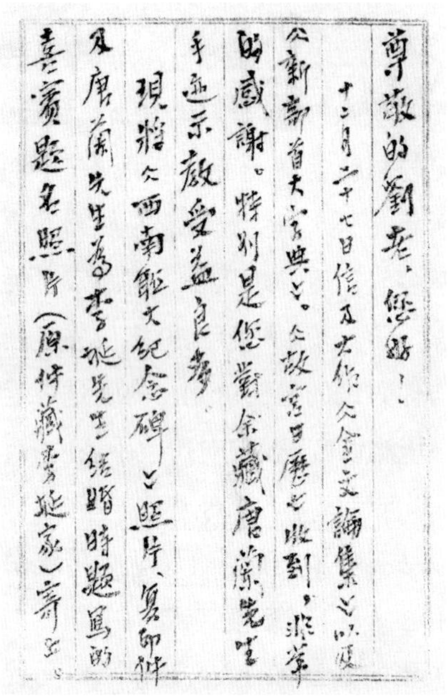
尊敬的刘老：您好！
十二月二十七日信及大作《金文论集》以及《新郑首大学典》《故宫日历》也收到，非常的感谢。特别是您对余藏唐兰先生手迹示教，受益良多。
现将《西南联大纪念碑》之照片、复印件及唐兰先生为李埏先生结婚时题写的喜宴题名照片（原件藏李埏家）寄上

《云南书画》和互联网上有文章介绍了你的收藏事迹，得知你有一批抗战时期西南联大学者手稿和书信的收藏，甚为敬佩！昨晚与你通话，知你有唐兰先生的重要文稿收藏，十分高兴！《云南书画》2010年1期收有《台字考》和《书古文训卷·大禹谟》两文各一页纸，我希望能得到两篇全文的复制件；如你再查找到唐先生的其他

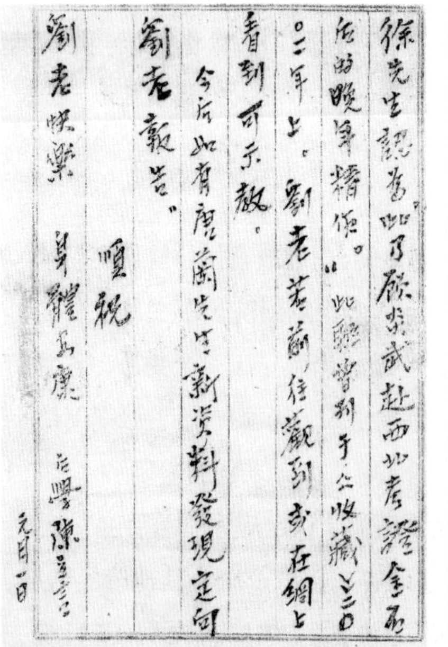
徐先生认为此可能出自西北考证，余看后的晚年精作。以此联曾刊于《收藏》2010年上。刘老若有兴趣往观到或在网上看到可示教。
今后如有唐兰先生新资料发现定向刘老敬告。
顺祝
刘老快乐 身体安康
后学陈[illegible]
元月一日

余友人[illegible]所藏有一帧唐兰先生墨迹。征得同意，现将复印件同时寄上。
前天电话谈及北京保利拍卖，元月八日秋展，其中有[illegible]顾炎武书"极目霜寒添水瘦，倚楼天远野云凝"。此对联为余藏。此对联于上世纪八十年代初，友人[illegible]出席中国书法家第一次全国代表大会时，携京给[illegible]郭沫若先生鉴

故宫博物院
刘雨往还信札

手稿文件等，也希望能通知我。我准备在综合考察以上资料后，向院长提出故宫收藏这批资料的建议，不知你意如何？

接刘雨先生信后，笔者即复信先生，表示唐兰寓滇遗墨得故宫博物院之重视非常高兴。随将唐兰《王命传考》、《金文中朕字用于领位者例》、《金文中所见台字用为人称代名词者》、《书古文训卷》（二、三、四、五、六、七卷）的首页，殷焕先呈唐兰的信，以及笔者为昆明市文史资料《西南联大纪事》专辑写的《唐兰先生的昆明情缘》一文的复印件寄呈刘雨先生，希望他阅读解惑，同时向他真诚表示，笔者所藏唐兰的手迹，可无偿地用于《唐兰全集》，若能刊用将是笔者的荣幸。

刘雨收到笔者的信及资料后，12 月 27 日回信说：

接你二十四日寄来的特快专递，内心很有触动！我与先生素昧平生，却承你如此厚意，邮来珍贵的资料，实始料所未及。收藏之道，我虽不为，却深知其中之艰辛。收藏之境界，贵在责任，而非牟利，然理虽在兹，真正践行者能有几人？生在世情淡薄的今天，接到你沉甸甸历尽困苦收藏的资料，颇有感慨系之……

刘雨先生又对收到的复印件资料考查后解释如下：

第一，《书古文训卷》十六卷，宋代薛季宣撰。晋代人伪造古文《尚书》时，曾编写了一部用当时知道的古文字写的《尚书》，薛氏此书即仿彼而作，其内容虽无稽，但从中可以看到晋人写的古文字状况，也对《尚书》的研究有参考价值。此书在当时已难以见到，唐兰先生摹写原书，意存研究资料。薛书在 1995 年《续修四库全书》里有影印本问世，由上海古籍出版社出版。

第二，《王命传考》发表于北京大学《国学季刊》第 6 卷第 4 号第 61 ~ 74 页，1941 年。后又收入《唐兰先生金文论集》第 53 ~ 61 页，紫禁城出版社 1995 年 10 月出版。

第三，《台字考》是笔者据《云南书画》一页文稿内容推测的篇名，不确。此文系唐兰为考证石鼓文年代所做的系列论文手稿之一，抑或是笔记散页，未见发表。唐先生考证石鼓年代的特色是以先秦人称代词使用年代为对照标准，所得结论与众不同，但言之有据，且证据确凿，自成一家之言。

刘雨的解惑让笔者对唐兰先生手迹有了再认识，受益良多。他还嘱笔者代查找西南联大纪念碑有关图片，特别是有关唐兰篆书题额部分之图片。并说：“凡准备用于《唐兰全集》中属于你的资料，将在《唐兰全集》后记中记录你支持该书的贡献。”

刘雨先生还随信寄赠他所著的故宫博物院学术文库《金文论集》签名本及先生在网上购得的，物理学家王竹溪编、杜晓庄整理的《新部首大字典》给笔者，以供研究西南联大学者时参考。刘雨先生的赠书之举既让人感动，也开拓了笔者求知的视野。

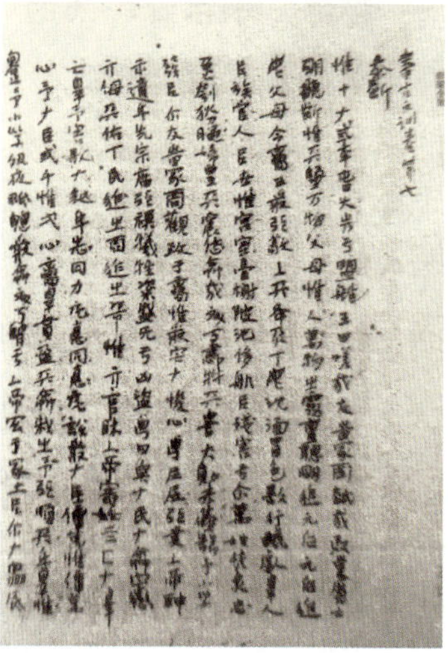

遵刘雨先生之嘱，笔者将《西南联大纪念碑》的照片及唐兰为李埏结婚时题写的嘉宾题名照片和友人潘建武藏唐兰《吴王夫差鉴》直幅墨迹照片寄给刘雨先生。（见 120 页图）

2014 年 1 月 9 日，刘雨先生回信说：“昨天下午得见你寄来的信和资料，喜出望外！”他对这些资料考证后认为：“李埏夫妇结婚照及唐兰先生书李、赵婚礼嘉宾题名，是一件很重要的抗战纪念文物，它见证了国难当头之际，一群不甘做亡国奴的师生，僻居西南一隅，亲密相守，共度时艰的历程。《西南联大纪念碑》，碑阴‘中国文学系教授唐兰篆额’字样是我首次见到，弥足珍贵！”

刘雨先生对唐兰手迹《台字考》作了全文标点断句以示笔者。同时告知：对笔者提供唐兰先生的资料都准备收入《唐兰全集》有关章节。信中还说：“整理小组同仁感谢您对他们工作的支持和帮助，将会记住您作为一个收藏家所表现出的崇高境界，《唐兰全集》也将在显著位置记载您的贡献。”刘雨先生此信让笔者感到欣喜和惭愧！欣喜的是藏品被解惑认可，且具有历史、艺术价值，将刊载于故宫博物院的专集上；惭愧的是略知什么样的人才算得上真正的收藏家？就笔者而言，“收藏家”这项桂冠是名不副实的。

《唐兰全集》共12册，由海内外专家、学者、博士生等30多人组成整理小组，历经8年辛劳，由上海古籍出版社于2015年11月出版发行。

次年春，刘雨告知："《唐兰全集》已出版了，现故宫只收到样书，你被列入故宫尊者赠书名单，只要书一到即寄上。"

当笔者收到故宫博物院赠予的这部沉甸甸的《唐兰全集》时，喜悦心情难以言表！当即放下一切，连续闭门两天翻阅。最心切的是寻到与笔者资料选用有关的部分。让人始料不及的是在第十册遗稿集二中，第1022～1032页刊载了唐兰先生的《书古文训卷》，并有对此卷的整理说明：

《书古文训》十六卷，宋·薛季宣撰，乃仿晋伪古文《尚书》所作。（该书有《续志堂经解》原版影印本，1995年上海古籍出版社出版）。云南著名收藏家陈立言先生藏有唐先生该书二、三、四、五、六、七等各卷47纸手摹本散页，摹于西南联大任教期间（1939年至1946年），陈先生概以本书公布各页首，共六纸。篇题为整理者所加。（刘雨）

《唐兰全集》的出版，使得该书能走向海内外。书中所载的唐兰与云南有关的人文轶事，为云南抗战历史、文化增添了一段佳话，也为人们了解云南打开了一扇重要的窗口。

“捡漏”得瑰宝

乱世饥荒，盛世收藏。收藏，不仅能增长人们的历史、文化、艺术、科学知识，还能带来静中的享受，闲里的纳福，可谓其乐无穷。

随着收藏意识的增强，人们对身边之物也不再像过去那样随便弃置，难怪藏界人士苦叹近年很少能“捡到漏”了。对喜爱的藏品非加大投入而莫能为，有时为淘一件藏品稍不留意还会因“打眼”而耿耿于怀。收藏中的酸、辣、苦、甜只有入其里才知其味。所谓“捡漏”，则是以好的机遇用最低的付出而获得具有历史、艺术、科学价值的藏品，碰巧有“捡漏”那当然是令人高兴的快事！

昆明大观商业城于2003年8月新开辟了一个集古旧书籍、名人书画、古玩杂件、钱币邮票、民族手工艺品、花木鱼虫于一体的大观文化艺术走廊。它与护国路古玩城、西南文化市场、景星花鸟市场、金马碧鸡文化街及张官营、金马寺旧货市场一样，都是人们既可观赏又能淘藏的好去处。能淘到价廉物美的藏品虽然不易，但能“捡漏”的也不乏之，只是得看各人的机遇和眼力了。

20世纪90年代末，笔者在金马寺一书摊就淘到一册联大著名教授唐兰先生的《书古文训卷》手稿。当时在书摊前，笔者拿起手稿反复翻阅且不问价，摊主便介绍说：“这是云南大学一个老师写给北京一个姓唐的人，还有一封信呢。”《书古文训卷》稿上未署名，但从书体上看总感到有点眼熟，便与摊主说把信拿出来看看，信中还夹有一帧用毛边纸手书的《金文中联字用于领位者例》文稿，而信则是我国现代著名语言学家殷焕先先生于1946年底，在云大任教时写给唐兰先生的，此时知摊主对唐立庵先生为何人还不甚了解。笔者便叫他开价，摊主即说：“大学老师写的东西有一定品位，不多要，只200元。”经两次讨价后以150元成交。

从纸质、墨色上看，文稿应是民国时期之物，但是否出自唐兰先生手笔仍须作进一步考证。友人收藏唐兰先生墨迹与《书古文训卷》相比较就初步解惑了。近年由古籍出版社出版的《民国时期名人书法》一书第194页为唐兰先生于1944年给文学史学家王伯祥先生的一帧书作，此作与《书古文训卷》书风均无异样。

后来，笔者又去求教与唐兰先生有着深厚师生情谊的云南大学教授李埏先生。

李先生 1940 年毕业于西南联大，后考入昆明北大文科研究所，两次求学期间都曾受教于唐兰先生。从上述唐兰先生所书墨迹与《书古文训卷》《金文中联字用于领位者例》作比较，其用笔结体均出自一人之手，而文稿的原保存者为殷焕先先生，殷先生在北大文科研究所就读时的导师就是罗常培、唐兰先生。殷先生后来在联大、云大任教，讲授语言学、文字学。

因此，笔者淘到的《书古文训卷》《金文中联字用于领位者例》文稿为唐兰先生手书无疑！

郭沫若先生研究甲骨文时曾与唐兰先生在学术上相商。早在 20 世纪 40 年代初，著名学者柳存仁先生在《宇宙风乙刊》中写的《记北京大学的教授》一文中说：“北京大学的教授们的生活，只是一种合理的修养和不断增加学问的总成绩。近年以来，唐兰先生的甲骨金石，罗常培、魏建功先生的语言声韵，罗庸先生的文学史……如果不能够被认为是代表中国全国的最高权威，那么，你应该可以告诉我谁是比他们更好的。这单是指的中国文学系……”从文中可知唐兰先生对古文字学研究的精深造诣。

今天西南联大学者留下的遗物极其珍贵，这份唐兰先生的手稿，对研究联大的治学精神等，有着极高的历史、学术和艺术价值。

昆明各界声援抗战的书画义卖

抗战初始，云南各族人民抗日热情高涨，以人力、物力、财力积极支持抗击日本帝国主义的侵略战争，除抢修滇缅公路外，当时装备精良的著名的六十军（滇军）、五十八军相继出省参战。时任云南省政府主席的龙云将军，为激励滇军将士，作了“三迤健儿，敬恭桑梓。国步方艰，我武惟扬。声威虎啸，志气龙骧。是中华之福运，是吾乡之辉光”的《出征词》。

《出征词》由云南省政府秘书长袁丕佑先生代笔，以其父袁嘉穀书风写成条幅，随之将条幅印刷分赠出征部队。

1939年2月4日，“昆明市小学教师抗战服务团义卖献金委员会”为募集更多献金，以龙云主席为出征滇军题写的《出征词》墨迹以及印刷品，在武成路华山小学举行义卖展。展前，该会已将荣誉购买券分送各高级长官及富庶巨室、社会各界名流。当日预订者已达2000余人，足见人民爱国情殷、抗日志切及珍爱墨宝之情！

展览3日，于2月6日结束，持预订券换取者非常踊跃，其中有永昌祥商号严燮成先生以6000元购龙主席墨宝一帧。时近下午五时已将闭幕，突有巨商董澄农先生出价30000元，完成最高纪录，照义卖办法取得了墨宝真迹。

其他荣誉出价100元者为汇康永安纺纱公司，50元者、30元者、20元者、10元者分别有双宝源、云昌号、恒祥、黄春城、元兴、惠裕、悦宝楼、明昌、张鸿记、广荣昌、东月楼、合香楼、向逢春、天宝利、凤祥银楼、永源、义兴号、映江楼、黄松甫、吉庆祥、福林堂等老昆明的各类商贸之家以及逸乐电影院、大众电影院、拓东体育场、昆华建筑公司、何荣丰彩裱行等，义卖时的宣传画5元以下出价以个人为最多。至结束，龙主席墨宝义卖所得累计超过200000元。

“昆明市小学教师抗战服务团”又于7日到锡都个旧义卖龙主席墨宝，义卖日期由10日开始。个旧全体民众因拥戴爱国之热忱，纷纷前往购买，计锡务、铁路公司各出币10000元，锡锑公司12000元，炼锡公司5000元，均以重价购买龙主席墨宝1幅。其他民众方面，则以50元至1000元购买墨宝者为众。两天义卖结束，共获5万余元。全省各地知龙主席墨宝义卖，不乏公私购买者纷纷求购。此帧墨宝供

不应求，卖完一批又赶印一批，以满足各地求购者。

受龙主席墨宝义卖捐助抗日的启示，云南省许多书画家未敢忘忧国，愿将自己的得意作品也作义卖，以尽微薄之力。“小学教师抗战服务团”便邀请著名书画家吴绍璘、吴锡忠、王铮、布青阳、陈贻孙、赵鹤清、丁中立、萧士英等征募书画，得到这些书画家的鼎力支持，将作品携至各大商号、富室义卖。所得款交“云南省抗敌后援会”。

另有当时旅滇的著名京剧演员吴继兰女士，她用本嗓唱旦角，别具一格。吴女士是一个很有文化修养的演员，尤擅丹青，特喜写兰。在金碧公园（今金碧路云南省第一人民医院）演出《冯小青》时，曾当场题诗义卖；演出《董小婉》时，边唱边画兰。画毕，悬挂台口义卖，从几十元竞价到千元，最后补题款识售出。消息传出后，诸多戏迷及喜书画者纷纷要求继演，吴继兰女士不负企盼，重演多场，义卖所得全部捐献抗日！

在云南省抗敌后援会组织的书画义卖活动中，当时迁滇的科研院所及大学中的不少人，对书画艺术也极有造诣，对书画义卖之举也曾积极支持参与。1939 年 7 月 7 日，西南联大的许多教授举行了一次书法义卖。据时任“西南联大学生自治会”主席的华道一先生在《蒋梦麟写字义卖》中说：

1939 年春，当时在昆明的北大校长蒋梦麟（联大三常委之一），也亲笔写了好几个条幅参加义卖，而且表示，对联大在校同学，义卖价特别低廉，一个条幅只卖当时法币 5 元。蒋先生平时很少为人写字，所以他的书法流传很少。我那一年即将从西南联大毕业，正想得到蒋先生的墨宝作为纪念，而且五元法币的价格也是当时穷困学生能负担得起的。但当我找义卖办事处的工作人员联系时，他们说蒋先生写来的几幅字都已售完，但蒋先生同意仍可以付款预订。我当即付了 5 元法币，预定了一幅。

当年6月，我从联大毕业，回到上海家中。这幅预定的蒋先生字轴，直到当年冬天，才由昆明留校同学吴承明兄为我代领后从邮局寄来。我拆开邮件一看，真是喜出望外！原来蒋先生所写是节录《史记》所述楚国大将庄蹻开发滇池的故事，恰合昆明地方本色。而且蒋先生的书法笔酣墨舞，秀丽挺拔。更使我吃惊的是，蒋先生居然题了上款，写着“道一学兄纪念”。我对这个“学兄”称号实在惭愧，无地自容！蒋先生对青年学生如此虚怀若谷，反映老一辈教育家的宽广胸怀，却让我们更加尊重他了。

蒋梦麟先生当年写的这幅字，经过数十年风雨，华道一先生一直保存到现在。另据当时就读联大历史系的李埏先生也曾回忆说：“抗战时，在昆明组织的‘七七’献金以及书画义卖活动尤有印象，记得除联大几位常委书写外，大约还有杨振声、冯友兰、朱自清、闻一多、罗常培、罗庸、郑天挺、向达、唐兰、潘光旦、沈从文等先生，购买者校内外的人都有。”

尤值一提的是，魏建功（天行）先生以刻制印章义卖。印章用云南特产的藤子制成，很受人欢迎。原定只治100方，后因求购者太多，又增加17方。据负责魏建功先生这次印章义卖的戏剧史家吴晓铃先生说：“我们住在三转湾义兴巷的时候，天行先生常常找我们聊天，他平易近人，没有教授架子。这次义卖藤印，我们干脆请他来住。方师铎负责采购南诏白藤手杖，杨佩铭则把藤杖锯成2寸左右的小段，然后用砂纸打磨平滑，我做‘经理’，管收件和送件，同时还把刻成的藤印钤了10份，准备装订成册，名曰《义卖藤印存》，再行义卖9册，自留1册存念。”

吴晓铃先生自留的一册，最后也送给了魏建功先生。联大著名教授郑天挺先生以“其神清，其锋利，贞固其操，温其懿，君子佩之，劲以励其志”赞颂魏建功先生的藤杖印。

著名作家冰心先生当时在昆明，从吴晓铃先生手里用两块钱“义买”了一方，对魏建功刻制的藤印章评赞说：“魏先生是文字学大师，他的治印不拘一体，富于书卷气。现在有人找我写点什么总是钤这方藤印。我喜欢它，也是怀念他！”

抗战初期举行的书画“义卖”，捐助抗日，为昆明的抗战历史平添了一段佳话。

闻一多为云南学子治印

闻一多先生自公开挂牌治印后，常握刻刀于深夜，特别是联大北迁时，闻先生为尽快凑足全家北迁时的旅费更是刻刀不停。在两年多的时间里，闻先生刻过多少方印已无从统计。1990年9月文物出版社出版的《闻一多印选》即收印谱500余方，多为在昆明时所刻，这每一方印既是闻先生艺术智慧的结晶，也是他心血和汗水的“商品”。

闻一多治“马献文印”

马运和先生就保存着闻先生为他刻治的一方“马献文印”阳文字号牙章。当时马运和先生就读于云南大学文史系，他有个内弟在西南联大中文系就读，是闻一多先生的学生，内弟保国强家住青云街28号。当时昆明西北角的文林街、钱局街、青云街、北门街、华山西路则是西南联大、云南大学师生居住往来的街巷，因保国强与闻一多先生师生情谊颇深，闻先生如路过青云街，只要有空，皆到保国强家小坐片刻。保国强就有了更多机会亲聆闻先生教诲。

1945年秋开学后不久，马运和先生便托内弟保国强代求闻一多先生为其刻一方印。10多天后，闻先生将印刻好交保国强，边款署“一多”二字。马先生求刻的这方印未付润资，是由保国强以一工艺品赠送闻先生为酬谢的。

1954年的某一天，云南省博物馆负责人邢荃同志曾到马运和先生家看收藏的字画，同时也看了闻一多先生为其刻治的这方印，确认是闻先生刀笔。他曾动员马先生将印转让由云南省博物馆收藏，马先生则以私章婉拒未果。马运和先生每见其印，更忆起闻先生的音容笑貌及往事。这方印是闻先生留给昆明的一件十分珍贵的历史文物和艺术珍品。

闻一多为李埏治印

闻一多先生对外治印的消息公开后，在昆明为他设接件处挂牌的还有华山南路上的“宝翰轩书画装裱店”、正义路北段西廊的王姓毛笔店，还有云瑞西路的“瑞松阁古董店”——该店店主为陈松年，北京大学毕业。由于陈松年文化素养高，经营的字画品位也比别人好。闻一多、潘光旦、唐兰、沈从文等联大教授常到这家古董店喝茶聊天。另一处是在青云街上的“自由论坛社”。该处的“闻一多治印”牌上，将石章每字解定为1000元。

在昆明的学人中，能见证闻一多先生治印并亲获他为其刻印者极少，而李埏先生则是其中之一。

李埏对闻一多先生为其刻印曾回忆说：“我很羡慕一多先生的治印艺术，但我一直没敢请他给我刻一枚。原因是我看到他桌上老摆着那么多的待刻印章，知道他已经够忙累了，怎么好意思再去干扰他呢？直到1946年6月，我去看望他时，他问我有没有什么事要他帮助。我才说：‘最好能得到您的一枚印章。’七月上旬的一天，我又去看望他。他从抽斗里取出一枚印章递给我，说：‘我们快分手了，无以留别，即以此相赠，作为一个纪念吧！本想刻颗石章，但手边没有好石头，还不如这颗血牙呢。’我接过一看，上刻‘李埏’二字、阴文、篆书；边款小字两行，文曰：‘卅五年七月应幼舟兄属，一多’。不料数日后，一多先生便不幸遇难了。这枚印章大概就是他的绝作了。”

闻一多先生自牌治印后，究竟刻制了多少方印章难以计数。接刻印章虽定有润资，但为其友人刻印，也有不收润资的，为李埏先生刻的这枚便是其中之一。

自2001年，笔者有幸与李埏先生相交后，曾多次聆听李埏先生回忆谈及闻一多先生的诸多人文轶事，特别是对闻先生留作纪念而刻的这枚牙章，被先生视为珍藏之宝。笔者因素喜书画收藏，征得李埏先生概允，待购了一册钤印笺谱，便请先生将闻先生刻赠的这枚珍贵印章钤在首页上，也作为珍藏，并让同好皆能欣赏学习闻先生的治印艺术。因李埏先生的子女在外地工作，加之二老年事已高，当时不便翻寻置于箱内的这枚印章。李埏先生说：“待孩子休假回来找出，定为钤盖。”

2005年秋，《青年与社会》杂志特别策划“长乐未央——西南联大启示录（上）”，记者邀笔者带他们去访问李埏先生。先生回忆讲述了他在联大求学及一些恩师的诸多往事，出示了多帧照片和一些墨迹让记者拍照。去先生家的路上，笔者也向记者讲了闻一多先生为李埏先生刻印及想请李先生为笔者钤印的事。当记者请求先生出示闻一多先生为其刻的印时，李埏先生遗憾地说："该印现难以寻找出，待孩子回来时找出，一定请你们来拍摄，让更多的人看到闻先生遇难前为我刻制的这方印。"

访问李埏先生回来，记者还说："待李先生找出印章后，请尽快通知他们来拍照，以便同时刊印在采访先生的纪念文章里以增色。"但随后李埏先生病情日渐加重，一直反复住院。笔者多次去医院或家看望先生，先生还惦念着要为笔者钤闻一多先生之印的事。直到 2008 年，李埏先生仙逝，终未能看到闻一多先生为李埏先生亲刻的这枚"离别印章"，成为一件让笔者终生怀念而遗憾的往事。

第五章
西南联大师生的衣食住行

师生的衣食住行

抗日战争期间，落户昆明的国立西南联合大学，汇聚了全国学界一流的学术泰斗和精英。师生们随着时代的变迁而变化的衣、食、住、行，作为他们在昆明生活的一些真实写照，留下了很多让人回味的趣话。

衣着入乡随俗

服饰是一种文化，每个人的衣着都体现了不同群体及不同时代的风貌。对于联大师生的衣着，最早在昆明人眼中看到的是：由长沙“临时大学”（北大、清华、南开三校组成）迁滇组建的湘、黔、滇师生旅行团于 1938 年 4 月 28 日到达昆明时的打扮——

学生身穿土黄色军装、打绑腿，背上背着干粮袋、水壶，有的还穿着黑色棉大衣，打着油纸雨伞……教师李嘉言、李继侗、黄钰生、闻一多、曾昭抡、袁复礼、许维遹等及三位医护人员则是分别穿西装、中山装、夹克、布大褂，李继侗先生的脚上也打着绑腿。到 5 月 4 日，联大在昆明开学上课，学生就不再穿军装了。

联大初迁昆明时，原来三校的学生比较多。男生的着装多数有三种不同的类型：北大的多穿大褂，表现出潇洒典雅的中国风度；清华的喜穿西服，显露出偏爱欧美的绅士风度；南开的则大多爱穿夹克，反映出随和自然的津门气象。当然，也有穿中山装或皮衣的。夏天，有的穿夏威夷衫或长袖衬衫；冬天则穿夹棉袍大褂或棉大衣。

“云南抗敌后援会”发起为前线的滇军将士募捐寒衣运动，联大师生踊跃参加，捐献了数千件衣服，深受社会好评。随后昆明的物价不断上涨，一些教师和靠贷金生活的学生不得不到社会上兼差打杂。学生所得的报酬除去必需的零花钱之外，则没有余钱添置衣服，于是一件衣服经多次缝补后还在穿。有的外出还要互借衣服，也有的在洗好衣服后，一直等到晒干后再穿的。那时联大师生穿补丁衣服、破鞋子

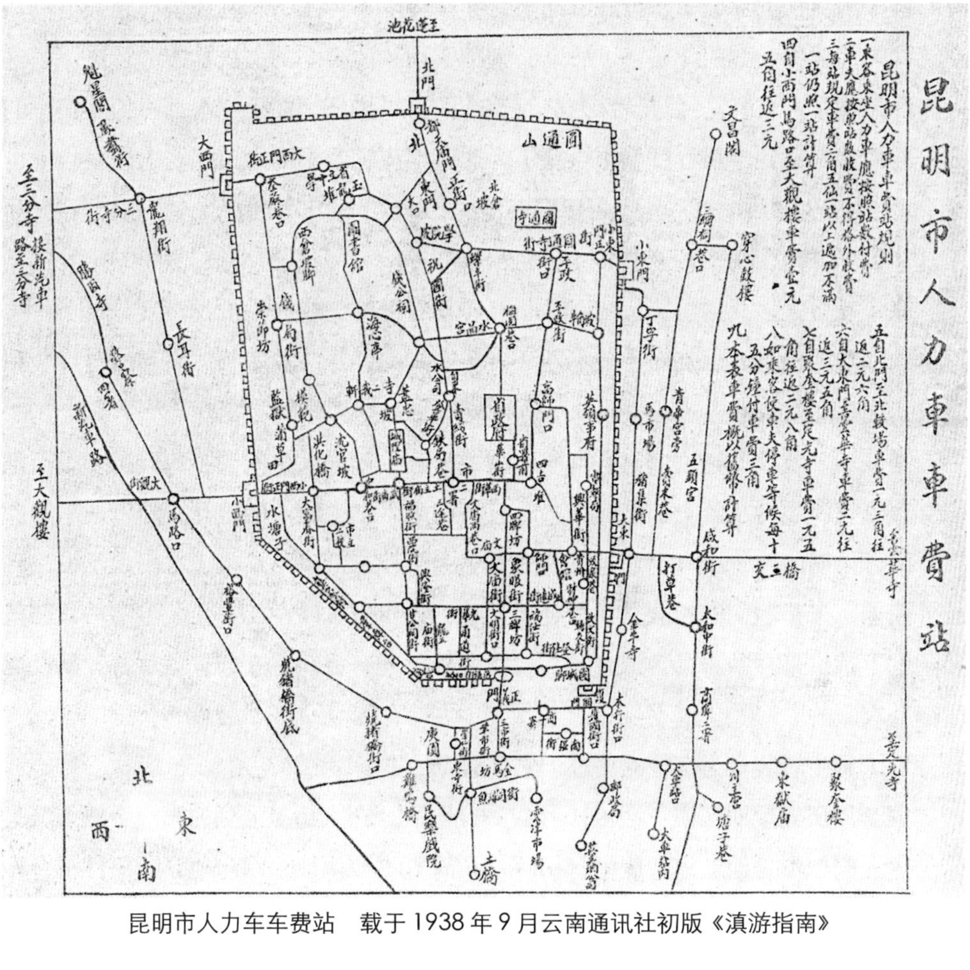

昆明市人力车车费站　载于 1938 年 9 月云南通讯社初版《滇游指南》

习以为常，实属无奈。直到“昆明学生救济处”代红十字会发给昆明大中学生一批衣物，联大学生衣物不足的问题才得以部分解决。

抗战胜利前夕，驻昆明的美军多了，他们吃穿物资多的是。当时美军的衣服质地非常好，即便是旧军装也比普通人的服装结实得多。他们的衣服既耐穿，又便宜且洋气。不少联大男生就买来穿。加之联大八百学子从军，一部分人去了印缅战场，他们回到昆明后也带回来一些美军的衣服、鞋子，这些物资在联大随处可见。因此，那时联大男生几乎每个人都少不了一两件，穿美军服装上课或外出的现象也就慢慢普遍起来了。

联大新校舍里的路都是土路，每逢雨季，到处是烂泥，其中大小水塘不少。从宿舍到教室、饭堂或图书馆总要蹚过泥泞不堪的“水泥路”。一双皮鞋，穿过一个雨季，有的鞋子前后帮都穿破了，鞋底磨通了，穿在脚上不免露出脚趾和脚后跟，也仍然在穿。人们戏称为“前仆（补）后继，脚踏实地”。美军的大皮鞋帮“解决”了这一难题。美军大皮鞋是经过特殊方法制造的，可以说任何泥土和水都不怕。美军的大皮鞋大多是穿到半新程度就不再穿了。这些旧皮鞋经不同渠道让联大许多男生也穿上了，尤其是雨季，每双至少可以穿一年，比市场上的皮鞋耐穿得多，且价廉物美，于是穿美军皮鞋在联大男生中也一度成为时尚。

联大女生大多穿裙子，也有穿旗袍的，质料有棉的、丝的、毛的；颜色以素雅为主，鲜艳的、花的也有。上装随季节不同，多穿中式的姊妹装及中领、高领的对襟装和毛衣，也有穿西装的，还有少数“女扮男装”的。

在长沙“临大”迁滇途经香港时，有些家庭富庶的女生购买了流行时装。当她们穿着流行时装漫步蒙自、昆明街巷时自然引来了别人欣羡的眼光。随着战争的深入，由于昆明的物价居全国之冠，联大女生为维持最低生活水准，也不得不设法到校外兼差。于是她们的衣服、裤子补了又补，大褂破了改小褂，长久不穿的衣服从箱子底下拣出来翻新再穿。课余时，除读书外，还有自织毛衣的，也有替教师及男生缝补衣服的。

联大师生着装最为奇特的莫过于朱自清先生了。

据李广田先生回忆说：“1941 年我到昆明后，在大街上遇到的第一个熟人就是朱先生。假如不是他老远地脱帽打招呼，我简直不敢认他，因为他穿了一件很奇怪的大衣，后来才知道那是云南赶马的人所披的毛毡，样子像蓑衣，也像斗篷，颜色像水牛皮。我当时想笑却不好意思……”朱自清先生穿的这种用羊毛擀织而成的毛毡，确是云南赶马人穿的蓑衣，它比棕制的蓑衣更能隔水且保暖，可披、可盖、可垫。那时朱先生家庭人口多，所得薪水还要分给扬州、成都、昆明三处亲人。他原穿的旧袍已破烂得不能再穿，且又无力购置新棉袍，就在龙头街买了一件便宜的毛披毡。他从司家营进城往返中穿在身上挡风避雨。名教授穿毛毡在联大因此一时传为佳话。

住则居无定所

1938 年 1 月 19 日，国民政府批准长沙“临大”迁往昆明。“临大”迁昆，首先要解决的是校舍和师生的住房问题，于是由蒋梦麟、秦瓒等人成立了“昆明办事处”。他们一行于 2 月 15 日先期到达昆明，主持建校事宜。办事处最初设在崇仁街 46 号。

联大在云南当局和昆明各界人士的大力支持下，租借了拓东路迤西会馆、全蜀会馆和江西会馆作为工学院校舍；盐行仓库及玉川巷 2 号作为教师、学生校舍；昆明西站的昆华农业学校作为理学院校舍。虽然如此，但是当时内迁昆明的机关较多，房舍紧缺，联大文、法学院的校舍也难以解决。经蒋梦麟赴滇南蒙自考察后，决定将文、法学院暂时设在蒙自。

联大于 5 月 4 日和 5 日分别在昆明、蒙自开课。后因中央航空学校也从柳州迁到蒙自，需征用校舍和修建机场。联大遂决定期末考试结束后，蒙自分校撤销，于 8 月全部搬回昆明。文、法学院的师生则暂时分散到理学院校舍。

此时，国民政府教育部又令联大增设师范学院，恰好昆明许多中、小学校为避日机轰炸迁离市区，校舍空出不少。联大在云南省政府及云南省教育厅厅长龚自知先生的支持下，租借到昆华工业学校（龙翔街）作为文、法学院的教室和宿舍；昆明师范学院（昆师路）作为教员及学生宿舍；昆华中学（文林街）北院为师范学院新生和其他各系高年级学生宿舍；南院则为师范学院教室和女生宿舍。联大各行政部门办公室、各院系一年级学生教室与理学院仍然设在昆华农业学校。

校舍问题得以初步解决后，1938 年第一学期于 11 月 24 日开始注册、选课，12 月 1 日正式上课，师范学院则推迟至 12 月 12 日开学。

1940 年 10 月，昆华中学北院遭日机轰炸，部分房屋毁坏，师范学院则迁往龙翔街昆华工业学校。北院毁坏的房屋修复后，作为各院系一年级学生的教室和宿舍。南院统一为文、法、商、理学院的女生宿舍。

联大在租借校舍之前，也在考虑征地建造统一校舍。1938 年 4 月 19 日，在昆明召开的首次常委会会议作出决定：建造校舍预算暂定为 20 万元，设立以黄钰生等 15 人组成的建筑设计委员会，聘请中国营造学社梁思成、林徽因为校舍建筑工程顾问。在云南省政府及云南省建设厅、教育厅的支持下，经多方考察，于 7 月选定了昆明西北郊三分寺的 120 余亩（亩为非法定单位，1 亩≈ 666.7 平方米，全书特此说明）地（今一二一大街）。校舍设计方案出台后，几经反复修改，拖延数月。岂料物价急剧上涨，原计划中的三层砖木结构楼房不得不改为平房，除图书馆和两座食堂使用砖木结构、瓦屋顶外，学生宿舍都是土坯墙、茅草屋顶，其他房屋则用土坯墙、铁皮屋顶。

新校舍于 1939 年 4 月竣工，下半年交付使用，但仍然满足不了联大全部教学、生活所需。只能勉敷文、理、法、商学院之用，其他学院仍在原处租借使用。

1944 年 4 月，经第 295 次常委会讨论通过，将办公室屋顶的白铁皮 400 余张，转让给重庆建中实业公司，得款 200 余万元，除购买茅草作屋顶的费用，余下的正好弥补学校预算的赤字。

整个联大时期，北大、清华、南开三校在昆明还各自设有办事处，保留着各校原有的一些行政和教学的组织系统，负责处理各校自身的事务。

北大办事处设在崇仁街 46 号，后迁至财盛巷 2 号；清华办事处几经迁移，后设在西仓坡 5 号；南开办事处初设龙翔街，后迁至文林街的文化巷 8 号。“联大常务委员会”的会议则轮流在三校的各办事处召开。三校办事处还要为单身的教师租赁住房。

当时居住人数最多且最有影响的是青云街靛花巷 3 号，就是北大教师宿舍。这里住过陈寅恪、罗常培、郑天挺等著名教授，著名作家老舍先生旅昆时也在此住过。北门街 71 号是清华教师宿舍，这里是唐继尧的私家花园，在此居住过的有朱自清、浦江清、李继侗、吴宓等著名教授。文林街 20 号（今师大附小斜对面的东南面）过去称“大公馆”，也是联大的单身教师宿舍，沈从文教授从乡下进城上课就居住于此，著名作家巴金也在此留下过足迹。

“抗战时期的昆明有多大，西南联大就有多大”，此说泛指联大师生先后散居于昆明的街巷、乡村。诸如小东门的小东街节孝巷、绿水河；大东门的交三桥、护国路；南昌街的白果巷；东寺街的花椒巷；鸡鸣桥的复兴村、西坝新村；小西门外的大观街、篆塘村，以及城中的富春街、武成路、三转弯的义兴巷；五华山南侧的柿花巷、兴隆街等。大西门、翠湖周边的街巷更是师生们的主要聚集地。

为避日机轰炸，联大的诸多教师疏散到城外龙泉镇的棕皮营、龙头村、司家营、瓦窑村、蒜村、落索坡等处，在这里住过冯友兰、汤用彤、朱自清、闻一多、罗常培、郑天挺、王力、金岳霖、钱端升、陈梦家、游国恩、吴晗等著名教授以及北大、清华文科研究所的研究生。北大还在岗头村盖了一所简单的房子，供蒋梦麟等先生疏散之用。同住这里的还有罗庸、吴大猷等著名教授。

1940 年，清华在昆明西北郊的大普吉建盖“清华研究所”。大普吉周边的陈家营、大河埂、龙院村等处住过梅贻琦、吴有训、潘光旦、华罗庚、杨武之、赵忠尧、任之恭、赵访熊、吴达元、姜立夫、赵九章等著名教授，那时的大普吉和龙泉镇便成了战时昆明乃至全国知名的两大文化学术中心！

费孝通、沈从文、陈达等著名教授则远居呈贡，周培源教授居住在西山龙门脚下的山邑村，冯至教授居住在金殿后山的杨家林场，唐兰教授租住在大观楼外的明波村，钱穆教授从离开蒙自后就居住在宜良的岩泉寺。

那时，联大教师们在昆明的居住地没有哪一家是固定不动的。搬迁居住地方最多的莫过于闻一多先生，闻先生的家人来昆明后，从初住节孝巷到西仓坡大宿舍，先后共搬了 8 次家，住过 9 个地方！

吃以“膳团”为主

昆明是滇味饮食的中心，大小餐馆及各种饮食店铺林立，以其传统的滇席八大碗，三冷盘，四热炒，十二围碟中的蒸、炸、烤、卤、炖的荤素菜最著名。清真的牛菜也很有特色，而米线、饵块等名目繁多的风味小吃更是让人食而不忘。

联大初到昆明时，昆明的物价还是很低的。教授薪俸高的每月约为 350 元法币，当时的法币 1 元可换新滇币 10 元，而 1 元新滇币大约可买鸡蛋 100 个，2 元多法币可买一袋 20 千克的面粉。师生们的生活比较优越。一日三餐，师生们大多可在学校的食堂就餐，有的就近在学校旁的餐馆吃“包月饭”或在外随意选吃。学校周边的饭店、小吃摊遍布街巷，也不昂贵，就是靠拿贷金的学生，日常生活也能应付得了。

那时联大的食堂分为很多“膳团”，每个膳团大约10桌，师生可以自由选择膳团。“包伙”每月一订，若不满意可退伙另选膳团。每个膳团由师生自选“膳食委员会”与外包商订立包伙合同；也有自请厨工的，师生还轮流买米、买菜。膳团的伙食标准大多不超过贷金的水平，家境贫寒的学生，若想从贷金中省下几个零花钱，早饭还可退伙不吃，到“学生救济委员会”的学生服务处喝廉价豆浆、吃馒头。手头宽裕的为了换换口味，也常到校门外马路边的小食摊去买各种风味小吃。

联大膳团有高、中、低三档之分：大众厨房，每月6元；小厨房，每月9元；教师厨房（学生也可参加），每月12元。从上述三种厨房价目上，可显出师生的贫富来。其中在大众厨房就餐的人最多（有的也并非贫困）。但对真正靠贷金生活的穷学生来说，数目已是不小。在经过包商或厨工的克扣后，大厨房能吃到的早点多半是大米稀饭，配一点萝卜丝、花生米；午、晚两餐，8个人合吃4个菜；10天结账的时候能吃一次鸡或肉。每到吃饭时，食量大的，舀第一碗都得舀满，第二碗舀得省些，以便赶快吃完，等舀第三碗时，若是慢了饭桶已见底，就只能吃两碗饭了。

小厨房和教授厨房一般是早点吃鲜牛奶、窝鸡子，再配西式点心。午餐可到外面名餐馆吃一盘双黄鸡、脆皮鱼等名菜。晚餐去鼎新街“青年会”吃5角一餐的客饭，外加来回车费8角至1元，也有极少家境富庶的学生这样用餐。与此形成鲜明对照的也有早点很省，只喝白开水，午餐吃大饼配辣椒、豆瓣酱，晚餐也是如此，一日只花费1角。这两种贫富学生的吃法，占不到学生总数的百分之一。

伙食办得最好的是南院女生宿舍的膳团，伙食费平均比其他要少四分之一，同时也是昆明最便宜的。据说是因女同学饭量少，一种说法是女同学有钱，不大在膳团吃饭而喜欢上馆子。的确也有些娇生惯养的“小姐学生”，一走进饭厅就皱眉头，细喉咙咽不下粗饭菜，扒了几口就走了。不多一会儿就出现在文林街“同盛园”等处吃小锅米线、卤面、卤饵块或其他的小吃。其实，南院女生膳团办得好，价格低，主要还得力于厨工和女生精细的管理。

随着战争的持久，物价狂升，尤显米贵，政府不得不对机关公务人员配以定量“公米”，以维持日常生活。1940年2月27日，联大第137次常委会决议：成立“教职员食米消费合作社”，聘请郑天挺等7位教授为筹备委员，郑天挺先生为召集人，办理联大食米事宜。作为生活必需的大米问题，也就成为联大的一个“事务”了。

1941年12月，太平洋战争爆发，物价更是扶摇直上，联大教师的薪俸虽逐年增加，却赶不上物价上涨。从1943年至抗战胜利前情况更坏，钱也不值钱了。这是联大师生最为艰苦的一段时期，联大膳团每月伙食费大约需3000元。到学生服务处吃早点，买一个月的豆浆、馒头票得花900元，稀饭10元一碗、包子25元一个、面条100元一碗，价格比外面便宜40%～50%。这是因为联大有“公米”支撑的缘故。学生请领的公费或贷金则按物价涨数领取，伙食费基本是可以解决的。

昆明但凡有特色风味的著名中餐馆、西餐馆和小吃店，联大教师也少有未吃过的。这些在吴宓教授的日记和汪曾祺先生的散文里几乎都有记载。沈从文教授更是与米线结缘，只要肚子饿了，大多吃的就是米线。著名作家巴金来昆明，有一天到文林街20号沈从文处，两人叙谈竟忘了吃饭，等感觉饿了，沈从文先生请巴金先生吃的也仍然是米线。

行乃因人而异

地处滇池坝子的昆明，交通非常落后。直到20世纪初，滇越铁路通车，才为人们带来了“先有火车通国外，后有汽车驶城外”的出行便捷。随后又修建了机场，有了飞机。特别是滇缅公路的壮举，还使云南成了汽车的王国。

抗战时昆明人的出行，除火车、汽车、飞机外，还有人力车（黄包车）、自行车、马车、船。轿子则少有，但还有骑马的。

联大是配有汽车的，像常委们还配有小轿车。但梅贻琦先生就将小轿车交学校公用，自己除有重要礼仪活动不得不乘车外，其他时间是很少用轿车的，他的家属更是不可以用车。但梅先生规定，遇教职员工及家属有难或有病者则可派车相助。有一次，梅先生到西山脚下山邑村看望周培源教授。从周家出门行至公路边，恰遇云南省主席龙云返昆明，龙云主席一看是梅先生，便邀他同车回城。

联大师生的出行，因人而异。在校舍区虽不见小轿车，但摩托车是有的，偶有时髦的“三枪”“占人”牌等外国自行车也不足为奇。他们还有乘市区公共汽车的、坐马车的，也有包人力车上下课的，更多的则以步行为主。最为称奇的是周培源教授，他自己买了一匹马养着，马就成了他进城的交通工具。

师生们游览大观楼、海埂、西山、观音山以乘船为多；到筇竹寺、黑龙潭、金殿大多都是步行；到阳宗海、澄江、石林等景区则乘火车、汽车。

“同盛园”的小锅米线

米线是昆明乃至云南固有的传统名特食品之一。举凡到昆明的中外人士，少有没吃过米线的，本地人对米线更是情有独钟。

米线的食法虽大同小异，但名称很多，诸如小锅米线、过桥米线、鳝鱼叶子米线、粑肉米线、鸡丝米线、焖肉米线、肠旺米线、牛肉米线、羊血米线、豆花米线、酸汤米线以及不用汤汁的卤米线等。其中，最受人青睐的莫过于小锅米线和过桥米线了。

小锅米线过去称氽肉米线，也叫玉溪米线。因为小锅米线是玉溪人瞿绍忠在昆明首创的。20 世纪 30 年代初，瞿绍忠在昆明大西门文林街南侧的 20 号大门外的空地上，用白布搭棚经营米线、卷粉、饵块、面条、破酥包子，还兼售风翥麦饼。经营一段时间后，迁往文林街北侧的 211—212 号，开设“同盛园”玉溪风味餐馆。

同盛园以各种炒菜、卤菜为主，并兼售原有的小吃。其间，瞿绍忠常与在昆做餐饮的四川人交流烹调手艺，领悟到用高汤加鲜肉煮米线味道会更鲜，于是他以鲜腿肉剁细上浆，配以豌豆尖、韭菜、酸菜加上南通街上“太和园”的色香俱佳的玉溪或通海酱油。这样煮出来的米线别具风味。这种米线一经推出，颇受欢迎，食者渐多。当时煮小锅米线是用炒小锅菜的锅煮，若大个炉子，每次只能用两口锅煮，三口锅又支不下，且不便操作，让许多食者久等。瞿绍忠苦思冥想，终于想出了用直柄的小铜锅来煮，炉口上可放 5 ~ 6 口锅同时操作，既快又方便。由此小锅米线就在昆明传开了。

瞿绍忠与武成路铁局巷的“正福园”、端仕街翟正芳开的“翟记煮品店”以及金碧路营门口玉溪人开的米线馆均有亲戚老乡关系。后来举凡在昆明各米线馆都有小锅米线、小锅饵块出售。此后经不断推广、改进，小锅米线终于成为云南的品牌小吃。

老“同盛园”开设于大西门文林街。其周边名流云集，特别是抗日战争时期，可以说是老昆明最有文化的地方了。在满足人们日常所需的餐饮业中，同盛园虽没有市区的东月楼、仁和园、玉春园、共和园、长美居、九华楼、复兴园、永芳、鼎新、中华饭店等名气大，但同盛园不仅食品价廉味美，而且很适宜不同地域食客的口味，同时很讲卫生，每天的桌椅板凳都擦洗得黄澄澄的。因此那时最受昆华中学以及西南联大师生的喜爱。

著名作家汪曾祺在《沈从文先生在西南联大》一文中说："沈先生对学生的影响，课外比课内要大得多。他后来为了躲避日本飞机空袭，全家移住到呈贡桃园新村，每星期上课时进城住两天。文林街20号联大教职员工宿舍有他一间房子……沈先生在生活上极不讲究。他进城没有正经吃过饭，大都是在文林街20号对面一家小锅米线铺吃一碗米线。沈先生吃米线，有时加一个西红柿、一个鸡蛋，最多不过二角五分钱。"汪曾祺那时住在文林街民强巷，与沈先生一起去吃过米线。西南联大常委梅贻琦先生有时家里来客人，要招待吃饭，梅太太就来同盛园买出堂菜。黄钰生教授在同盛园最爱吃的是猪脑花。潘光旦教授在昆中北院上课时，中午就在同盛园包饭吃。查良钊教务长以及许多师生也是同盛园的常客。

龙云的三儿子（人们称龙三公子）那时住在文林街的小吉坡，也经常到同盛园吃小锅米线或卤饵块，蹲在板凳上吃。有时也派人送到住处给他吃。瞿绍忠的两个侄儿争着去送，因为可经常得小费，龙三公子给小费是不论多少，一抓一把就塞给他们。他们有时为争送还吵嘴，瞿绍忠就规定每人轮流送一次。

云南名人周钟岳先生居玉龙堆，由云龙先生居小吉坡。那时周钟岳先生的孙女与由云龙先生的儿子正谈恋爱，两人经常从西仓坡来同盛园吃小锅米线。

袁嘉穀先生的二儿子袁丕佑先生留美回国后，曾任国民政府云南省教育厅厅长、云南省政府秘书长。早年住玉龙堆时就熟知同盛园，20世纪50年代初的一段时间，袁丕佑曾在同盛园搭伙。年节时瞿绍忠一家还邀袁丕佑先生同桌吃饭共叙家常。

同盛园的玉溪风味食品很受大西门周边人士的青睐，那时设在西站美国空军招待所的美军官兵也常在晚上光顾。美军吃的时候不用筷子而是用汤匙。

东月楼

要说早年老昆明的滇味菜，虽然没有全国的八大菜系有名，但云南丰富的食材成就了诸多独具特色的滇味菜肴，也为海内外人士所称道。

早在 20 世纪 30 年代，为使来滇的人们方便了解云南，由云南通讯社编辑，云岭书店发行了《滇游指南》一书。该书在第四章“食宿游览”第二节有关昆明市之食，就对当时昆明最具知名度的诸多饭馆作了介绍，以滇味著称的“东月楼”就是其中之一。东月楼上了《滇游指南》后，更是声名鹊起。

东月楼位于大东门城楼内绥靖路（今人民中路）靠近护国路北口西侧，拥有坐南面北的两层五间铺面房（长春路未改造前为盘龙区麒麟卫生院使用）。楼下经营饭菜、小吃及宵夜，楼上多包酒席。东月楼的老板姓刘，人称“刘瞎子”“老掌柜”，后为儿子刘希圣经营。东月楼的特色名菜有锅贴乌鱼、金线鱼、汤锅肉、脆皮鱼、红烧肘子、火腿、酱汁鸡腿、鲜茄肉、

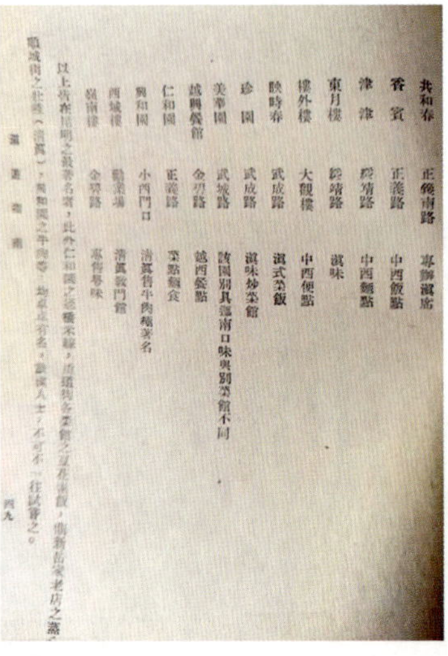

共和春	正義南路	專辦滇席
香賓	正義路	中西飯點
津津	綏靖路	中西麵點
東月樓	綏靖路	滇味
樓外樓	大觀樓	中西便點
映時春	武成路	滇式菜飯
珍園	武成路	滇味炒菜館
美華園	武城路	該園別具粵南口味與別菜館不同
越興餐館	金碧路	越西餐點
仁和園	正義路	菜點麵食
興和園	小西門口	清真售牛肉稱著名
西域樓	勸業場	清真教門館
嶺南樓	金碧路	專售粵味

以上皆在昆明之最著名者，此外仁和園之[illegible]

滇遊指南　四九

葱烤鱼以及时鲜蔬菜等。小吃有大馅饺、米线、面条、饵丝及白糖、洗沙、鲜肉、火腿馅儿破酥包子等。东月楼由于有众多的名菜及小吃，加之价格公道，从早到晚顾客盈门，热闹非凡。那时的驻昆美军也会来光顾东月楼的美食。

西南联大在昆期间，师生中不乏美食家，大街小巷中的饭馆、小吃摊几乎都留下了他们的足迹。诸如《郑天挺西南联大日记》里，对东月楼就有如下记载：

1939 年 4 月 25 日，下午一时至农校，授课二时。下课后往工校，代表蒋先生出席常务委员会。七时散会，归。（郑天挺先生时任联大历史系教授兼联大总务长，住北大设在象眼街财盛巷的办事处）宋子安、樊际昌、章廷谦来，十一时同往东月楼食宵夜，十二时归。

1939 年 10 月 25 日，……至昆中北院，归。读《明史》。六时至财盛巷与陈雪屏、罗庸、汇臣、章廷谦、罗常培、晓宇会齐，公宴林觉辰于东月楼。觉辰昨日自西安乘飞机来，别两年半矣。饭毕，归。（此时的郑天挺先生住青云街靓花巷三号）

1943 年 7 月 20 日，七时起。九时入校治事。十二时归。小睡。五时至财盛巷。六时枢衡约在东月楼便饭，并看云南大戏院新戏。九时归。十一时寝。

主持西南联大教务的清华大学校长梅贻琦先生也在其日记中写道："1945 年 10 月 14 日，晴。上午十时，清华评议会，会后聚餐，共十一人。杨今甫昨日返昆，午前来舍，因开会未得见。下午小睡后赴庚约至新村三合居 40 号，后往东月楼食烧鸭，又接郁文与杉、芬同去，食时饮'罗丝钉'酒甚烈，又连饮过猛，五六杯后竟醉矣，为人送归家。以后应力戒，少饮。"

就读西南联大的汪曾祺先生也是东月楼的食客。汪曾祺先生在《昆明菜》《几家老饭馆》两文中说："一道昆明菜，不是以火腿为主料，但离开火腿却不成的，是'锅贴乌鱼'。这是东月楼的名菜。乃以乌鱼两片（乌鱼必活杀，鱼片须旋劈），中夹兼肥带瘦的火腿一片，在平底锅上，以文火烙成，不加任何别的作料。鲜嫩香美，不可名状。……除乌鱼锅贴外，尚有酱鸡腿，也极好……"说的是东月楼在护国路增开的一家地道的云南饭馆。汪先生称赞说这家的乌鱼锅贴："宜酒宜饭，也可作点心。我在别处未吃过，相信是人间至味！"汪先生还说到东月楼创制的"酱汁鸡腿"，最初不限量，成为名菜后，供不应求，为让食客都能吃到，只得定出每客只供两只的办法。他也曾随父母去吃过，其味之香，至今难忘。

在西南联大师生中，对东月楼情有独钟的，应是云南大学著名教授李埏先生了。2002 年初夏的一天，笔者在李埏先生家求教时，当谈到老昆明的名餐馆及小吃时，李埏先生回忆起东月楼时动情地说：“我读中学时就去吃过。”又说：“我报考北大文科研究所后闲暇的一天下午，去柿花巷欧美同学会邀张荫麟先生到东月楼吃晚饭。找桌坐下后，跑堂的过来报出十多道菜，我首点了乌鱼锅贴等几个菜。堂倌即向厨房报了我点的菜后离桌。他边走边叫唱说：‘二三桌的菜上完了，四五六桌的菜挨一擦二就来、就来！’我见张先生对堂倌这种纯正的昆明叫唱声还惊奇地报以微笑。张先生早年就读清华，后留学美国。对于吃，可谓美食家。待吃完后，张先生对东月楼的口味极表称赞，只是觉得菜有些多，价贵了点。听张先生如此说，我接着说，改天请先生去吃点便宜的。

“第二次，我请张先生到东月楼斜对面的另一家餐馆吃饭。这家餐馆以家常菜著称，他家的酸腌菜炒刀豆米最受欢迎，据说省主席龙云特别喜欢吃。他家的私厨每个星期至少来买一次给他吃。我当然也少不了点了这道菜。吃完饭后，张先生说，这家餐馆价虽廉，其味也不错，但还是东月楼的菜好吃。

“1946 年夏，西南联大复员北返。因我就读北大文科研究所时，也常向兼任所长的汤用彤先生求教，建立了很好的师生情。汤先生即将离昆，我便请汤先生一家到东月楼为他饯行。20 世纪 80 年代，我赴北京，在北京大学见到了汤先生的公子汤一介先生。叙旧时，汤一介先生还谈起，离昆明前我请他一家在东月楼吃饭的往事，对东月楼可口的饭菜，仍赞不绝口。”

第六章

西南联大与云南

老昆明北门街遗韵

位于翠湖东北，圆通山西麓的北门街，民国时期因有“唐家花园”“北门书屋”等历史人文景观，是老昆明著名街巷之一。

20世纪50年代初，北门街城楼还未拆除，城楼上有明末清初书法家阚祯兆先生所书“望京楼”匾额。“望京楼”三个大字飘逸洒脱，很有气势，为阚书的代表作之一。

北门街由南至北约长1公里，路面为大小不均的石板条铺成，沿街多为土木、砖混结构的老房，其中也有几幢中西式结合的豪宅。就是这条普通的小街，20世纪曾居住过许多在中国现代史上颇有影响的著名人物，诸如“云南王”唐继尧，他为庆祝自己的生日在北门街原71号建造的戏楼（唐家花园）是当时昆明规模最大、环境最为幽雅的私家花园。

抗日战争时期，许多名流学者寓昆，唐园的戏楼包厢全被清华大学办事处租赁为单身教师宿舍，清华文科研究

北门出版社旧址　廖可夫摄

所初恢复时也曾设于此。先后在唐园居住过的有朱自清、陈岱孙、金岳霖、吴宓、浦江清、李继侗、陈省身等著名教授。著名建筑学家梁思成先生的夫人林徽因从四川李庄第二次来昆养病时也曾住过唐园，他们都对唐园优美舒适的环境赞不绝口。中华人民共和国成立后，唐园为中国人民解放军云南边防公安局驻地，后为昆明第三十中学教师宿舍。

北门街原 45 号、98 号也曾是西南联大的教师宿舍，抗战胜利后著名教授游国恩先生从龙泉镇迁回城时就住在北门街。联大的外籍教师燕卜荪则居北门街的北仓坡，联大常委梅贻琦先生曾多次到北仓坡看望过他。

顺街往南过了北仓坡，现仅存的一排两层老屋，是民国时昆明商会会长李琢庵先生所建造的。它便是著名“七君子”之一的李公朴先生的居室，楼下为“北门书屋”，书屋对面为“北门出版社”。

1941 年，李公朴先生从重庆来昆，给昆明带来了许多解放区的新见闻和新思想，不久结识了楚图南、郑一斋、周新民、孙起孟、冯素陶、张天放、艾志诚、杨春洲等人。在他们的支持和帮助下开办了“北门书屋”和“北门出版社”，在此出版和销售了很多进步书籍。公朴先生的居室成了“民盟”在昆明的一个重要聚集地，常往来于此的有曾昭抡、张奚若、潘大逵、潘光旦、闻一多、吴晗、张光年、赵沨等文化名流。与李公朴先生同住楼上的还有联大著名教授雷海宗等先生，这幢老屋若称之为“群星楼”也是不为过的。

至北门街口右转有条通往青云街的小巷（今翠明园处），叫“歪坡”，是李公朴先生与夫人张曼筠女士于1946年7月11日晚从大光明电影院看电影回家时，乘公共汽车到青云街下车上歪坡至拐弯处被国民党特务暗杀时的殉难地。李公朴先生因为反内战、反对国民党的独裁统治而牺牲。公朴先生给北门街和昆明增添了历史殊荣！

2002年底，在云南文史馆举行的纪念袁嘉穀先生学术研讨会上，有学者提出：袁嘉穀先生于1929年北门街江南会馆火药大爆炸惨案后，曾撰书过一块纪念碑，不知今何在？是否有望能寻到？

笔者于20世纪60年代后居北门街16号大院，院内接自来水处有一大石碑，这块石碑就是袁氏所撰，陈荣昌书的《北门街火药大爆炸案碑记》，碑高1.6米，宽1米，字大如核桃。至20世纪90年代末字虽有磨损，但字迹清晰。20世纪70年代，装裱师张宝善先生来笔者处时，笔者曾商请他将其碑文拓下。张宝善先生看后说：“袁氏存世墨迹较多，此碑又是民国的事，无必要拓。”就当时而言，像袁嘉穀、赵藩、陈荣昌等先生的书法墨迹，的确不像今天那样被人们视为墨宝。遗憾的是，当时因条件所限未能摄下照片。20世纪末北门街拆除时，这块纪念碑因“翠明园”的新建不知作何处置，如果今天能寻觅到，那也是一件历史和艺术的珍品啊！

今天的北门街，道路宽且平坦，街两旁现代化的高楼林立，而低矮的“北门书屋”老宅却显得极不协调。如能于此重操“北门书屋”旧业，既可使其革命历史重显荣光，又可为昆明历史文化名城增添一道文化景观，想必也是件非常有益的事。

北门书屋与三迤金石书画社

1941年皖南事变后，与沈钧儒、邹韬奋等为著名七君子之一的李公朴先生从重庆来到昆明。

1942年底，昆明商会会长李琢庵先生便把北门街自建的房子无偿地支持李公仆先生开办书店。公仆先生一家从绥靖路（今人民中路）搬到北门街，住在楼上，楼下为店铺。经简单布置后就正式营业了，取名“北门书屋”。所售书刊，由上海图书杂志公司、华侨书店、进修出版社、康宁书店、开明书店等供给。当时昆明的书店多集中于光华街、华山南路、武成路一带热闹的地段，因北门书屋乃是大文人李公朴所开，故前来选购图书的人也慢慢增多，其声名遍及三迤。

北门书屋虽早已为人知，但书屋内的“三迤金石书画社”及书画展览至今还鲜有人知。

三迤金石书画社由李公朴先生的岳丈张小楼老先生发起，成员有云南大学著名教授、书法家胡小石先生，西南联大著名教授闻一多先生，著名书法金石家王王孙先生，著名摄影家杨春洲先生，李公朴先生的夫人、画家张曼筠女士等。

三迤金石书画社成立时，在1943年12月19日的《云南日报》刊登了《三迤金石书画社启事》：

始近期间，国内外著名金石书画家相继来昆举行展览后，各界人士耳目为之一新，异于展览期间昙花一现。自后求书画者辗转相托，作书画者户限为此案，彼此同感不便，爰应各方友人之请，组织“三迤金石书画社”。特约名家经常展览其杰作，俾使各界人士随时选求。参加者有胡小石先生（北魏汉隶章草）、闻一多先生（金石大篆）、王王孙先生（金石大篆行书）、张小楼先生（山水花卉及北魏草书）、张曼筠女士（山水花卉）均有精品陈列，欢迎参观、批评、选件、订件。

此启，开展时间自1943年12月18日起。展出地点：北门街北门书屋。

三迤金石书画社于1944年10月6日，在昆明鼎新街青年会举行了张小楼、胡小石、杨春洲、张曼筠书画、摄影联合展览。展出的书画作品及杨春洲先生首

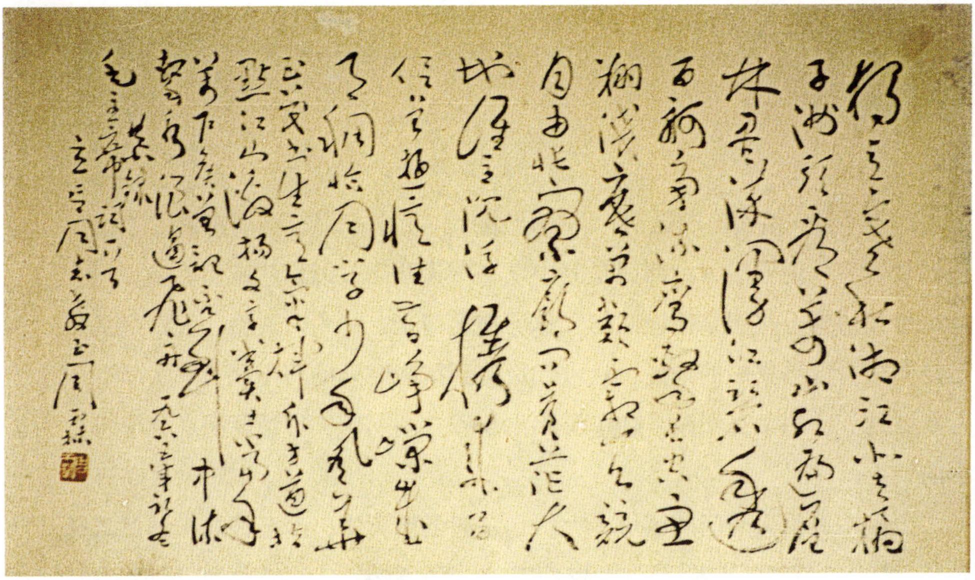

周霖题赠陈立言书画作品

次公开展示的摄影作品，让观者流连忘返。昆明《正义报》对这次展览给予了极高评价。

胡小石先生以《关于三迤展览》为题，在 10 月 7 日的《云南日报》上对这次展览的宗旨及其艺术作了详述，让更多的人了解了三迤金石书画社。三迤金书画社还为滇南多年不遇的旱灾作书画义卖，将义卖所得全部捐献灾区，以尽绵薄之力。

他们的艺术作品虽定有润例出售，但对一些喜爱书画学习又无力求购者，或因公益事需馈赠者也无偿地给予赠送。他们对社会尽责的风范深受人们的敬仰，为昆明抗战时期的历史文化，增添了光辉的一笔。

大西门的人文轶事

20 世纪 50 年代前的昆明，除南屏街外，市中心都有城墙围着。由市中心通往城外设有六道城门，大西门是其中之一。大西门，旧称广威门、宝城门，门上的楼称拓边楼（位于今建设路与文林街交叉口），楼为二重檐。大西门一带一直是昆明教育部门集中的地区，从古代贡院到抗战时期的西南联大等大学、中学校云集此地。周边又有翠湖、陆军讲武堂及省立图书馆，可谓昆明文化学术最为集中的地方。

老昆明人称大西门的区域，大约是东起云南大学，南至钱局街、凤翥街及昆师路；西至三分寺（西站）及省农校一带；北至凤翥街北口、地台寺、云南师范大学、天君殿巷北口。就在这个不太大的区域内，曾留下了著名学府和闻名遐迩的诸多大师级人物的轶事。特别是昆华中学和西南联大师生的诸多历史轶闻也令人至今难忘。

原大西门府甬道“滇南首郡”坊

历史悠久的昆华中学

今天的昆明市第一中学，其前身是云南省立昆华中学。1929 年任云南省政府委员兼教育厅厅长的龚自知先生，在云南省主席龙云的支持下，为设法增加教育投入，实行教育经费的独立，于 1935 年在大西门一带建成昆华农校、昆华工校、昆华师范和昆华中学的新校区。昆华中学的前身是云南省立一中和云南省立五中，合并后改称省立昆华中学。

云南省立五中原为私立成德中学。成德中学是由昆明的一些富商及军政界的上层人士合办的,因为经费充足,故教学设备好,聘请的教师也多是有识之士,所以，在当时昆明的中学中，享有仅次于云南省立一中的声誉。校址在现钱局街北段东面，西仓坡西北面，文林街南面，府甬道西面。旧城改造前的昆明冲压件二厂全部是省立五中的旧址，昆华中学及迁滇的西南联大都将这里称为南院。成德中学及其他各中学的教师多为北京各大学的毕业生。他们把五四运动的优良传统带到昆明来，对学生的思想行动起着强烈的影响。许多进步师生走向社会，公开演讲、写宣传品，宣传爱国思想。

在昆明响应和支援“五卅运动”的学生运动中，成德中学的学生梁元斌，在武庙街（武成路西段）站在一条板凳上，向市民演讲时，被暴徒开枪杀害。这激起了市民罢课、罢市，人们抬着梁元斌的棺材游行示威。游行队伍经过华山南路国民党云南省党部门口时停了下来，人群向站在里面台阶上的省党部官员李宗黄奋臂高呼口号，要求惩办凶手，驱逐李宗黄。梁元斌烈士对昆明的爱国民主运动产生了重大影响。王德三、李鑫、马坚三位烈士也都是成德中学的学生。

云南省立一中是云南省创办最早的中学，其前身为云南省会中学堂，成立于光绪三十一年（1905 年），是云南最先实行新式学制的中学。1911 年，昆明又成立一所云南府中学堂，刚成立不久便改成高等学堂，并附设第一区模范中学堂。当时云南划分为五个区,第一区模范中学堂就在省城,它也是云南省立一中的前身。

云南省立一中的校址在文林街，地域很大。东到云南大学西围墙，西到大西门城脚，北到城墙角（天君殿巷），南至文林街，包括现在的云师大附小、云师大附中一部分和原成都军区后勤部招待所全部。

在云南省会中学堂担任校长的是从北京京师大学堂师范科毕业的张鸿翼及著

名地理学家董嘉惠。云南省立一中第一任校长是王继贞，他是清政府派去日本学习文科回来的学生。当时的校训还是清末时候所用的“忠君、尊孔、尚武、严实”等，后来才把“忠君”两字去掉。1914年，王继贞校长辞职。先后担任校长的有刘钟华、丁绩、钱用中、王用予、徐继祖、周锡夔、杨家凤、邱天培等，皆为一时名士。

云南省立一中的师资条件非常好，高中教员一般是留日学生，或国内北京师范大学、北京大学、清华大学、北京政法大学、武昌大学等校文理科的毕业生。初中教员一般为清末民初优级师范或高等学堂毕业的学生。高、初中的文史老师也有一些清末举人、贡生，此外，还有不少著名教师，诸如国文教员楚图南、陈小航、罗稷南，英文教员杨家凤等。

云南省立一中就读的学生中优秀者不乏其人。革命烈士李国柱、张经辰、赵祚传、刘平楷，著名哲学家艾思奇（李生萱），著名作家张天虚、马子华，诗人柯仲平、梅绍农，史学家李埏、王宏道以及杨青田等都出自云南省省立一中。

云南省立一中学生自治会为提高广大市民的文化知识，曾在文林街天君殿巷办了一所“民众夜校”。艾思奇先生任夜校教导主任，为300多名学生上课。夜校为向广大市民宣传科学与民主思想起到了重要的作用。

1932年，云南省立一中与云南省立五中合并，改称为“云南省立昆华中学”。合并后的昆华中学人才济济，学校对教师的考核聘用以及对学生成绩、考勤、升降级、开除学籍、勒令退学、休学、复学、记过等都有严格的制度，比较完善。昆华中学是当时云南最好的中学之一。

1935年以优异成绩毕业，由云南省官费保送，考入北京师范大学的李埏先生曾多次向笔者讲述他就读昆华中学的事。他说，当时就读的学生非常刻苦，大多数学生都能德、智、体全面发展。他与云南民族大学教授、著名史学家王宏道先生为同窗，每次考试都是他俩为第一、二名。李埏先生在昆明各中学的作文比赛中曾荣获过一等奖。他90高龄时还能将龚自知先生作词的昆华中学校歌一字不漏地背诵出来：“滇南首郡，桃李成荫。一堂友，亲爱精诚。有昆水在旁，有华山坐镇。学和养，真且纯。练好我们的心，练好我们的身。此心此身，成己成人。复兴民族，猛进群伦。有昆水在旁，有华山坐镇，学和养，真且纯，我们昆华中学生。”李埏先生还将他毕业时在府甬道“滇南首郡”坊下拍的相片送给笔者以作纪念。

1938年9月28日，侵华日寇飞机首次空袭昆明，政府通知各大、中、小学疏散乡下。昆华中学即疏散到玉溪的九龙池及麻线营，后又迁往澄江。1941年，昆华中学迁回到昆明潘家湾的新校舍，就是今天的昆明第一中学。1938年5月4日，西南联大在昆明正式上课，其租用的校舍主要为昆华中学北院、南院，直至现在，联大师生都称这两处是昆中北院和南院。

昆中北院大门口捡邮票

昆华中学北院、南院曾是西南联大的校舍。当时，昆中北院（今云南师范大学附属小学）大门西侧有个倒垃圾处。每天清晨，校内的勤杂工都往这里倒垃圾。当时喜好集邮的瞿子荣先生与附近居住的一些小朋友常去倒垃圾处捡可用之物，这些垃圾中时有信件倒出。瞿子荣先生说："当时所捡信封，其中有署梅贻琦校长及梅贻琦太太收的，这些信封有重庆及远征军等寄来的，有的信封上写的是英文。有一次我正拿着捡的信封撕邮票，被出大门的一位先生看到，就被骂为倒垃圾的人，为什么把这些信倒出来，并把我们所捡的信封收走，从此后就再也没有信倒出来了。"

大西门的皮鞋店

民国时期的大西门商业，多在文林街、钱局街、府甬道、凤翥街、龙翔街一带。除茶室、饮食店、杂货铺、油蜡铺、理发室、中药铺、文具书店、裁缝铺外，还有就是开设在文林街的两家鞋铺。一家位于街北，一家位于街南的金鸡巷口与钱局街口中间的"文林堂"旁。

位于街南的这家鞋铺以制作男女皮鞋为主，常有联大学生来转一转。抗战时期，昆明物价涨得惊人，联大师生的生活非常清苦。有的人不要说买皮鞋，连日常生活都要靠兼差打杂来维持。他们大多数人虽无力购买，但总会有人进皮鞋店看看。

当然，联大师生中也不乏富裕的人。学生中有富家子弟骑着自行车去上课的。有的人不仅买皮鞋，而且还要买新潮的。据说，当时到这家鞋店去买鞋的联大学生与老板聊天时说，老板的皮鞋款式太老了，应做点新的，没有样子，他们有美国新出的杂志，上面有许多款式，让老板就照着做。

菜市场的小吃

民国时的大西门府甬道是一个热闹的大菜市场，开设于府甬道西侧的几家小吃店别具风味，也特别受西南联大师生的喜爱。

当时从文林街拐进府甬道，右边第一家为浆洗房；第二家为姓李的老板开的油蜡铺；第三家是一个姓郭的开设的甜浆馆，以卖包子、油条、豆浆为主；第四家为一姓彭的会泽老太婆开的糯米饭店，她经营的糯米饭，除了今天用油条加点糖包起来的糯米团，主要是豆浆泡糯米饭，有甜、咸两种，还可以根据食者所需外加鸡蛋。当时住昆中南院的一些联大女生常来吃。今天的昆明，这种吃法已经没人会经营了。

烧饵块是昆明最普通的一种小吃，大小街巷都有售。当时摆在府甬道油蜡铺与甜浆馆门前的一个烧饵块摊，摆摊的人姓何，人们称他“何饵块”。其所售烧饵块的佐料以咸、甜酱油，芝麻酱，花生酱，白甜酱，油辣子为主。根据食者所好，饵块可烧烤得脆点或软点，烧后抹上所需佐料就可以吃。另外，还备有油条、卤牛肉及牛干巴供食者任意选加。联大师生少有未吃过烧饵块的。著名物理学家杨振宁先生于20世纪80年代从美国来云南大学讲学时，中午提出不吃饭，要吃“烧饵块”，也成为美谈之一。著名作家汪曾祺先生在《昆明的小吃》一文中，对烧饵块也有生动的记述。

云南师范大学朱端强教授于20世纪80年代初，报考南开大学研究生，对学校的面试曾做了充分的准备。面试他的教授中有一位是曾在西南联大任过教师的文学史家王达津先生。王达津先生第一句话就问朱端强，听说翠湖的水干了，翠湖是非常美的，水干了就不成翠湖了。第二句便问，昆明还有烧饵块吗？朱端强一一做了答复后，王达津先生又说，当年在昆明最喜欢烧饵块，泡杯茶边吃边喝，真是味美无比。

今天昆明的烧饵块佐料与过去吃过的不同，笔者是很少吃的。前些年在大观小学门前吃过一次“马老倌”的烧饵块，其味道也不错，但比起早年吃过的还相差太远，笔者问他，为什么不卖从前传统地道的烧饵块，他说：“成本高，原料也没有过去的好，我爱人的前辈姓何，早年就在大西门府甬道卖烧饵块，他卖的就是你所说的那种了。”听他如此说，笔者又激动地与他说，原来府甬道的“何饵块"就是他家的前辈，真是有缘！至今在海内外的诸多学人记忆中，都还存有"何饵块"这一关键词呢！

府甬道与潇湘馆

府甬道东面紧靠文林街有家专门经营面食的小吃店，名为"潇湘馆"，是当年大西门最受顾客，特别是西南联大师生欢迎的小吃店之一。对于潇湘馆，近年来在研究西南联大的一些文章中都曾提到过，文中有的说潇湘馆在大西门，有的说潇湘馆在文林街、凤翥街，还谈到著名教授吴宓先生与潇湘馆的趣闻轶事云云。

2002 年，笔者与友人瞿子荣先生谈及大西门及西南联大的人和事。他说闻一多先生遇害，他看到时连血迹都未干，对设立闻一多先生灵堂处及大西门周边有些什么商店，住有哪些名人以及西南联大的校舍等，他都记忆犹新，并可以绘出地图来，有助于了解西南联大的人文轶事。

2003 年 3 月，瞿子荣先生手绘的《抗战胜利前后昆明部分城区简易示意图》完成了，并复制了一份送给笔者。瞿先生手绘的这张图以大西门为主，对每条街巷上的机关、学校、商店、城墙缺口处、名人住宅等都一一标出，其中府甬道上的"潇湘馆"有准确的标注。潇湘馆的北面紧邻文林街，南面是《民主周刊》社，斜对西面是府甬道大照壁。瞿子荣先生绘的地图也是他对过去经历的回顾，那时瞿先生就住在文林街同盛园的楼上。

瞿子荣先生还对笔者谈过他所知的潇湘馆。潇湘馆的店主是联大的学生，是个湖南人，常来同盛园吃东西。他很有文化，故将店取名潇湘馆，以经营面食为主。记不得是哪一年，他回湖南去，听说出了车祸，就没有回昆明。潇湘馆也就消失了。

大西门的茶馆

大西门的茶室虽没有正义路上的"长城""大华"等茶馆豪华热闹，但在海内外的知名度可以说是昆明茶室之最。大西门及翠湖内的茶室为什么那样有名？就因为它与西南联大师生密不可分。西南联大的学生，学习非常刻苦，课余时间常到图书馆看书，这是他们日常生活的重要组成部分。但联大图书馆很拥挤，要挤进图书

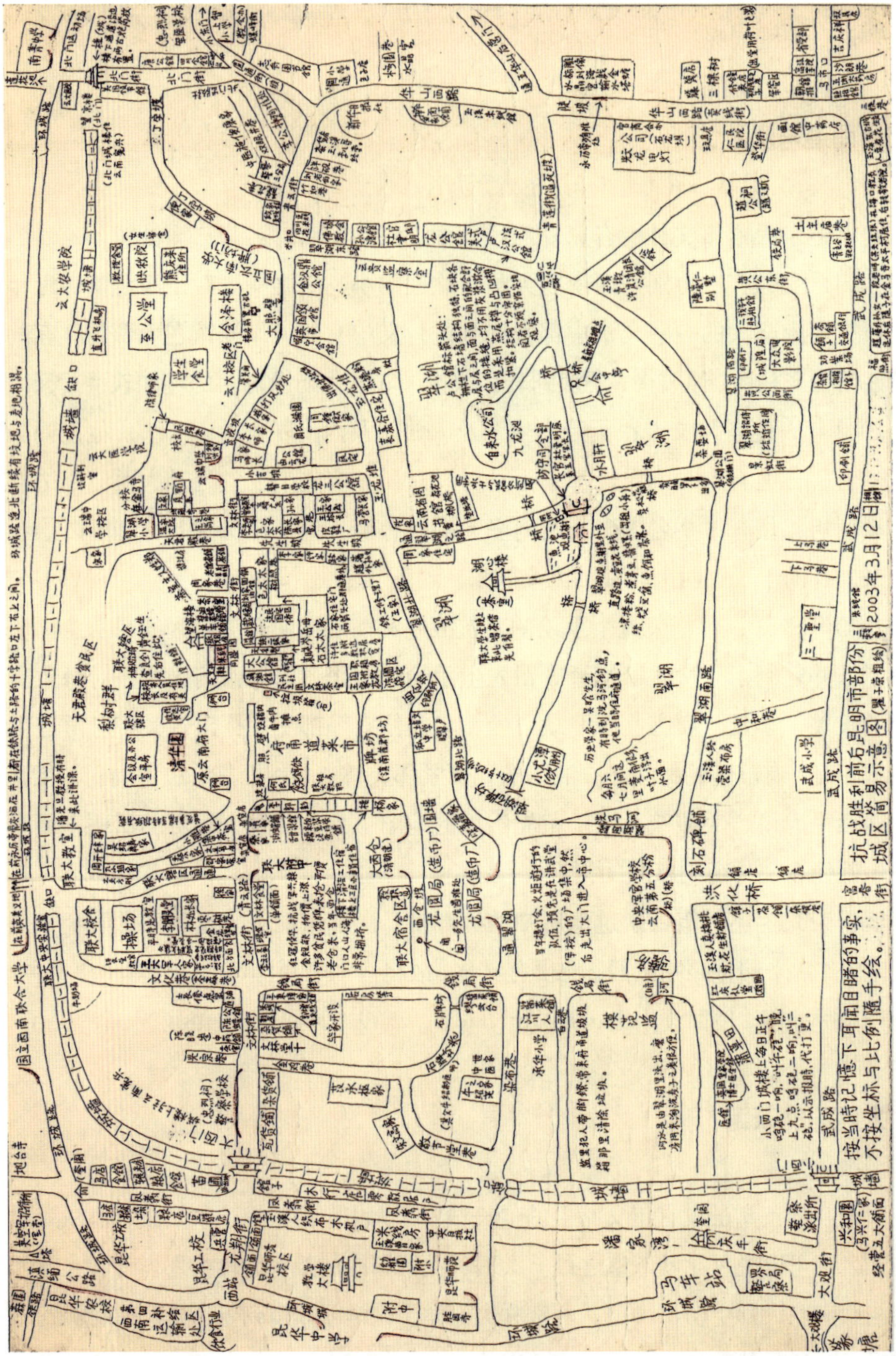

抗战胜利前后昆明市部分城区简易示意图正面　瞿子荣手绘

抗战胜利前后昆明市部分城区简易示意图背面 瞿子荣手绘

馆抢个座位并不容易。图书馆在开馆前，三层台阶上上下下便挤满了等着开门的人。尤其在晚上，如果迟到了，是找不到座位的。

曾经在图书馆挤座位的联大学子杨振宁先生回忆说："图书馆的窗是没有玻璃的，每当刮风时，我们必须拿一样东西把书本压住。简陋的图书馆实在挤不下了，宿舍光线又太暗，不少学生就不得不独自一人或叫上三五好友，带上自己的讲义笔记和书籍来到联大附近的一些茶馆，叫上一杯茶，外加一碟花生米或瓜子，一边读书一边讨论，常常是茶泡得一点色都没有了还不肯离去。一个上午或一个晚上就这样过去了，八年的时间就这样悄悄度过了。"

曾在西南联大中文系就读的著名作家汪曾祺先生回忆说："联大图书馆座位不多，看书多半在茶室。昆明街头的大小茶馆竟成了西南联大为数众多的图书馆的分馆……从西南联大新校舍出来，有两条街，凤翥街和文林街，都不长，这两条街上至少有十来家茶馆。"

汪曾祺先生所说的凤翥街茶室，有一家是绍兴人开的，他对联大学生异常亲热。茶室除了卖茶还兼卖糕点，联大学生喝茶可欠账，有时没钱还可向他借点钱去看电影。这家茶室在抗战胜利前就关了。其他的茶室多为本地人经营。凤翥街马店多，卖柴的也多，茶馆随时都坐得满满的。联大学生喝茶去得多的还是文林街的茶馆。

"进大西门，是文林街，挨着城门口就是一家茶馆，这是一家最无趣味的茶馆。茶馆墙上的镜框里装的是美国电影明星的照片……除了卖茶，还卖咖啡、可可。这家的特点是，进进出出的除了穿西装和麂皮夹克的比较有钱的男同学外，还有把头发卷成一根根香肠似的女同学。有时到了星期六，还开舞会。茶馆的门关了，从里面传出《蓝色的多瑙河》和《风流寡妇》舞曲，里面正在'蹦嚓嚓'。"汪曾祺先生以上所说的这家茶馆，位于今天光宗巷口的东侧。这家茶室的斜对面还另有一家茶室。汪曾祺先生还说："由这两家茶室往东，不远几步，向南，便可折向钱局街。街上有一家老式的茶馆，楼上楼下，茶座不少。说这家茶馆'老式'，是因为茶馆备有烟筒，可以租用……大学二年级那一年，我和两个外文系的同学经常一早就坐到这家茶馆靠窗的一张桌边，各自看自己的书，有时整整坐一上午，彼此不交一语。我那时才开始写作，最初的几篇小说，就是在这家茶馆里写的。"

汪曾祺先生读联大二年级是 1942 年。所说的楼上楼下茶座不少，有楼的房子可能是钱局街北口西侧的王秉璋家。王家的房子临街有好几间铺面（瞿子荣回忆绘制的图上有标注）。笔者的记忆中，钱局街北口的这排房子是比较高大宽敞的。

在文林街中段北面，小雅巷口西侧，有一家叫“集中茶室”。就是汪曾祺所说的：“正对府甬道，后来新开了一家茶馆。这家茶馆的特点，第一是卖茶用玻璃杯，不用盖碗，也不用壶。不卖清茶，卖绿茶和红茶。红茶色如玫瑰，绿茶苦如猪胆。第二是茶桌较小，且覆有玻璃桌面。在这样的桌子上打桥牌实在是再合适不过了，因此到这家茶馆来喝茶的，大都是来打桥牌的。这茶馆实在是一个桥牌俱乐部。联大打桥牌之风很盛，有一个姓马的同学每天到这里打桥牌，中华人民共和国成立后才知道他是中共地下组织成员，昆明学生运动的领导人之一。”汪曾祺所说的，每天到这家茶馆打桥牌的姓马的同学，应是曾任四川省作协主席的著名作家马识途先生。

汪曾祺先生解释联大学生“爱泡茶馆”的“意义”时说：“或问：泡茶馆对联大学生有什么影响？答曰：第一，可以养其浩然正气。联大的学生自然也是贤愚不等，但多数是比较正派的……第二，茶馆出人才。联大学生上茶馆，并不只是穷泡，除了瞎聊，大部分时间都是用来读书的。不少人的论文、读书报告，都是在茶馆写的。有一年，一位姓石的讲师的《哲学概论》期中考试，我就是把考卷拿到茶馆里去答好了再交上去的。联大八年，出了很多人才。研究联大校史，搞‘人才学’，不能不了解联大附近的茶馆。

“泡茶馆可以接触社会。我对各种各样的人，各种各样的生活都发生兴趣，都想了解了解，跟泡茶馆有一定关系，如果我现在还算一个写小说的人，那么我这个小说家是在昆明茶馆里泡出来的。”

在大西门还有一家汪曾祺未提及的茶室——“文林茶室”。文林茶室开设于府甬道东面，它紧靠《民主周刊》社和潇湘馆面食店。文林茶室也是联大师生常去的地方。在《大西门的茶馆》一段，笔者大量引用了汪曾祺先生《泡茶馆》的原文，其意就是让人们更深入地了解老昆明大西门的文化，补充点汪曾祺先生记不清的茶室名及其茶室的位置，让今天研究西南联大的人对联大与大西门茶馆的史料有更深的了解。

随着城市的建设，昔日大西门及其周边都变样了，许多旧址也不可寻觅。但是构成昆明历史文化名城重要组成部分的大西门，特别是大西门与西南联大的这段历史，是可以载入史册的。

唐兰、查阜西、滕固的呈贡情缘

2021年7月初的一天，笔者与《往事分明在，琴笛高楼——查阜西与张充和》一书的作者严晓星先生在昆明的友人赵了了女士相聚时，赵女士告知笔者说："严晓星先生将于7月13日来昆明举行该书的发行分享会，并寻访查阜西、张充和在昆明的旧居，到时请你参加并陪同寻访。"20世纪末，笔者曾到龙泉镇寻访抗战时期的名人旧居，在棕皮营村找到我国著名的古琴专家查阜西先生的旧居处，因此便欣然应允。

7月14日，赵了了女士告诉笔者："严晓星先生昨日已到昆，决定明天到呈贡、龙泉镇寻访，请于明天上午9时在家等候。"15日上午九时后，赵女士亲自驾车与严晓星先生来接笔者。一上车，严先生即说："我第一次来昆明，听说你对查阜西先生及西南联大一些教授在昆明的旧居处有所了解，谢谢你今天陪同我们寻访。"

在前往呈贡的路途中，忽听严晓星先生说，西南联大的唐兰教授也居住过呈贡。听严先生如此说，却让笔者一惊。这么多年来还是第一次听说。笔者说："只知道唐兰先生在昆明的旧居处有五华山东南面的柿花巷4号、象眼街的北大办事处以及大观楼旁的明波村3处。这些住处是向与唐兰先生有着深厚友谊的云南大学教授李埏先生求教有关西南联大的人文轶事时听说的。2008年，昆明市政协文史委编《西南联大纪事》一书中，收入了我的《唐兰先生的昆明情缘》一文。对唐兰先生在昆明的旧居都有所提及这事。举凡对昆明抗战时期的一些文化名人旧居，查阜西先生的旧居倒是鲜为人知；而唐兰先生曾居住过呈贡，至今还鲜为人知。今天是首次听到，待到呈贡时再听你详说。"

交谈中很快到了呈贡老城，与另一辆车上的五华区史志办主任范丹先生等4人会合后，先到南门街昌家巷中峰书画院参观。之前，笔者就将严晓星先生到呈贡龙街寻访查阜西、张充和、沈从文旧居的消息，告诉熟知呈贡人文历史的宋辞院长，请他与有关部门联系并请他陪同引导寻访。

宋辞向大家介绍了书画院这幢两层小院，是创办呈贡中学的校长昌景光先生的旧居。抗日战争时期，先后疏散到呈贡的陈达、李景汉、戴世光、吴文藻、冰心、费孝通、沈从文、孙福熙、查阜西、张充和等文化名人都在这座小院留下过足迹。大家怀着崇敬的心情参观了书画院的文献、书画藏品后，由宋辞带大家到龙街参观张家大院及杨家大院遗址。

到了张家大院门口，左侧墙壁上镶嵌有一块黑色大理石的“龙街张氏宅院简介”，文称龙街张氏宅院建成于民国十二年（1923 年），原为盐商张刚的私宅，该宅坐东向西，是一座带前庭的合院建筑。平面为长方形，占地 792.74 平方米，主体四合院建构规整，重檐二层土木结构。正房和对厅为明三暗五间，前置廊厦，耳房各三间，设厦柜，带垂柱。其抱头梁、垂柱、雀替、额枋、檐板以及门窗等均有精细木雕，其中耳房垂柱采用浮雕、圆雕、透雕等手法雕刻的吉祥组雕尤其精妙，天井铺青石地墁，存须弥座花台两座。花台四面镶砌有《吾庐记》《勤俭为家庭之模范》《道德为治家之根本》《训诫家庭恶弊》四块碑刻及唐诗等，记述了张氏治家的理念。

张氏宅院是近现代优秀传统民居建筑。抗战期间，查阜西、郑颖孙、张充和等文化名人曾在此居住。2011 年 11 月 24 日，呈贡区人民政府公布张氏宅院为区级文物保护单位。

2014 年 9 月 11 日，昆明市人民政府公布张氏宅院为市级文物保护单位。保护范围：以龙街张氏宅院外墙向东、南、西、北四面各外延 20 米为界。建设控制地带：以保护范围线向东、南、西、北各外延 40 米为界。看了简介文字后，对张氏宅院的建筑艺术风格及人文历史甚为惊叹，得以保存完好，幸也！

笔者第一次听到呈贡龙街的张家大院是 2010 年。之前，到昆明龙泉镇龙头村寻访抗战时期的北大文科研究所及西南联大的一些名人旧居时，在棕皮营村金汁河旁的一棵大树下，正与金正发老人交谈时，该村陈惠英老人走过来看了笔者手持的几封书信时，带着笔者转了个弯，手指着一口井及旁边的一红砖房说：“小时候跟着我妈妈就是打这口井水，为红砖房原来院子里一姓傅的人家送水。后来他家走了，又来了一家姓查的住，他家有个儿子还经常和我们在一起玩‘躲猫猫’。”陈惠英所说姓傅的，应是时任史语所所长的傅斯年先生，而姓查的并没引起笔者的注意，因西南联大姓查的查良钊教授未听说过曾疏散到龙头村一带。之后，笔者在《云南文史》第四期读到一篇《旅滇杂记》，作者为查阜西。文中有“新居为中研院傅孟真借村人赵氏地所筑”。当即感到在棕皮营寻访时，陈惠英老人所

张家大院一角

说一位姓查的旧居处，极可能就是著名的古琴家查阜西先生的旧居。为此，专门去请教熟知相关情况的云南省文史馆馆员李瑞先生。

在李瑞先生家，笔者把到龙泉镇寻访名人旧居时的情况及陈惠英老人所说，告诉李瑞先生。李瑞先生听后说："应该是查阜西先生，他非常了不起，他那时是欧亚航空公司副总经理兼主任秘书。1949 年 11 月受周总理委派到香港策反国民政府'中央航空公司'起义，带回了一千多名人员和 12 架飞机。中华人民共和国成立后任中国音协副主席。他的儿子查克承现为福州的知名律师，2000 年到昆明，由我全程陪同，专门去看他家住过的房子。

"到达呈贡龙街时，查克承很快就找到旧居处，指着一大院说：'我家就居住在这里，紧靠公路边，那时这个院叫张家大院。'随后，又去寻找他常去玩的杨家大院，因变化太大已经认不出原来的老房子，只记得在一所学校边。快到中午，我请他去吃饭。他说不吃饭了，想去吃过去吃过的豌豆粉，只好陪他去吃。吃后，他还要店主专门切一块豌豆粉，在粉的中间切一月牙口，放上佐料吃，我看他吃得很自在。第二天，又陪他去棕皮营村看旧居，由于原住房已拆，村里新房多，又找不到过去的知情人，故未看到。查阜西先生的《旅滇杂记》稿还是我送到云南省文史馆的。”

随后，李瑞先生将笔者寻访到查阜西先生的旧居以及见到陈惠英老人的消息写信告诉查克承，查克承知道后很高兴，还亲绘了一张回忆他家及王力先生等居住在棕皮营的住家的位置草图寄给李瑞先生，李瑞先生也复印了一张给笔者。查克承先生还想再来昆明一趟，但终未成行。笔者也为失去与查克承先生晤面的机会而感到遗憾。

2018年，宋辞从昆明到呈贡创办中峰书画院，笔者与他去龙街看张天虚旧居时，也去看过张家大院，才知道张家大院被公布为市、区文物保护单位。在笔者的藏书中，有《郑天挺西南联大日记》上、下两册。该书对呈贡及张家大院也有如下记载：

1939年10月27日，九时至办公处。十一时至昆中上课。十二时归。饭后至火车站与梅月涵、杨今甫、吴文藻、陈雪屏会，同往呈贡。二时半车开，四等来回票价一元三角，东行四十分钟抵呈贡。火车站距城尚有八里，骑马行一小时抵县东门，颜曰“就日门”。吴太太、郑颖孙来接，入城登山至华氏墓庐，（吴）文藻所居也。进咖啡毕，绕山头一周，远望滇池，彩叠数色，不辨为云为岗、为光为水、为山为田也。晚饭后，月色绝清，万顷溶溟，似昼而淡，似灯而静，平时不易见也。再与颖孙、月涵、今甫、雪屏围山步月，不幸月涵途蹩足。余与雪屏下榻吴庐，月涵、今甫下榻龙街颖孙寓。月涵、今甫去，重与文藻夫妇谈久之，乃寝。

二十八日，星期六，晴。在呈贡。六时半起……九时许，今甫来，同进早餐。至文庙清华研究所访月涵，以足疾不能登山，憩于此也。晤赵鸣岐。月涵足乃蹩，不便骑，乃与雪屏、今甫及文藻夫妇小孩等出南门，门名“文明”。乘马至乌龙浦，经大古城村、可乐村而达，凡十八里。登山而望，前临昆池，西山屏列，风景大似南京燕子矶，望久之，共进野餐。后乘骑还，已三时矣。莘田本约今日来，候之不至。晚至龙街颖孙处，饮馔饭后，听颖孙抚琴，张充和女士昆曲。十一时归城，城门已闭，叩门而入。此在外县为异事，非上宾不能也。十二时就寝。

二十九日，阴历九月十七日，晴。自呈贡还昆明。七时起。今日呈贡县长李君约作泛舟之游，以明日有课须还昆明，辞之。十时吴太太导游龙井，

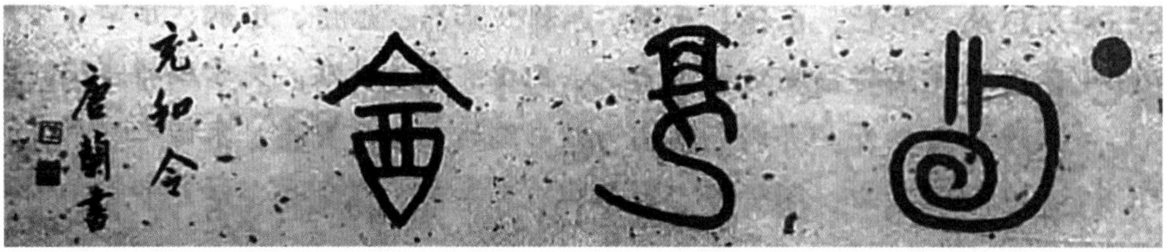

唐兰先生书“云龙庵”

出北门，门名“朝京”。越公路东北行，有亭旁泉侧，泉水清冽，全城饮料所资。小坐，归。沿城南行经西门，门名“观海”。西至南门入城。访赵鸣岐（西南联大政治学系教授）不值。更访周濯生（西南联大经济系教授），略谈。至文庙，复登山至文藻寓。午饭食饺子……三时偕雪屏出东门，乘马至车站；四时五十分车开，五时五十分抵昆明。

从上述日记中所说中可知，梅贻琦、杨振声下榻龙街郑颖孙寓，晚至龙街郑颖孙处，饭后，听郑颖孙抚琴，张充和女士唱昆曲。其“郑颖孙寓”“郑颖孙处”就是龙街的张家大院里。

1938 年 9 月 28 日，日机首次对昆明进行大轰炸。是年底，查阜西先生为避敌机轰炸，就举家疏散到呈贡龙街的张家大院居住。随后又将在昆明结识的古琴、昆曲同好友人郑颖孙先生、张充和女士邀来张家大院居住。郑天挺先生在日记中未提及查阜西先生，那时的查阜西先生可能是因在昆明的工作繁忙，加上是年敌机对昆明的轰炸渐少，于春后又迁回昆明居住，只有郑颖孙及张充和继住。

现在的张家大院是不对外开放的。在宋辞院长的安排下，张家大院的管理人员见笔者一行人来到，便把门锁打开让进去。大家对这座两层砖木结构的传统民居建筑，特别是抗日战争时期的文化名人曾居住过，甚为惊叹。笔者紧随严晓星先生，看到他对楼上楼下的每间房都很留意，想必是为辨认查阜西、郑颖孙、张充和曾居住过的房间位置。遗憾的是没有作出具体的认定，也未听到有关唐兰先生的信息。直到晚上回到昆明，严晓星打电话求教查克承先生的夫人，才知道查阜西一家住在张家大院一进大门右转上楼梯的那几间。这是后话。

在张家大院参观时听说，呈贡区有关部门准备将大院作为民俗博物馆对外开放。笔者一行人都认为，待征集抗战时期曾居住或与龙街有关文化名人的文献、书报、老照片等物品后，作为“文化名人纪念馆”更有其历史意义。

离开张家大院后，笔者一行人转至呈贡一中寻访杨家大院。呈贡一中原为呈贡中学，创办于杨家大院旁的“呈贡县立简易师范”内。现呈贡一中墙上的校名为费孝通先生所题，海报栏上的校歌用的还是冰心先生原作的词。进到学校，由一中工会主席及美术老师张云伟两人引领寻访现归属呈贡一中的杨家大院原址。

杨家大院原分上院、下院，这座古朴典雅的大院早在 20 多年前就被拆除了，现已建成学校的教工宿舍楼。杨家大院在抗战时期曾居住过沈从文先生一家及杨荫浏、曹安和、张充和、孙福熙等文化名人。西南联大、国立艺专、东方语专等诸多文化名人都曾在杨家大院留下过足迹。张充和女士在杨家大院自号为“云龙庵主”，“云龙庵”三字就出自西南联大教授、我国著名古文字学家唐兰先生的手笔。杨家大院今已无存，但往昔的历史永存。

在呈贡一中教职工食堂吃完中饭后，大家又到文庙参观清华大学国情普查研究所。下午三时离开呈贡，至昆明龙泉镇棕皮营、司家营寻访查阜西先生、闻一多先生的旧居。寻访毕吃晚饭时，严晓星先生题签《往事分明在，琴笛高楼——查阜西与张充和》一书赠笔者说：“有关唐兰先生在呈贡一事，书中有提及。”该书让笔者在昆明分享会售书前所获一读，特别是对唐兰先生曾居住在呈贡这鲜为人知的史实，在书中得以解惑，其心中之喜难以言表。

至晚回到家，不顾眼疾之苦立即拜读此书。当读到第 138 页“高楼银烛春花影”一章时，语有“查阜西《坊间杂记》，一九四〇年三月九日他与唐兰（一九四〇年初入住杨家大院）、郑颖孙、郑慧父女及张充和等乐游之后……”又在“度长空、一探见龙泉”一章，载有 1940 年 1 月 13 日上海《申报》第 7 页有《教育部〈国乐概论〉》新闻一条曰：

重庆特敕教育部音乐教员委员会研究组，鉴于国乐方面学校缺乏相当教材，拟编辑《国乐概论》，供给关于国乐之历史知识与现行音乐材料，介绍国乐理论，略述国乐技术，举凡乐政、乐教、乐德、乐制、乐律、乐器、乐谱、乐歌、乐章、乐舞，无不罗列在内。现编辑该书之计划大纲，已由陈部长批准。关于编辑事项，除由该组主任郑颖孙担任外，并聘杨荫浏为该书编辑主任，罗庸、朱谦之、唐兰、丁燮林、魏建功、罗莘田、闻一多、彭祉卿、查阜西、程午嘉、张充和等为特约研究员。该书尽快出版。

由此可知，此时郑颖孙已复归国民政府教育部音乐教育委员会，担任研究组主任。而担任《国乐概论》一书编辑主任、特约研究员的10多人名单中，住在杨家大院者就有杨荫浏、唐兰、查阜西、张充和4人，往来密切者有罗常培、彭祉卿，已占半数；其余罗庸、丁燮林、闻一多、程午嘉也都可知是在查阜西的交友圈之内。这个名单大约是在郑颖孙、杨荫浏、查阜西共同拟定的基础上形成的……张充和离开不久，“一九四一年十一月十二日，查阜西全家也从龙街迁出，移居昆明郊区的龙泉镇龙头村”。从上述文字记载看，对唐兰先生曾居住在呈贡龙街终得以解惑了。

唐兰先生居住在呈贡龙街时，联大把教授的课都集中安排在一至两天内讲完，并设有多处单身宿舍供进城授课教师住。唐兰先生进城授课后，就居住在五华山东南面柿花巷4号的欧美同学会。唐兰先生除在联大主讲古文字学课外，还兼任北大文科研究所的导师，并写出《王命传考》等论文。

唐兰先生与疏散到呈贡安江村（今属晋宁）的国立艺专校长滕固先生也是好友。滕固先生在国立艺专的冗繁事务中不乏学术研究，于1940年5月3日在安江村写出《古代乐教阐微初稿》，该文旨在探索古人所教对于音乐艺术的理解及相关的问题。滕固先生完稿后回忆说：“此文于五月三日写毕，即付油印。五月五日到昆明，晤友人唐立厂（庵）教授，谈及韶乐，他即出其旧作《卜辞时代的文学和卜辞文学》见示。文中叙夏后之韶乐，所引材料及其发明，都是我忽略的地方……唐君此文给我的增补，十分重要，于此谨达谢意！五月五日作者记于欧美同学会。”由此可知，滕固先生与唐兰先生，在呈贡时，有相互的走访也是极其可能的。

严晓星先生著《往事分明在，琴笛高楼——查阜西与张充和》一书，记载了西南联大教授、我国著名的古文字学家唐兰先生在呈贡的重要史实。唐兰先生曾居住在杨家大院抑或是张家大院，让呈贡又添了一位抗战时期西南联大文化名人的足迹。

吴晗到云大任教

云南大学前身是唐继尧创办的私立东陆大学。龙云执政云南后，便决定把东陆大学改为省立云南大学，于是聘请清华大学数学系主任熊庆来任校长，以培养更多的云南本地人才。熊庆来因是云南弥勒人，便放弃了清华优越的教学条件，欣然答应，并在北平、上海遴选了一些有名望的学者来云大任教，希望提高教学质量，把云大办成和其他国立大学一样的档次。在熊庆来聘请的学者中，就有原在清华大学任教的吴晗先生。

1936 年下半年，吴晗先生因患肺病，休息了半年。1937 年上半年，身体有所恢复。他把病重卧床的妻子袁震留在危城北平，交给大姐袁溥之照料。袁震为了吴晗的前途，也为了能在抗战中在大后方找到一个避寇之所，她还是支持吴晗到云大任教。吴晗答应袁震，等在昆明找到住处，就把她接到昆明。

七七事变后，李埏先生从北平回昆明，在从中国香港至越南海防的船上，巧遇文学家施蛰存先生。两人交谈后，施先生

知道李埏是学历史的大学生。施先生便说："这船上有一位历史学家吴晗先生，你认识吗？"李埏回答施先生说："读过吴先生的文章，也多次听师友谈及他，却没有见过。"于是，施先生就带着李埏到二等舱去见吴晗先生。当吴晗知道李埏也是学历史的后，便很高兴地与之交谈。吴晗对云南的历史掌故、人文地理、气候物产也较熟悉，其丰富的知识让李埏惊叹不已，对吴晗先生更加敬重。后来，两人建立了深厚的师生情谊。

到昆明后，吴晗、施蛰存两人住在云大对面的临时宿舍（今王九龄旧居。王九龄曾任东陆大学的副校长。旧居现存，为文物保护单位）。吴晗在云大开的课很受学生欢迎。李埏也随之借读于云大，成为吴晗先生的学生。他选修了吴先生的明史课。他按先生的指导，读了《明通鉴》《明史纪事本末》和《明史》的一些纪传。因系初学明史，疑难很多，李埏就常去吴晗先生的住所请益。一天，吴先生对李埏说，很想到郊外去逛逛，看看山川形势，名胜古迹，还可以边逛边谈。

那时，昆明还没有公共汽车，但可骑马。护国门前，每天都有备好鞍鞯的马百数十匹，供人租用。吴先生很爱骑马，只要天气晴和，课余有暇，师生二人就常到护国门租马，骑到郊外，按辔徐行畅谈。

联大教师与昆华中学

西南联大及其他大学迁昆后，对昆明中学的教学水平的提高也起到了极大的推动作用。

那时，中学的教员大多由大学毕业生担任。但由于当时联大的部分教师曾住宿昆华中学（今昆一中）内，昆华中学就延聘了许多联大师生到校任专职或兼职教师。如著名的闻一多、钱穆等教授就曾到昆华中学兼职授课。他们的到来，受到昆华中学师生的热烈欢迎，使昆华中学享有殊荣。

殷先生毕业于联大所属的北大文科研究所，由于学习成绩优异，被联大聘为中国文学系助教、研究助理，同时兼任昆华中学国文教员。抗战期间，联大不少教职员工的子女也曾就读于昆华中学，如联大数学系著名教授杨武之先生之子——杨振宁于 1938 年初到昆明后，即进入昆华中学高二年级。读完高二就跳级考入联大。可以说他是昆华中学和联大毕业的优秀学生。

战时昆华中学同其他学校一样，受联大民主精神的影响，不少师生常去联大听演讲及参加纪念活动，在著名的“一二・一”爱国民主运动中，昆华中学的师生都热烈响应和积极参加。

笔者珍藏的用黄毛边纸油印的《云南省立昆华中学卅五年夏季毕业考试日程表》，就是发给当时兼任昆华中学国文教员殷焕先先生的。（见 39 页图）

闻一多先生在昆华中学任教

1935 年 7 月，李埏先生夺得云南省教育厅保送北京师范大学公费生第一名，经北师大复试，入历史系学习。1937 年七七事变后，先生回滇借读于云南大学，到大理师范学校任教半年。1938 年 8 月，李埏先生回昆转学到西南联大历史系学习，受教于吴晗、张荫麟、钱穆等著名教授。1940 年 7 月毕业后，旋即以优异成绩考入北京大学文科研究所，师事向达、姚从吾教授，潜心攻读研究生学业。

在联大、北大文科研究所就读期间，先生不时也去听闻一多先生的一些课，便与闻先生相识。

1943 年 6 月，李埏应徐嘉瑞先生之约，受聘为云南大学讲授《中国通史》《宋史》等课程。1944 年春，云南省立昆华中学校长徐继祖先生卸职，云南省教育厅任命该校高中部主任徐天祥先生继任。徐天祥先生因与李埏先生曾是云南省立第一中学的同班同学，窗谊很好，徐天祥便请李埏到昆华中学去兼任教务主任。李埏先生因云南大学教务繁忙，难以脱身。徐先生便对李先生说："要借重的主要是罗致联大、云大的青年教师来兼课，以改善教学，提高学校声誉。别的事情你不愿办，绝不勉强。"李埏先生以为天祥是学长，而昆中是母校，情不可却，义不容辞，于是接受邀请，积极开展工作。

经过一番努力，徐天祥先生先后聘请了一些年富力强而学养优良的教师，到昆华中学任教。其中有著名的史学家何炳棣先生和夫人邵景洛女士。此外，还请了联大和云大的一些知名教授到校讲演，每两星期举办一次。第一次请的是著名史学家吴晗，接着要请的便是闻一多先生。

闻一多先生为避敌机轰炸举家疏散到龙泉镇的司家营居住。那时从龙泉镇进城主要是徒步，虽有马车可以乘坐，但马车要绕道岗头村，加之道路不平，颠簸得很，所费不少。清贫的联大教授很少乘坐车马，大多都是徒步取直径，穿行田间，进趟城来回也有 30 多华里路程。如遇天雨，泥泞路滑，步履维艰。1943 年后，日机肆虐渐少，人们便陆续迁入城内。当时联大教职员工宿舍很少，只供单身教师居住，有家眷者得自己赁房。闻一多先生一家人口多，只靠闻先生一个人的薪资维系生计，加之房屋租金又高，因此闻先生一家迟迟没有迁回城里，而闻先生每周都要进城到联大授课，一般是两次，有时多至三四次。这是十分不便的。

李埏对闻一多先生进城之艰辛是深有体会的，但仍坚持请闻先生到昆华中学做一两次学术讲演。李埏请何炳棣先生代达此意时，闻先生便对何炳棣先生说："你看，假如方便的话，你告诉李埏，我想到昆中做一个专任的国文教师，要求是住三间房子。若不好办，那就算了，请他不要为难。"过了两天，何炳棣向李埏转达闻先生的话。李埏先生听后喜出望外，立即去和校长商量。

徐天祥校长虽未曾见过闻先生，但先生的名望是早已耳熟的。徐校长头一句话就说"竭诚欢迎！"接着说："闻先生既然人口那么多，三间房可能还是挤，住两个专任教授的面份，四间好了。"李埏先生说："住房多一间，很好，但更重要的是课程。一个专任教授得教三个班的国文，我想请闻先生教高中两个班的国文就行了。"徐校长也同意了。当时还约定，星期天一早到司家营去拜谒闻先生，面致聘书，并面谈还有什么困难待办之事。

李埏没等到星期天。次日上午闻先生进城上课，李埏到中文系新校舍去等候闻先生。不多时闻先生来了，李埏迎上去，把昨天和徐校长商定的话陈述一遍。闻先生听后高兴地说道："这很好，可别为难徐校长，也别为难你。至于你们星期天要去看我，不必了。我回去立即搬家，没有闲暇从容接待你们。等搬进来，你们再来谈吧！"这样李埏先生和徐校长只好不到乡下去了，而闻先生也不到星期天就迁入了昆华中学。

学校把在足球场西南角上的卫生室楼上全部拨给闻先生使用。除四间房外，还有一小间做厨房。这是昆华中学教员宿舍中最好的房子，也可以说是闻先生迁入昆明后所居最宽敞的房子了。

闻先生到昆华中学兼任教职后，经李埏回忆说："一多先生以一位著名学者教授而俯就一个中学之聘，去兼任一席国文教员，使许多人闻之愕然！当然大家都知道，这是由于货币贬值，物价高涨，米珠薪桂，不得已而如此。但大家仍揣想，名教授教中学，学校既不至于按照对一般教员的常规去要求，闻先生也不会按照一般教员的职责去工作。但其实闻先生比一般中学教员更认真、更负责。学校规定国文课每两个星期作文一次，他一次也没有漏。学生的作文都是他亲自批改，而且很快发还，从不假手于人。发还时总要把许多共同的缺点和错误在课堂上讲，还找一些学生个别指点。闻先生没有架子，他的衣着、言谈、态度一点也看不出名人特征。假若不经介绍，一眼看去，可能还会认为是一位久在中学执教的老师宿儒罢了。闻先生的这种朴实认真、平易近人的风范使师生们深受熏陶，对他肃然起敬！

“那时学校每星期一早晨有一小时的‘周会’。闻先生迁进学校后的第一个星期一早晨，徐校长就邀请他为全校师生做讲演，并借此机会向全校介绍新聘的这位西南联大名教授。此后还讲了好几次。有一次讲时事，讲到学生的政治活动时，闻先生大声疾呼，鼓励学生们要关心时局，过问国家大事：‘同学们，不要以小孩子而轻视自己，要以天下为己任，负起国家兴亡之责！’

“那时，每个学校都派有军事教官，管军训和学生生活。据说，有些教官是当局派来监督学校的，闻先生对此深恶痛绝。因此，闻先生在一次讲演中面对站在台下的教官们，痛斥他们甘当反动鹰犬的罪恶。散会以后全体教官一起去找校长，以集体辞职相要挟。徐校长没有答应他们的要求。教官们慑于学生对闻先生的热爱，也只好不了了之。

“但教官们并不就此罢休。他们不断向校外有关方面反映，把学校说得混乱不堪，而当局对昆中也早就注意了。到了学年末一放寒假，学生们离校后，教育厅便要徐校长解聘闻先生。徐校长不照办，说：‘闻先生教得很好，很受学生爱戴。若解聘，开学后如何向学生解释？’过了几天，教育厅突然下了一道调令，把徐校长调任到只有两间空房和一个工友的科学馆当馆长。新派来继任的校长立即就把闻先生及一些主任、教师解聘。幸好，西南联大西仓坡宿舍已落成，分了一套给闻先生，于是闻先生从昆华中学迁居西仓坡，一直住到殉难时。”

多年来，人们对闻先生在昆华中学任教的这段历史常有提及，有的还在不少文章里作专述。但闻先生是怎样到昆华中学任教的？今天的人知之甚少。

笔者多次拜访李埏先生时，先生曾动情地讲述了他与闻先生相识相交结下的情谊，先生特别指出：“闻一多先生在昆华中学任教的这段经历是值得写进他的传记的。徐天祥校长知道得很清楚，可惜溘逝太早。我若不加追记，恐将湮没无考，这怎么对得起我景仰不忘的闻先生呢？虽然十多年前我曾在《云南日报》将这段经历撰文介绍过，但恐怕知道的人也不会太多。愿当时的昆中师生各就所知，加以补充，使闻先生的音容能更完整地显现给崇敬他的人们。”

抗战时期的昆明书市

一

抗日战争全面爆发后，昆明成为战时的大后方，加之滇越铁路交通的便捷，开明书店、世界书店、正中书局等先后到昆明设立分支机构，均聚集于光华街上。这三家机构与早先来到昆明的商务印书馆、中华书局等，都不同程度地宣传了进步的科学、民主思想，推动了昆明书市的繁荣，并留下很多与“书”有关的趣闻往事，成为战时昆明文化事业的一个有机组成部分。

商务印书馆、中华书局、世界书局有各种文艺、社科、翻译的书籍和期刊，还有大学、中学的教科书。

开明书店出售的主要是面对中、小学生的各种书籍。如《国文课本》《英语读本》《中学生》，在学校被广泛采用，同时还出版发行茅盾、巴金、叶圣陶、老舍、夏丏尊等著名作家的文学作品，故而享有较高的声誉。

正中书局是国民党宣传部直属的发行机构，有孙中山的《三民主义》《建国方略》《建国大纲》等，也有《唐宋词选》《乐府诗选》《元明清曲选》等古典文学作品。

除这几家实力雄厚、影响力大的书店外，还有昆明人魏嘉禾在光华街开的文建书局，以销售流行图书为主，兼营文具、体育用品。

随着抗战的深入，涌入昆明的人口不断增加，为生活计，一些小业主或独资或合资在甬道街及街口的东、西两侧（今云瑞公园），文明新街等处，也开办了不少书店。当时有几家较大的书店，如光华书店、昆华书店等。所售的书以通俗畅销的侦探、公案、侠义、神怪、言情等方面为主。新文化书店以销售《申报》和生活·读书·新知三联书店的出版物为主，也兼营其他文教用品。龙门书局销售其总局发来的英、法、德等西文图书。东方书店除售中文图书外，还兼营中外文旧书，书店的店铺被驻昆美军米莱特摄入老昆明的影集中。万卷书屋是一个四川人开的，这家书店除卖书外，主要是租书，也有孤本或稀有的书，但老板不愿卖，有人便用高价租来后不还，就等于买了。一时成为淘书人挂在嘴边的笑话！

另有两家在云瑞西路的古董铺也兼收售古籍善本。一家为北京大学毕业的陈子良开的。其除经营高档书画外，由于知识面广，对古籍善本也非常了解，加之那时古书的价值不比书画低，有些甚至更高，故经营古籍书是其生意的重要部分。联大教授罗庸、闻一多、唐兰、沈从文等人不时都会到这家古董店小坐。

另一家是陈松年开的瑞松阁古董店，该店除经营书画、杂件外，主要收售高档的古籍。陈松年曾是西南联大教授刘文典的学生，文化素养很高，其经营的古籍在战时昆明是较有名的。此店还是闻一多先生挂牌鬻印的店铺之一。

二

早先昆明的福照街，每到晚上就有很多人摆摊设点，收售古玩杂件、书籍、期刊，形成了有名的文化夜市。另有南城的翠花街，是昆明专营五金、日用品旧货的一条街。街上也夹杂着收售古旧字画、旧书的摊铺。

在一些收售旧书的人中，对书籍版本目录的了解不乏行家里手。他们会有针对性地到藏书者家或文化人处收购旧书，同时也会到这些人家出售旧书或寻找受托的书。

著名史学家吴晗，受云大校长熊庆来先生之聘，在云大任教时，晚上经常会与施蛰存到福照街逛夜市。施先生关注的是杂件及古瓷器物；吴晗感兴趣的是古旧书籍，特别是有关明清史一类的书。

1938 年春，长沙临时大学迁来昆明，改称西南联合大学。吴晗回归联大任教，住南昌街白果巷，常到一些旧书店、旧书摊寻找在新书店买不到的书，日久便与一些售书人熟悉，曾托他们寻找一些参考书。当他们收到书时，会亲自送到吴晗先生家中，让其选挑。有时，吴晗先生也会将读过的不需留存的书处理给他们。

滇越铁路、滇缅公路被切断后，很多书难得运到昆明了。纸张也越来越匮乏，书籍、期刊大多用土黄色的纸印刷，价昂质差，字迹还不太清晰，且不受人欢迎。书市进入困境，同时却给收售旧书的人带来了新机遇。买旧书的人多了起来，光华街一带新开了达文书店、景星隆、五华山房等店铺，这些店铺与东方书店、万卷书屋成为专营旧书的店铺。

收售旧书业的兴起，为书市开辟了新的货源，让一些有书而不想留存的人，有了脱手的渠道，也为在正规书店买不到书，在旧书店却能买到心仪的书的人提供了便利。特别是大、中、小学生，可以在这些旧书店铺找到别人已经用过的教材、工具书、参考书等类的旧书。

三

联大师生阅读的书大多是到校内外的图书馆借阅的，有些则到书店或书摊购买。著名诗人冯至先生为避日机轰炸，曾居住在金殿后山的杨家山林场。有一次进城授课之余，他在青云街的一家旧书店看书，买到一册精装本的《圣经》，认为价格很廉，曾高兴了一阵子。

著名作家汪曾祺先生与著名语言学家朱德熙先生在联大读书时是要好的同学。汪曾祺先生在《旧书摊》一文中回忆说：“昆明的旧书店集中在文明街，街北头路西，有几家旧书店。我们和这几家旧书店的关系，不是去买书，倒是常去卖书。这几家旧书店的老板和伙计对于书都不大内行，只要是稍微整齐一点的书，古今中外、文法理工，都要，而且收购的价钱不低。尤其是工具书，拿去，当时就付钱。我在联大时，时常断顿，有时日高不起，拥被坠卧。朱德熙看我快到十一点钟还不露面，便知道我午饭还没有着落，于是挟了一本英文字典，走进来，推推我：‘起来，起来，去吃饭！’到了文明街，出手了字典，两个人便可以吃一顿破酥包子或两碗焖鸡米线，还可喝二两酒。”

汪曾祺先生还说：“工具书里最走俏的是《辞源》。有一个同学发现一家旧书店的《辞源》售价比原价要高出不少，而拐角的商务印书馆的书架上就有几十本崭新的《辞源》，于是以原价买到，转身即以高价卖给旧书店。他这种‘搬运’工作干了好几次。”由此成了抗战时期昆明旧书市的一则趣闻。

由于战时昆明的物价逐年上涨，到 1944 年为最高。联大诸多教授、学生不得不卖文、卖物、兼差、打杂以助生计。有些教授的夫人也在居住地附近摆摊卖物，所卖物品就自然包括中外文版的书籍。师生们此举，真实地反映出当时读书人的生活是何等地艰难困苦！

四

1941年皖南事变后，与沈钧儒、邹韬奋等被称为著名“七君子”之一的李公朴先生从重庆来到昆明。不日就与在昆明的楚图南、周新民、孙起孟、郑一斋、冯素陶、张天放、艾志诚、杨春洲等各界人士来往频繁。在他们的支持帮助下，不到一年的时间里，李公朴先生在他进城借住的鼎新街青年会，通过帮助青年组织读书会，举办各种专题座谈会、青年问题演讲会，以及出壁报、油印《职业青年》刊物，在身边聚集了许多青年。

李公朴先生了解到这些青年迫切要求学习进步的文化科学知识，便萌发了自己办书店，办出版社的想法。经与王健先生商量并要求其协助开办。他计划先把书店开起来，再办出版社，将来如有可能再去缅甸仰光筹办分支机构，扩展业务范围，这个计划得到了周围朋友们的支持和帮助。听说李公朴要开办书店，时任昆明市商会会长的李琢庵，即将北门街的私房不收一文租金借给他开书店。

1942年秋，公朴先生全家暂住绥靖路（今人民东路），12月又搬到北门街，住在楼上，楼下临街的一间为店铺。店铺以两个竹制的书架及床板铺了一个案子，简单地布置一下，就在年底正式营业了，取名为“北门书屋”。

北门书屋铺面虽简陋，但与其他书店的代销店没有两样，所不同的是它是大文人李公朴开的。知道的人逐渐地多了，远近的一些学校和单位常来购书。特别是从延安抗日军政大学来到滇军驻滇南的部队，任某营营长的中共地下组织成员朱家璧，经常来为部队选购图书，在滇南地区为书店打开了销路。滇南建水的建民中学负责人方仲伯，在延安就和李公朴先生认识。在他的帮助下，建水一带成了书店的畅销区。北门书屋算是站稳了根基。接着，李公朴着手筹办“北门出版社”。

北门出版社开设于北门书屋的正对面。由于资金紧缺，在生活·读书·新知三联书店的支持下，首先找些不付稿酬的稿子和能赊欠款项的印刷厂，最先出版了楚图南（笔名高寒）翻译的尼克拉索夫等人的世界名诗集《枫叶集》和张光年（笔名光未然）的诗作《雷》。

北门出版社的编辑部由张光年负责，约请了赵沨、楚图南、潘光旦、闻一多、曾昭抡等10余人参加。先后出版了苏联名著《新时代的黎明》《高尔基》的译本；艾青的《献给乡村的诗》《人民的歌》；张光年的《阿细的先基》；赵沨的《名曲解说》以及他和白澄主编的艺术综合性丛刊《五月的歌》；还有张光年和叶以群共同主编的《文艺的民主问题》。1944 年，出版了曹靖华翻译的托尔斯泰的长篇小说《保卫察里津》，这是当时全国的第一版全译本。

李公朴先生关心青年，提倡民主与科学，为指引青年走上一条正确的道路，特地为青年编了一套小丛书：第一集是他和曾昭抡先生合著的《青年之路》；第二集是曾昭抡根据第二次世界大战最新资料编写的《火箭炮与飞炸弹》；第三集是曹伯韩先生著的《民主浅说》；第四集是李公朴写的《民主教育之路》，但到 1946 年 7 月，这篇稿子刚写完，尚未付梓，公朴先生就遇难了。

李公朴先生不仅是社会活动家，还是教育家，特别关心青少年的教育。北门出版社专为少年儿童编印了《孩子们》的期刊。他约请了几位对儿童文学有兴趣的朋友按期写稿。《孩子们》第一期印了 3000 册，除昆明市外，还发行外地，很受欢迎，各地纷纷订购，数量不够，又加印了 3000 册。后来每期发行 6000 册，成为云南畅销刊物之一。

尤其值得关注的是，在当时的政治环境下，北门出版社在螺峰街的一家小印刷厂支持下，翻印了毛泽东的《新民主主义论》以及闻一多、李公朴主编的《民主周刊》增刊，王健和中法大学的几位同学编辑的《大众报》等，为云南的民主革命运动作出了重要的贡献。

北门出版社共出版了革命理论、文艺作品、翻译小说、文艺评介、诗集、歌曲、少数民族地区考察记以及青少年读物等 70 余种。李公朴先生倾注心血的“北门书屋”“北门出版社”开办时间虽不长，仅 3 年零 7 个月，却是抗战时期在全国极具影响力的书店和出版社。它们成为昆明的一张历史文化名片，也大大丰富了当时昆明书市和书店的内涵。

联大教授与滇剧

西南联大教授多为我国著名的学者，他们中的许多人对吸收了诗歌、音乐、书法、绘画、舞蹈、武术等艺术元素的戏曲都情有独钟。他们到昆明后，对具有云南地方特色的滇戏也极为称赞，认为滇剧是全国优秀剧种之一，当时几位滇剧名伶精湛的表演艺术，可以同国内著名京剧表演艺术家媲美。据杨南生在《滇戏泰斗栗成之》一文中所叙说：

抗战期间，西南联大常委蒋梦麟，教授刘文典、陶光等来滇，颇欣赏滇戏。认为尚保持浓厚的地方特色，值得提倡。对于栗成之尤为崇敬，颇为倾倒！成之卧室悬有玻璃风景镜框一个，上书金字“成之先生”，下书“刘文典赠”；又有直幅一张，书杜甫诗句“此曲只应天上有，人间那得几回闻”，下书：蒋梦麟、梅贻琦、张伯苓。他们三人同为联大常委，此固天南艺人之荣誉，亦可谓戏剧界罕有之美谈也。

从此文中可知，因滇剧名角精湛的表演艺术得到了我国文化精英的首肯，足见滇戏艺术之美。

1944 年 8 月 1 日是民国云南省政府成立十五周年纪念日，地方机关均放假一天。西南联大常委梅贻琦在当天的日记中写道：“晚有政府请客、演戏，有栗成之《八义图》，惜配角太差，未能尽其所长；其余京戏海派气太重，无足道也。”梅贻琦先生又在 1946 年 5 月 2 日的日记中说：“下午五点半省政府饭约，谓系欢迎张溥泉夫妇来昆，并欢送余夫妇北返者。匆匆饭罢，六时半即散，又偕张夫妇至小西门内万松草堂朱家，主人与冯子钧做东约集滇剧演员数人清唱，晤高竹秋，于此道颇有研究者。张莼鸥、黄斐章亦在座……”5 月 18 日日记，“云大饭约，饭后高竹秋滇剧清唱，皆甚好……”从梅贻琦先生的日记中可见滇戏给北来学人之印象。

云南艺术学院教授陶增义先生对戏剧有较深研究，并写了《古琴魂》《京娘》《齐王封宫》等多部滇剧。他曾嘱留心联大学者对滇戏艺术的人文轶事。为此笔者曾多次求教云南大学教授、著名史学家李埏先生。

李埏先生回忆说："联大北迁后留滇的教授只有刘文典、罗庸两先生，后来昆明五华文理学院筹建时，于乃义、于乃仁弟兄俩嘱我联系聘请我的恩师钱穆先生任教，钱先生应允第二次来昆。当时陶光先生也在云大任教。他们几位都喜爱滇戏，有段时间我曾与刘文典、陶光一起去劝业场（今五一电影院）旁的'彩演茶室'听滇戏名角耐梅（张竹英）、状元红等人唱折子戏，她们还特为刘文典先生在前排安了一把弹簧座椅。"

曾任云南省文史馆馆员的李瑞先生，1947年就读于云南大学时也是刘文典先生的学生，因爱好戏剧，曾到南昌街老郎宫（现南昌小学处）拜望住在那里的栗成之先生，在栗成之先生家见悬有刘文典亲题"滇戏泰斗"书法一帧。李瑞先生现在谈起栗成之的表演艺术还津津乐道！

20世纪40年代后期，联大教授在昆的刘文典先生于1949年10月30日的《平民日报》南风副刊为改进滇剧而召开的座谈会上说："我认为滇戏的朴实是极可贵的，希望能保持这种好的特性。"

20世纪50年代，刘文典先生对滇剧仍然兴趣未减。1953年，云南省军管会批准成立了云南第一个国营剧团"云南省实验滇剧团"，并委派时任云南省军管会文管委员的栗成之先生任剧团团长。那时的栗先生年事已高，且体弱多病。

栗成之先生病故后，刘文典先生又常去看滇剧名角周锦堂等人的演出。据曾师从周锦堂先生学戏的陶增义说："刘文典先生十分爱听周锦堂先生的《八义图》，而对周锦堂演唱的《孔明拜灯》则提出了中肯意见，希望周先生应向栗成之先生学习，应唱出诸葛孔明临终之际的衰微与苍凉，唱出那种'星殒灯灭、伟人抱恨终天'的沧桑凄绝之感来！"

20世纪50年代中期，刘文典先生对滇剧后起新秀万象贞（小八音）的出色演艺也十分赞赏。万象贞是滇剧名艺人张禹卿（祝八音）的女弟子，是祝派旦角声腔艺术在当时最优秀的一个传人。刘文典先生对万象贞的赞赏与关注，说明他对滇剧的关心与爱护，他多么希望滇剧后继有人，再出现像栗成之、张禹卿、万象贞那样技艺精湛的名角名伶。

消失的唐家花园

位于昆明市翠湖东北，圆通山西麓的北门街51号，是“护国三杰”之一的唐继尧的故居。唐家花园在当时是云南最大的私家花园。南北长不到1公里的北门街，因有唐家花园便成为老昆明著名的街巷之一。

唐家花园建于民国初年，坐北朝南，主建筑平面呈“山”形布局，中有廊楼相连，是一幢正房面阔3间、进深3间，厢房面阔5间、进深2间的中西式两层红砖楼房，大门用石柱、石雕装饰，占地2529平方米。园内广置千株梅花及日本领事赠唐的50株樱花，成为一大景观。园中设有莲池，池外有山石环绕及跨莲池的雕花石栏拱桥。池中垒有假山，倚山相对各立一瓷质彩色西洋美女，美女手抱花瓶，花瓶底与池水面齐平，水下置有水泵，水泵开关启动，瓶中便不断涌水喷出流入池中。整个唐园四季花事不断，环境优美宜人。

1923年，唐继尧从香港回昆第二次执政后，于唐园设“东陆图书馆”，礼聘滇贤袁嘉穀先生任馆长，馆内藏书及古书画甚多。每逢周日，市民可自由出入唐园观赏，除卧室、书房不能随便进出，但可隔着玻璃窗外观看外，其他的房间则可走串玩赏或查阅图书馆藏书。

1938年初，唐家花园的戏楼包厢被西南联大的清华大学办事处租为单身教师宿舍。先后在此居住的有朱自清、吴宓、陈岱孙、李继桐、浦江清、金岳霖、游国恩、钱穆等著名教授，从四川李庄第二次来昆明养病的林徽因也曾居住在唐家花园。他们都对唐园优美舒适的环境赞不绝口，唐家花园也因此给他们留下了深刻的印象。

1939年，清华大学文科研究所恢复招生，研究所也设于唐家花园。1943年5月5日，由罗隆基、周新民、潘光旦、潘大逵、唐筱蓂（唐继尧之子）任支部委员的中国民主政团同盟昆明支部在唐园诞生。1944年2月5日，昆明学术界宪政研究会在唐园举行了成立大会，选潘光旦、周新民、潘大逵、姜亮夫、曾昭抡、唐筱蓂等为理事。

1944年6月，中国民主政团同盟昆明支部邀集西南联大、云南大学、中法大学等校学生自治会和进步社团负责人，每两周一次在唐家花园聚会，商讨开展学生运动的有关问题，并成立了由昆明地区20余所大学、中学学生组成的“昆明学生联谊会”。唐筱蓂作为昆明“民盟”（1944年10月改为中国民主同盟云南省支部）的创建人之一，无私地把唐园提供给诸多进步社团及民主人士作为活动基地。

特别值得一提的是，1963年元旦，为贯彻党的“双百方针”，由中国美术家协会云南省分会与昆明市园林局联合，在圆通公园内的梅园（原属唐家花园）举办“古今书画展览”，展览分为六大部分。

第一展室为古今书法、古砚展。展出的精品有明朝杰出书画家董其昌的手卷《天马赋》，清朝钱南园、阚祯兆、周于礼、陆树堂等人的书法作品；现代的有毛泽东、朱德、周恩来、刘少奇、董必武、郭沫若等人的诗词及题字。名砚有汉代的铜雀瓦砚、宋朝米芾的琅玕端砚、清朝的紫端砚和朝鲜送给中国人民志愿军领导同志的渭砚，还有部分文房四宝和印章等。

第二展室为历代绘画展。展出的珍品有宋朝初期杰出画家、文学家郭忠恕的山水画，元朝蔡梦桂、明朝担当的山水画，清代黄慎的人物画，钱南园的马作等。

第三展室为齐白石绘画专馆，展品有书法、绘画、印章等上乘之作。

第四展室为徐悲鸿专馆，展品有奔马、鹊柳、竹石、美女、牛和猫以及书法等10多幅精品。

第五展室为云南省外部分现代著名画家作品展。展品中有高剑父的山水、潘天寿的兰花、于非闇的荷花、傅抱石的仕女、吴待秋的梅花、蒋兆和的和平鸽、叶浅予的藏族姑娘、黄胄的毛驴、吴光宇的侍女等。

第六展室为云南省部分著名书画家的作品。有王坚白、萧士英、周霖、李培初、刘文清、梁书农、许敦谷、虞舜知、田秋年、关山月、范子明等人的作品。

中华人民共和国成立后，昆明举办这样大规模、高质量的艺术品展览，堪称首次。展览中祖国的艺术珍宝，让人一饱眼福，流连忘返。

由于历史的原因，唐家花园未被列入文物保护单位，红楼因年久失修，拆除后成为今圆通公园的“孔雀园”。千株梅花于1992年移被至黑龙潭梅园，樱花则成了圆通山乃至昆明的一道亮丽的风景。唐家花园的西面划归昆明市第三十中学，建成教师居住楼。现仅存花园莲池及六角“会泽亭”。大门牌坊移作北门街俊园与翠明园之间通青云街的过道大门。这道仅存的石牌坊大门仍为周边街巷的景观增色不少。